智慧时代图书馆服务创新与发展研究

李 清 著

吉林科学技术出版社

图书在版编目（CIP）数据

智慧时代图书馆服务创新与发展研究 / 李清著．--
长春：吉林科学技术出版社，2023.3
ISBN 978-7-5744-0214-0

Ⅰ．①智… Ⅱ．①李… Ⅲ．①院校图书馆－图书馆服
务－研究 Ⅳ．① G258.6

中国国家版本馆 CIP 数据核字（2023）第 061955 号

智慧时代图书馆服务创新与发展研究

著　　者 李　清
出 版 人 宛　霞
责任编辑 李　超
封面设计 树人教育
制　　版 树人教育
幅面尺寸 185mm×260mm
开　　本 16
字　　数 240 千字
印　　张 10.75
版　　次 2023 年 3 月第 1 版
印　　次 2023 年 3 月第 1 次印刷
出　　版 吉林科学技术出版社
发　　行 吉林科学技术出版社
地　　址 长春市南关区福祉大路 5788 号出版大厦 A 座
邮　　编 130118
发行部电话 / 传真 0431—81629529　　81629530　　81629531
　　　　　　　　　　　　 81629532　　81629533　　81629534
储运部电话 0431—86059116
编辑部电话 0431—81629520
印　　刷 廊坊市广阳区九洲印刷厂
书　　号 ISBN 978-7-5744-0214-0
定　　价 75.00 元

前　言

　　以网络为中心的计算机技术、通信技术、数字信息化技术的飞速发展给图书馆带来了一个全新的网络环境，正在把传统图书馆推向全球一体化、网络化的新境地。

　　随着计算机技术、网络和信息存储等现代信息技术的发展，社会网络化、信息化不断推进，我国图书馆正从传统图书馆向现代图书馆过渡。

　　当今时代，信息已经成为发展的关键，谁可用的信息资源更多，谁就在发展中占据更有利的位置。图书馆作为一个收集、整理、保存、传播信息资源的公益服务机构，有责任为国家和人民提供更好的服务，满足其需求，因此，图书馆要注重加强管理与服务建设。

　　图书馆管理相较以往发生了翻天覆地的变化：一方面，科学技术的发展给图书馆现代化管理提供了技术支撑；另一方面，图书馆管理相关的基础学科也在加速发展，并与其他学科交叉，使图书馆管理理论更加成熟完备。在网络环境下，图书馆的管理更注重理论性、前沿性与实践性相结合，现代图书馆的管理正在向科学管理的方向发展。图书馆的管理水平是衡量图书馆发展水平的一个重要指标。从宏观上讲，提高图书馆管理水平关系到我国图书馆事业的总体发展和信息资源的合理布局；从微观上讲，提高图书馆管理水平对于图书馆的持续发展乃至其存亡都具有重要意义。

　　"服务共享，让图书馆无处不在"应该成为图书馆服务理念永恒的追求，伴随着移动图书馆、微信图书馆等新媒体闪亮登场，图书馆服务更加具有活力。在充分完善自身文献资源支撑体系的同时，图书馆还要充分尊重读者、体现人文关怀、注重读者体验，逐渐深化基于网络的文献服务，构建以用户需求为核心的服务模式，各个图书馆再形成合力，成为图书馆服务的重要发展理念。

　　由于笔者时间与精力有限，书中难免存在不足之处，敬请各位读者与同行批评指正。

目录

第一章 图书馆服务概述

人类社会已经进入了信息时代，信息成为人类进步不可缺少的因素，发达国家更是把信息看作是推动技术进步与经济发展不可缺少的投入。在这种背景下，以提供文献信息服务为宗旨的图书馆服务日益显示出其重要性。但是，当今图书馆工作存在诸多问题，为了探索图书馆服务工作的规律和发展趋势，更好地指导工作实践，确保图书馆更好地发挥自身的作用和功能，我们必须把现代服务理论这个基本概念的属性和图书馆服务理论的本质联系起来做深入的研究。

第一节 图书馆服务的本质

系统论主张从系统整体出发研究系统与系统、系统与各组成部分及系统与外部环境的关系。如果将图书馆看作一个系统，则图书馆系统包含文献采集处理子系统、文献信息传递子系统、图书馆管理子系统、读者子系统等四部分。在具体的图书馆工作中，我们在强调前三个子系统的同时，却忽略了衡量前三个子系统效益标准的读者子系统。一般来说，只有读者子系统与前三个子系统的相互作用才能显示出整个图书馆系统的活力，这种相互作用在图书馆工作中便体现在图书馆的服务工作上。一个图书馆对于读者的态度决定着读者服务工作的质量，这一切又影响到图书馆内部工作的展开。从系统的内部来分析，不重视读者工作的图书馆，系统总是处于超稳定的状态，即输入的文献信息总量大于输出的文献信息总量。

阮冈纳赞在图书馆五原则中一直强调图书与读者的关系，另一方面认为图书馆作为一个发展的有机体的存在必须适应读者不断变化着的需求，图书馆的价值最终是为了读者而存在。如果一个图书馆失去读者，其价值体现也便失去依据，而衡量图书馆价值一般是从图书馆服务这方面来说的。我们可以看到，国外图书馆的一个良好传统便是：读者至上。在英国，英国图书馆学术界和图书馆界对图书馆服务的基本观点是：为读者服务是图书馆存在的去向，最终取决于读者服务的去向。美国学院和研究图书馆学会制定的图书馆标准明确规定：必须经常教育读者有效地利用图书馆。有了读者，同时还有为满足读者不断变化的需求而服务的观念，便是完整的、有活力的图书馆系统。

第二次世界大战以后，世界形势发生了重大的变化，科学技术有了新的突破性发展。1946 年第一代电子计算机诞生于美国，带来了科学史上的重大革命。1954 年，第一台计算机应用于图书馆，带来了信息的自动化，信息论、控制论、系统论等横向学科相继问世，为图书馆学与社会科学、自然科学的结合架起了桥梁。通信技术、自动化技术等在图书馆和情报部门得到广泛应用，文献类型日益增加，文献数量急剧增长，人类社会开始进入信息时代。而信息化时代的根本特征之一是社会化，在社会化过程中，图书馆与社会的政治、经济、文化、教育乃至人们的日常生活联系得更为广泛和深刻。

图书馆的服务观念和服务工作有一个缓慢的发展过程。在漫长的发展过程中，由最初形式的藏书开放，逐步发展外借、阅览等流通方式；由只为少数学者专家服务，发展到为广大的民众服务；由单纯的流通书刊，发展到宣传图书，指导阅读；由被动地提供文献的资料，发展到主动地开发信息资源。这是一个由低级向高级，由简单向复杂，由被动向主动的历史发展过程。每个发展阶段都使读者服务工作向更高的水平迈进。

从服务观念和服务思想上来看，在强调文献的提供和传递作用的同时，必须强调对读者的教育作用。从历史发展来看，凡是比较强调图书馆服务工作的教育作用、把读者服务作为一种教育人民的手段来看待的，那个时期的服务工作就比较深入，也比较丰富和活跃，取得的成绩也比较明显和突出。所以，在读者服务工作中抓住教育作用这个重点是提高服务质量的关键。

由于读者服务工作是利用书籍来进行宣传和教育的工作，因此，它总是与各个历史时期的政治、文化息息相关。从上述我国近代图书馆读者服务工作的发展简史中，透过这个小小的窗口，也可以窥见中国近现代社会历史发展的一斑。

当前世界新技术革命的浪潮冲击着各行各业。作为信息交流中间环节的读者服务工作，必然会受到深刻的冲击和影响。我们必须掌握时机，一方面要在认识上赶上形势的发展，提出新的服务观念和服务思想；另一方面要抓紧应用新的科学技术来装备和发展图书馆事业，促使读者服务工作向新的方向和水平进军。

传统图书馆的服务以文献借阅为主，而在信息网络时代的图书馆应力图突破这种局限，强调图书馆的多功能创新服务，即图书馆要深化文献信息资源服务，不仅提供文献单元服务，还要提供信息知识服务；接受各种咨询，解答各种问题。同时，还要扩大服务内容与服务领域，积极为大众提供休闲、审美、交流、健身、学习等多方面的服务。在信息化社会，图书馆服务的本质不但强调图书馆服务多功能，还要注意加强特色服务，特色服务的基本前提是，每一个图书馆都应该建设出自己的馆藏特色，以展示自己存在的个性，同时馆藏资源以某一学科领域以及相关文献为范围，在服务上有针对性，服务方式灵活新颖。图书馆因其馆藏的专一性，可以在信息知识服务上迅速形成"垄断"地位，提高服务的权威性及保障率。

在现代社会，图书馆服务是一种有着丰富内容和重要意义的工作，它是图书馆工作的主要组成部分，是图书馆这个组织联系社会与用户的桥梁，是图书馆工作的最终价值体现，是图书馆工作的出发点和最终目的，也是图书馆为社会的物质文明、政治文明和精神文明建设做应有贡献的主要途径和手段。图书馆是文献信息的服务中心，而图书馆员作为信息资源的管理者，无论对传统的印刷品信息资源，还是对现代化的电子出版物及网络信息资源，都应利用其自身的知识和技能进行有序的管理，主动搜选编辑、加工提炼生产再创信息，以便向用户提供快捷的、高质量的、针对性强的信息资源；成为信息资源管理的专家，在信息社会中扮演并担负起"信息导航者"的角色，辅导读者合理利用文献信息资源，引导读者以最快最佳的方式查找所需文献；并且在整个服务过程中，要遵循"省力"原则，要了解到"查找、利用方便"是吸引读者的关键。在新时期我们应积极构筑全新的知识服务平台，提高信息用户的信息意识和信息能力，以读者为中心，想读者所想，只有这样才能赢得更多的读者。

在图书馆事业的发展中，应逐步确立"以人为本"的服务思想。图书馆各项工作的最终目的是为读者提供服务，读者对文献信息资源的使用情况和满意程度是评价图书馆业绩的重要指标。在当前网络环境下，图书馆如应在读者的角度，想读者所想，急读者所急，只有充分利用各种现代手段和资源，及时了解并解决读者提出的各种问题，才能与读者建立起一种相互信赖、相互支持的关系。

信息技术迅猛发展，Internet 席卷全球，证明了信息资源共享、信息服务的网络化已经是不可逆转的潮流。网络环境给图书馆的服务工作带来了前所未有的机遇，同时也带来了挑战。网络环境为图书馆服务提供了得天独厚的良好机会，图书馆应抓住这个机会，对信息资源的收集、加工、整理、服务赋予新的内容和方式。

图书馆的整体组织、人员安排、业务流程都要不断适应网络环境的要求，传统的服务方式可以利用网络环境来发挥新的效益。例如图书馆的查询、外借预约、馆际互借等服务，可以通过网络功能实现。但是要实现网络环境下对图书馆服务提出的高水平、高质量的要求，必须对图书馆员的知识结构提出新的更高的要求。在信息服务的过程中知识技术含量加大，向智能化发展，图书馆从事读者服务工作的专业人员在工作方式、工作价值、工作效率、工作成果等诸方面将发生质的变化。

因此，为了方便读者在馆内的借阅方便快捷，就要提高图书馆员应用计算机网络通信等技术的能力。由于现代信息技术在图书馆的广泛应用，在网络环境下图书馆与信息用户发生了新的变化，随着用户自行上网检索的增多，需要馆员服务的机会也逐渐减少，图书馆员必须转变观念，提高认识，由过去那种检索服务转变为检索服务和指导服务并重，这就要求馆员必须对网络环境的检索工具、信息资源、使用方法，包括计算机日常操作、信息检索技术、网络技术、信息存储技术、系统开发与维护等比一般用户有更多更全面的了解，以保证在计算机网络环境下，顺利进行信息处理工作，而且可以利用网络转变图书馆与读者之间原本传统的交流和沟通方式。网络环境下图书馆工作人员必须彻底转变旧的服务理念，重视"人"的因素；以读者为中心，真正树立"读者至上，服务第一"的观念，自觉做好读者服务工作，更好地服务于读者。

图书馆服务经历了从封闭到开放，从仅提供一次文献到提供一、二、三次文献服务，从借阅服务到参考服务，从坐等服务到主动推送服务，从信息服务到知识服务，从完全无偿服务到有偿服务，从按时服务到即时服务，从在馆服务到多馆服务，从在线服务到全球服务的漫长历史过程。

20世纪70年代前后，图书馆工作开始计算机化，但主要应用于内部业务，未能从根本上改变图书馆服务的基本架构。随后兴起的信息化热潮，对图书馆传统的一次文献服务形式形成了强烈的冲击。信息服务是以向人们提供有用的显性信息为内容的信息传播过程，其特点和局限性在于信息内容限于显性信息与显性知识。在信息服务过程中采集、提供的信息，主要是将文献直接提供给用户，如一次文献、二次文献等。计算机网络普遍应用后，文献利用的"场所束缚"，图书馆利用的"时间限制"，文献与利用者的"地理间隔"等问题不复存在。在今后的发展中，图书馆服务的变化主要表现为：服务的便利性、服务的自主利用和馆外利用等。图书馆的核心能力将定位在知识服务，即以信息知识的搜寻、组织、分析、重组的知识能力为基础，根据用户的问题和环境，融入用户解决问题的过程之中，提供能够有效支持知识应用和知识创新的服务。

图书馆服务，就是我们通常所讲的图书馆读者服务。在信息网络环境下，由于现代图书馆服务功能的扩大和服务形式的多样化，图书馆的服务对象在以传统读者为主体的情况下，已不单单局限于读者这个群体，而是已经扩大到其他需要图书馆提供各种类型服务的用户。因此，图书馆读者服务改称图书馆服务更为贴切和符合图书馆工作实际，也有利于我们对图书馆服务做深入的研究。图书馆根据读者的文献信息需求，充分利用图书馆资源直接向读者提供文献和信息的各项工作，形成了图书馆特有的活动内容——读者服务。

现代图书馆服务具有几个共同的结构因素：一是图书馆的服务对象——以读者为主体的社会各种组织和个人组成了图书馆服务的用户。二是图书馆资源，它是图书馆开展服务的基础条件，包括文献信息资源、人力资源、设施资源以及其他一切可以为社会和个人所利用的资源。三是图书馆服务对象的以文献信息为主包括其他各种形式的服务需求。四是为满足社会和用户需求的各种服务手段和方式，它是服务实现的前提条件。因此综合起来讲，图书馆服务就是图书馆为了满足社会和用户的文献信息等多方面需求，利用自身的资源，运用多种方法所开展的一系列服务活动。

（1）在服务中要融入参考咨询。参考咨询是图书馆开展信息服务工作的重要途径。一线馆员不能仅仅停留在借借还还的水平上，而应该将咨询服务工作融入读者服务工作的各个环节，及时为读者答疑解难，最大限度地满足读者对文献信息的需求。

（2）在服务中要做到换位思考。站在读者的角度去思考问题，就会更深切地理解读者的心情，想读者之所想，急读者之所急，就会大大提高我们的服务质量。

（3）在服务中要坚持一视同仁。这里指的是要公平对待每位文献信息利用者。要时刻牢记每一个公民都应该享受到公平公正的待遇，应当区别不同需要为其平等地利用图书馆提供最佳服务。

（4）在服务中要自觉用心服务。这里的用心服务包括热心、耐心、爱心和细心。为读者服务要满腔热情（热心）；服务读者要"百问不烦，百答不厌"（耐心）；接待读者要时时处处为读者着想（爱心）；服务读者要把工作做细做精，让读者在细微之处体会到馆员的真诚服务（细心）。

（5）在服务中要注意交流沟通。馆员可以利用直接为读者服务的机会，了解读者信息需求及对图书馆工作的建议，并在交流中研究其阅读心理和阅读需求，区别不同情况提供不同服务，做好知识中介、信息导航的工作；还可以利用定期举办读者座谈会，设立读者意见簿等方式与读者交流沟通，以便倾听读者意见，提高服务质量。可以利用网络加强图书馆与读者交流沟通的方式。多年来传统图书馆与读者交流沟通的方式一般有以下几种：面对面交流，主要是在书刊借还过程中工作人员与读者的接触和交谈；在图书馆内设立"读者意见箱"获取读者的建议事项；利用问卷调查，流通阅览数据的分类统计分析读者对所需资源的意向。传统图书馆通过多种形式与读者进行交流和沟通，对于研究读者阅读心理，把握读者实际需求，增进读者对图书馆的了解，提高文献资源的利用率，都起到了一定的促进作用。但是，由于受到工作方法和工作手段的限制，传统图书馆与读者交流沟通的面比较窄，难以做到深入、及时、互动性、持久性和有效性，因此有待提高。

然而随着知识经济时代的到来和知识的多元化，读者对图书馆的需求呈现多样化的趋势，信息技术的发展和计算机的应用也使图书馆的工作方式和服务模式发生了质的变化。图书馆联机书目信息系统的建立，为现实馆藏的展示和利用开辟了快捷的服务通道；同时，各种各样的电子文献数据库及网上资源逐渐成为读者获取信息的重要途径，越来越多的读者热衷于通过计算机网络获取信息资源，解决在文献资源使用过程中遇到的各种问题。为了使读者更好地了解和利用图书馆的现实馆藏、虚拟馆藏及各种服务，置于网络环境下的图书馆都在利用其主页，加强自身宣传和对读者的指导，并开始利用现代网络技术展开与读者的交流和沟通；在分析了当前图书馆存在的问题及读者的信息行为的基础上，图书馆利用网络有针对性地构建了新的信息服务机制，按用户的信息需要和信息行为来设计信息服务内容、服务方式、服务推销等，从而改变以往信息服务内容面狭窄，服务方式单一、僵硬，服务系统不全面的状况；全面提高服务人员的素质，以提高服务质量和水平，定期对网络服务人员进行培训和再教育，使其掌握先进的现代信息技术，不断更新知识结构，提高服务水平。积极研制和开发方便、易用的信息服务系统，使读者产生亲切感和信赖感，大大满足读者信息行为中的现实需求和信息提问；针对不同的读者开展专项服务，如利用电子邮件进行联系，用于回答读者在使用图书馆过程中遇到的实际问题，促进问题的及时解决；让读者直接参与文献信息资源建设，设立"新书推荐"，提供新书书目信息，请读者直接在网上进行选择等，使不同层次不同专业的读者均能在图书馆得到满意的服务。

图书馆的服务是图书馆发展的基础，是图书馆界生存的根本，只有做好服务工作，才能充分发挥文献资源的价值，实现图书馆的社会功能，才能有图书馆美好的生存和发展前景。所以，图书馆员的服务不再是传统的书刊资料的保管员和外借员，而是要面向社会各层次人员，为他们提供全方位、多层次的信息服务。要抛开传统思维定式，从思维方式上快速与知识经济接轨，以适应时代所需。每一位图书馆员应立足于丰富多彩的图书馆实践，通过捕捉、发现实践中的问题，对其加以创造性的研究，为发展和完善图书馆增砖添瓦，成为发展和创新图书馆的一支重要力量。

第二节 现代图书馆的服务对象

当代科学技术正以突飞猛进的速度发展，并广泛应用到生产和社会生活的各个方面，使物质生产和精神生活都发生了深刻的变化。现代社会的重要特点之一是信息交流的空前发展。在新技术革命浪潮的冲击下，信息热在人类社会兴起，社会的发展走向了一个新的阶段，人们往往把这新的阶段叫作信息社会，或称信息时代。随着信息时代的到来，人们对信息的重要性将会有一个新的认识，信息、能源和材料已成为当今世界的三大技术支柱。作为搜集、汇编、处理、传播文献信息的图书馆，在新的形势之下，必须适时地实现变革，以适应信息时代的要求，这样，才能切实履行自己的社会职能。

早期的图书馆主要是以定型化的知识向社会传递。在社会经济不发达阶段，社会对图书馆的依赖并不过于强烈，同时这个社会的情报量还未激增到令人们感到难以利用的地步，人们习惯于接受定型化的知识信息，习惯于图书馆提供的文献载体的初级服务，这种状况大规模的改变是科学情报的发展所引起的。传统图书馆在这一时期仍然进行着单一化、浅层次的传统服务及与这种服务相联系的其他活动，读者的需求与此相适应，即使有超出此种服务模式的需求，一般也是单纯依靠读者自行解决，这个阶段的图书馆并不在怎样满足读者需求的观念上调整自身的行为。而读者也并不因此苛求图书馆的服务。在信息时代到来的时候，情报的时效性是用户关键点，而用户获取情报仅凭自身的条件，传统图书馆的服务已不能得到满足。这一时期进行情报服务的专业图书馆和情报机构，以编制揭示文献内容的二次文献服务（文摘、索引、题录等）为主，超越了传统图书馆单纯的文献载体服务模式，这种二次文献服务已初具情报服务的内涵。在传统图书馆系统之外，情报系统已越来越明显地占据优势，传统图书馆面临挑战，传统的服务模式导致图书馆生存危机的出现，大批使用图书馆的人为情报机构的高效、优质服务所吸引，新技术设备使情报机构自身素质逐步提高。因此，深化服务的提出是传统图书馆在危机的刺激下对自身的一次反省。图书馆增加现代设备、计算机、缩微、复制技术并不是拯救这种危机的根本，情报机构所赖以生存的情报意识首先应在图书馆员的观念上得以体现，为此而进行的深化图书馆服务的观念也应同时诱发并得以体现。

科学技术日新月异，知识经济飞速发展，人们需要不断地学习，以应对越来越快的社会变化。图书馆作为培养人们信息素养，提高人们学习能力的重要场所，可利用地缘优势引导人们接受社会教育和终身学习的理念。因而，图书馆必须树立新的服务理念，使其成为学习支持服务体系的一个重要组成部分，才能在激烈的竞争中求得生存和发展。

1. 服务对象的变化

读者是具有阅读能力与阅读行为这两个本质特征的人，因而图书馆的服务对象包含各个年龄、各个阶层、各个类型的社会成员。然而，图书馆旧的管理体系对读者有诸多的限制，有的图书馆甚至有歧视读者的现象。如在"区别服务"理念的支配下，其"分清主次，保证重点，照顾一般"的做法显然有悖于时代发展的要求，有悖于图书馆服务中的平等原则。为此，图书馆应以博爱精神关爱每个读者，尊重每个读者，坚决维护每个读者的合法权益，真正体现"平等服务"的基本精神。现实意义上的图书馆是体现人类自由与平等理想的圣地，应不论读者的国籍、种族、年龄、地位，向所有社会成员开放。如今，图书馆不仅是阅读的场所，而且已成为人们观光、交谈、休闲、娱乐的场所，是具有综合功能的社会文化中心，服务的对象更具有社会化。

2. 服务手段的变革

传统图书馆的服务模式是单一而孤立的，服务的功能是分散脱节的，满足读者需求的过程往往需要跨越几个部门，从而影响了服务的效率和质量，在很大程度上滞缓了信息的加工、传递和交流。21世纪的图书馆不再是信息资源的唯一拥有者和提供者，许多公司企业、电脑中心、社会团体及个人都可以在网上开展丰富多彩的信息服务，图书馆信息服务的垄断地位面临空前的挑战。而且，任何一个图书馆都不可能以自己有限的馆藏去满足读者无限的需求，只有实现资源共享和利用信息网络手段的不断进步，才能最大限度地为读者服务。因而图书馆必须创立自己的特色服务：特色的馆藏、特色的活动、特色的环境等，切实体现图书馆特有的文化品格，实现服务手段的现代化变革，实现信息服务的"广、快、新、准"。

3. 服务内容的变革

馆藏是图书馆赖以生存的基础，是图书馆服务读者的前提和保障。传统意义上的馆藏是指实体馆藏，即以图书、期刊等纸质文献为主及新出现的电子出版物的文献信息。然而随着数字技术、网络技术的发展，图书馆的现实馆藏还包括存在于图书馆之外的，读者能通过计算机网络可以方便利用的虚拟馆藏，即图书馆从数量众多、类型多样的网络信息中收集、整理、加工，使其成为对读者有用的信息资源的总和。对读者而言，实体馆藏和虚拟馆藏的利用本质是一样的，他们关心的是图书馆提供的内容是否能满足自己的需要。对处于网络环境下的图书馆而言，虚拟馆藏在文献信息保障体系中越来越重要了，它丰富了信息资源基础，拓宽了信息资源的层次和结构，同时，这种服务模式对经济滞后地区的小型图书馆意义格外重大。这种虚实结合的服务模式，丰富了服务的内容，强化了服务的能力。

20世纪以来，对图书馆服务产生最深刻影响的理念莫过于"以人为本"。所谓"以人为本"，就是以满足人的需要，实现人的价值，追求人的发展为价值取向。以人为本的理念落实到图书馆服务中，笔者认为主要包含两方面内容：一是以读者为根本，即奉行"读者至上，服务第一"的原则，使图书馆的一切活动都以满足读者的需要为出发点，最大限度地实现图书馆的自身价值。二是以馆员为根本，从尊重人、关心人、爱护人的原则出发，充分发挥馆员的积极性，为实现图书馆的共同目标而不懈努力。

图书馆应根据形势所需，从以人为本的管理理念来进行服务创新。服务创新主要是指图书馆在服务过程中应用新思想和新技术来改善和变革现有的服务流程和服务产品，提高现有的服务质量和服务效率，扩大服务范围，更新服务内容，增加服务项目，为读者创造新的知识价值，最终形成图书馆的竞争优势。图书馆服务创新包括理念创新、模式创新、内容创新、对象创新、设施创新、方式创新、环境创新、馆员创新等多方面内容。

网络仿佛是一个庞大的图书馆，可随时向用户提供无所不包的信息。用户远在千里之外就可以通过电脑终端进入"虚拟图书馆世界"获取所需的信息。图书馆在资源建设、服务设施、服务手段方面也发生了巨大的变化，为用户从网上或联机服务方面获取越来越多的信息提供了基础，为所有用户服务是图书馆工作中重要的不可分割的部分。它通过提供流通服务、读者咨询服务和参考咨询服务来实现。传统图书馆的服务对象主要是到图书馆借还图书、请求帮助的读者，服务范围主要是本区域。网络环境下的现代图书馆的服务对象从"读者"扩大为"用户"，用户不再受单位、专业或地域的限制，任何人通过网络均可向各地、各类型的图书馆提出请求帮助，因此服务对象从本地区、本部门拓展到国内外的用户。各种联机检索系统的终端用户都成为图书馆的服务对象。

我国现在正在进行的市场经济建设已取得了很大的成绩，国民经济中的各个部门都有了突飞猛进的发展。图书馆作为一种公益性的事业，如果不及时接受市场经济中的经济观念、效益观念，就摆脱不了落后的形象。而一旦接受了这种观念，就和有偿服务联系起来，违背了公益性质。

现代图书馆要想在信息社会中获得发展，得到社会公众的支持，不能满足于仅向社会公众开展一般的基础性服务。那样的话，由于收效慢，很难马上看出图书馆对经济建设的支持。多年来，图书馆在整个社会生活中只是充当一个默默无闻的角色，导致了公众对图书馆的忽视。而如今，在信息网络时代，图书馆应走出幕后，为社会发展提供实实在在、看得到的服务，即可以衡量其价值的信息服务。

众所周知，根据当今图书馆的实际特点，图书馆所做的只是根据社会的需求，提供一种广阔意义上的信息平台，无法为各种需要做出详细的社会调查，提供完整的信息资料。现代图书馆所拥有的信息资源，一般都是以公开形式出版的正式的文献，图书馆可以从中提炼出有关的基本信息，再根据此类文献进行再加工，生成二次、三次文献或数据库，还可以对一些用户提出的基本性、方向性问题进行信息检索，并对之归纳、总结，生成最终报告。图书馆根据这种方式，促进了社会经济信息的交流，使用户对自身的需求及发展有一个大致的了解。通过信息支持，为经济发展指明了大致的方向。

现代图书馆的信息资源开发需要考虑市场及用户需求，提供的方式有两种：一种是根据已开发的馆藏资源，提供具体的信息咨询服务；另一种是直接把信息产品推向社会。这种信息服务和产品从根本上来说，还是面向社会大众服务的，不具有营利性质，但它凝聚了图书馆工作人员大量的辛勤劳动，价值远远高于未经加工提炼的信息。因此，可以从中收取一定的补偿性费用。

科研和教育与现代图书馆之间具有相互促进的作用。一方面，科研和教育是文献产生的两大源泉，也是社会文献信息需求的两大来源，在科学文献的供给和需求方面对图书馆的发展起促进作用。科研和教育的进步，提高了社会人口的文化素质，也为图书馆培养了大量的潜在用户和人力资源。同时，科学研究使现代信息技术得以飞速发展，为图书馆的信息交流提供了更为先进的基础设施，为图书馆业务工作的开展提供了新的设备和手段。另一方面，图书馆为科研和教育提供了情报支持。科研和教育的快速发展，导致了文献激增，增加了信息利用的难度，客观上要求有相应的机构对大量的无序文献做出整理，以利于其传播。图书馆的信息收集、整序、检索功能满足了这一要求，为科研和教育的发展作出了贡献。可是，传统图书馆的信息服务工作只是在后台进行，这种间接的服务方式导致了图书馆很大一部分工作被忽视，图书馆的作用也被其他因素所覆盖。现代科研信息的需求更趋向于个性化、深层次化，不再停留于要求提供相关文献，而是要求提供相关的知识。以往图书馆的服务工作是帮助科研人员检索出一大堆相关文献，具体的信息寻找要由科研人员自己完成，浪费了用户的大量时间。现代图书馆的服务工作是根据用户的需求，直接提供最相关的信息单元，避免了信息冗余，降低了用户的工作强度。信息网络时代的图书馆通过这种深层次的信息资源开发，增强了服务工作的科学性和有效性，提高了本身的地位，完成了从一个单纯的文化机构向具备信息服务和科学研究双重性质机构的转变。

图书馆是社会的精神财富，是属于全体读者的。图书馆的管理人员应面向全社会。他们不仅是传播者，而且是研究者、生产者。图书馆工作者的精神文明、职业道德只有通过读者服务工作才能充分体现。

（1）重视提高图书馆工作人员的素质。

作为一名图书馆工作人员，应把思想素质放在首位。要树立"一切为了读者"的思想，急读者所急，想读者所想，关心、支持、帮助他们。要树立正确的专业思想，有较强的事业心和责任感，明确服务态度，具有为读者服务的满腔热情，从思想上克服"屈才"的错误倾向。在实际工作中坚持"读者至上，服务第一""利用第一，效益第一"的原则。同时具有宽广的胸怀，不和读者斤斤计较，要文明礼貌地为读者服务。要在工作中抓紧一切时间学习，学习新知识，补充新东西，丰富自己的知识和经验，不断提高自己的认识能力、工作能力和文化修养。

（2）改革服务方式，变被动为主动。

图书馆的文献信息传播，最主要的一点是突出了图书馆的主观能动性和社会责任感，它要求彻底改变过去的被动服务和简单传递。它要求图书馆通过各种传播方式把文献信息迅速转化为读者所需的知识和情报。所以在读者服务工作中，工作人员要做到"为人找书"和"为书找人"，不能被动地为读者服务。图书馆的开放服务应从一次文献服务深化到信息情报的组织和传播，真正做到像列宁所说的那样，帮助人民利用我们现有的每一本书。

图书馆读者工作人员不仅要有过硬的业务能力、良好的职业道德，而且还要了解馆藏、了解读者，只有这样才能掌握读者工作的主动权，才能提高对书刊资料的管理和组织能力，才能充分发挥图书馆的社会教育职能。

（3）重视读者教育。

知识更新的速度不断加快，许多读者希望急切跟上时代的步伐，成为掌握知识和利用知识的强者。因此，必须开展多种形式的宣传、辅导服务工作，要采取不同的形式介绍图书馆的机构设置、馆藏情况，介绍如何利用图书资料及借阅手续和规章制度，向读者介绍工具书和有关检索工具的使用方法，使他们能充分有效地利用馆藏，高效率地利用各种参考工具，查找所需文献资料，使他们成为主动、积极的使用者。图书馆读者服务工作是联系读者与藏书的桥梁。今后，随着高科技的发展，图书馆现代技术的应用必将大大加强图书馆的社会职能，使读者在学习、研究、工作、生活各方面，都把图书馆当作自己必不可少的良师益友，从而使图书馆的读者服务进入更高、深、便、捷的新境界。

第三节　现代图书馆对读者的信息需求服务

信息化的时代，信息量是庞大的，绝大多数的信息必须经过信息工作机构的加工处理才能传送给人们。作为文献信息的搜集、整理、存贮、开发利用的信息工作机构的图书馆，信息时代的到来，对图书馆自身和图书馆工作都产生深远的影响，从藏书结构、技术方法、服务手段、人员知识结构、管理手段、建筑等方面提出了更高的要求。互联网的出现使延续了几千年的传统服务发生了革命性改变，信息化、自动化、网络化逐步替代了单一的、低层次的和被动的服务模式；读者无须亲自到藏书地点甚至足不出户，即可以在任何时间、任何地点全方位、多渠道地获取信息。过去的信息载体是纸介质一统天下，而今随着现代技术的发展而产生的新型载体，如磁介质的电磁波、光介质的光盘、数字化的计算机等，以其传播面广、传播速度快、信息处理迅速、检索方便、存储量大等优势向传统文献提出了挑战。网络的普及，使图书馆对读者的信息需求服务发生了重大变革。

一般说来，图书馆传统服务工作包含外借、阅览、复制、报道、展览、参考咨询等服务内容。这些工作与传统图书馆相对应，基本上处于文献载体信息的服务阶段。这个阶段的服务所具有的情报属性并不明显，读者有情报需求时，一般注重情报的合适度和时效性。在以传统服务为主的图书馆，要使大批有如此需求的用户得以满足，常常显得力不从心。具体到图书馆内部工作与传统服务工作之间的联系来看，内部工作为传统服务工作而存在，传统服务工作所表现出来的缺陷同图书馆内部工作相对应：追求单个图书馆馆藏的丰富，不论规模大小的图书馆，在这种观念上都是相似的；在情报量激增的社会，靠自己有限的力量常常无法达到目的，馆际协作、图书馆网络在"藏书楼"的观念之下不可能实现，因此传统图书馆的超稳态结构必然以排斥读者为代价。同时，传统图书馆揭示馆藏的手段是目录体系（以卡片式目录为主），这种目录体系浅层化地揭示文献信息，一般并未深入到文献知识单元，在目录信息与文献知识单元之间形成一个巨大的误差，因此目录信息模糊地反映文献信息。同时目录卡片所显示出的缺陷是：读者由于查阅大量无关的目录卡片而浪费时间和失去耐心。

　　传统图书馆为解决这些问题而设立的参考咨询部门，已部分地满足了一定数量读者的文献需求。这种咨询工作本质上还处于文献载体服务阶段，即怎样利用检索工具和工具书来获取文献。受图书馆传统模式的限制，即使一个再有经验的咨询馆员也无法实现情报性质的咨询服务。从传统服务工作本身的模式上看，传统服务工作被动性大，单向度传递文献，文献揭示表层化。当图书馆中新技术设备如计算机的应用或者某一类型的几个图书馆实现网络化时，传统服务工作在一定程度上发生质变。这种质变表现为服务内容的深化、情报职能的强化以及对读者需求的最大限度的关注，并引起图书馆内部工作的应变以便与深化服务的工作需要相协调。从单个图书馆来看，新技术的采用，使得图书馆内务工作和服务活动实现自动化，图书馆工作人员数目相对地会减少。计算机的使用，信息技术的发展对图书馆从业人员知识结构变化有明显的影响。新形势下的图书馆需要有不同水平、不同类型、不同层次的工作人员，要有懂不同语言的、不同学科的人员，要求这些人员能掌握新技术、接受新知识，把过去忽视了的或未掌握的知识补充起来，及时地调整自己的知识结构，以适应形势的不断变化。深化服务主要是满足读者对文献知识信息的需求。围绕此类需求，对于文献的揭示深入到文献知识单元，使之以活性的情报形式显现。深化服务的背景是现代化图书馆，因为利用现代技术处理文献情报的手段改变了传统图书馆手工处理的性质——虽然传统图书馆可能已经具有或开展过此类服务。

　　网络环境极大地满足了读者的需求，随着读者和用户对知识需求的逐步升级，对信息资源搜索范围的扩展，网络信息资源已经成为读者获取文献信息的基本来源。读者不仅要了解本学科、相关学科的发展现状和最新的研究水平，而且还需要研究具体问题的特定文献与信息。这样就形成了读者文献信息需求的多元化和追求获得方式的多样化。图书馆在信息时代，首先面临的是自身的适应性的测，归纳起来，基本上有两种看法：一种是认为目前的图书馆不能适应信息时代的社会需求，没有能力去完成信息时代中人们对信息贮存、处理、传播的较高水平的要求，因此，必然由新型的信息工作机构来代替，图书馆走向消亡。另一种看法是认为图书馆不一定会消亡，但存在着"危机"，如果不进行重大的改革，目前的图书馆将会被前进中的时代洪流所抛弃。图书馆要继续存在，必须加强情报职能。

　　实际上，很多图书馆现在已初步地开展了一些情报服务活动，如文献检索、情报咨询、定题服务等被列为图书馆的业务项目，我国的不少高校图书馆及其他类型图书馆还设立了情报服务部，作为职能机构，按读者对文献的需求状况来安排情报服务工作。面对着"情报爆炸"的前景，在浩如烟海的文献中给读者筛选、提供所需的情报资料，及时、准确地传送信息，有效地开展情报服务，已提上图书馆的议事日程。信息时代，图书馆的情报工作将是大量的。

电子计算机的广泛使用，使得图书馆的情报功能更加显著，情报处理和传递程度更加迅速、准确。情报服务水平代表图书馆的服务水平，图书馆在适应信息社会人们对情报存贮、提供以及情报再生产方面，将发挥显著作用。图书馆的情报职能不仅包括对文献信息的搜集、存贮、加工、传递的职能，同时也包括对情报研究的职能。为了控制现代科学中的情报过程，必须善于预见科学工作人员的情报需求变化的方向与性质，把握住图书馆情报搜集、传播的方向和性质。由于信息社会中人们对文献信息工作水平的要求愈来愈高，往往不再满足于一般的文献提供，而希望了解某一学科领域的发展水平或对某一科学技术的未来发展趋势进行分析、综合、加工、预测，情报研究成为图书馆工作各个环节中重要的一环。

现代图书馆是一个为社会大众提供文献信息服务的公益性机构，同时也是一个服务机构，为最广大的人民群众提供基础服务。

现代图书馆必须充分重视与读者之间的关系，切切实实做好读者服务工作，重视确定自己的读者观，明确将每一位社会公众作为自己的服务对象，为公众提供最基本的信息服务和信息产品。现代图书馆要想获得发展，就必须从根本上树立读者第一的观念，重视为读者开展信息服务，重视与读者之间的关系。只有这样，才能争取到广大读者的支持，图书馆的发展才有保障。

信息网络时代，社会充满了变化，读者的信息要求也不同以往，所以图书馆要重视对读者信息需求的调查工作，把握住读者信息需求的变化，从信息需求的特点、内容、方式等不同的角度入手，形成全面的认识。读者是图书馆的上帝，图书馆的各项工作都要围绕读者进行。长期以来，虽然我们认识到读者地位的重要性，但图书馆的工作依然是从自己的角度出发，按照传统的观点，对文献信息进行分类，提供认为是合理的检索入口，其结果是读者往往不熟悉文献分类和检索语言，找不到自己需要的东西。信息服务的出发点是读者，图书馆想将服务工作做好，必须充分了解读者的信息需求。

在网络环境下知识信息的需求特点是：知识信息需求的全方位与综合化，知识信息需求的开放化与社会化，知识信息需求的电子化与网络化，知识信息需求的集成化与高效化。社会的需求促使信息机构的总体发展趋势是向信息增值型、信息产业化、信息服务化、信息精密化发展。现代图书馆拥有掌握和利用电子技术的专业人员，具有获取信息和利用信息的能力，他们对图书馆的服务起着决定性的作用。现代图书馆的服务形象已从"热情＞周到的服务员"转变到迅速、方便的"信息导航员"。

（1）开展社会调查是读者信息服务需求的最主要方法。

社会调查可以使图书馆了解有关读者的各种信息，并从千变万化的各种表面信息中分辨出相对真实、相对稳定的客观事实和要素。通过对读者思想动机的了解和研究，探索隐藏和揭示读者现象的本质和发展规律，开展读者信息需求的调查可通过普遍调查、典型调查和抽样调查几种方式。对于图书馆来说，可通过实施访问调查和问卷调查这两种实用的方法来向读者了解和咨询情况。

开展读者信息需求的调查要明确调查的目的。在开展一项服务之前，对读者的情况进行基本的了解，以明确服务开展的方式方法，找出服务中存在的问题，从中总结出经验。比如图书馆应对每个读者都有大致的了解，通过了解读者的基本情况，可以方便、直观地调查读者的信息需求。现代图书馆由于采用新的信息技术，为这些工作的开展提高了可能性。根据这些读者的需求，开展相应的信息服务，这样图书馆的功能和作用就可以得到更好地发挥。此外，改造影响读者利用图书馆的因素，培养读者对图书馆的需求。

（2）明确读者信息需求的特点是服务的要求。

现代社会中，读者对图书馆服务的要求愈来愈高，人们希望得到的是最符合自己需求的信息，并以自己最喜爱的方式接受。在信息网络时代，图书馆要考虑读者的个性化需求，并通过采用现代信息技术来实现读者在大量的相关文献中查找自己所需的信息。由于现代通信技术、网络技术的发展，人们的信息需求越来越趋向于快捷化，人们对其需求趋向于迫切化，图书馆的信息服务工作如果不及时传递，那么它的价值就有可能大打折扣，将无法满足读者的信息需求，读者要求图书馆能够提供即时化的快捷信息服务、个性化的使用方式，特别是读者对信息的特指性加强，要求图书馆深化信息开发工作，从文献中提炼出信息或知识单元供给读者。

（3）图书馆对读者信息服务的需求提供的手段、类型和方法。

传统图书馆主要采取外借、阅览、信息咨询、定题服务、书目服务、编译、复印等方式。在信息网络环境下，现代图书馆要根据读者的信息需求特点，突破传统的服务模式，开展新的服务项目。如外借阅览，现代图书馆的外借和阅览与传统不同，在文献新颖程度上，要求提高上架的速度，采编合一。有关图书的各种到馆、数量、分类、编目信息可以通过馆中的管理信息系统快速传递，保证文献信息的新颖程度。在文献范围上，外借、阅览要为读者开放全部馆藏，实行全开架管理。传统的信息咨询是图书馆工作人员利用专门知识，通过使用工具书来解答读者的提问，同时辅导读者检索文献，利用信息的一种活动。通过这种活动，现代图书馆可以提高文献信息的利用率，帮助读者寻找所需的信息。在信息网络时代，信息咨询工作的信息来源更为广泛，不受时空的限制，检索功能更加强大，由于采用了先进的计算机技术、网络技术、通信技术，凭借互联网，可以直接回答来自任何地区、地域的咨询要求。

新技术在图书馆工作中的应用，为服务水平和效率的提高提供了技术上的可能性。新出现的信息处理能力对所服务的学科中新的富有成效的研究方向具有启发和催化作用，因而导致劳动方式的巨大变革。由于信息量的猛增，知识信息交流的节奏大大加快，图书馆的读者成分及其知识结构产生变化，读者对文献的需求产生变化，对信息的可靠性以及获取信息的速度、方法的要求也和以往不同，他们对知识的需求将会更加迫切、更加广泛。计算机技术、复制技术、缩微技术、光盘技术及通信技术的应用，大大加快了文献信息传递速度，也大大提高了文献信息获取的准确性和可靠性。在服务内容方面，不仅有借、阅、参考工作，还有文献信息研究工作、情报跟踪服务、文摘、预测、定题服务、计算机检索服务等，以满足各种不同成分、不同知识结构的读者的多样化要求。新技术用于服务工作后，有的读者甚至可以在自己的家里，通过图书馆的计算机文献信息网络终端获得所需信息。电子计算机应用于图书馆，增强了它的服务功能，把图书馆服务推向新的阶段。

第四节　深入调查研究拓宽服务渠道

图书馆是一种社会文化事业，必然会受到社会发展的影响。传统图书馆作为一个几乎完全收藏纸型图书的世界，不可避免地经受着现代技术带来的多种变革。传统图书馆是由收藏纸型图书发展而来的，它的文献载体基本上都是清一色的纸型书本。传统图书馆强调的是"藏"，注重的是藏书体系的承袭及图书馆本身存在的形式，以"管书"为本，视图书馆为最大的文献贮存基地。多年来传统图书馆一直是坐等读者上门，以阵地服务为主，主动服务很少，其知识传播功能以书刊借阅为基本内容，无偿服务是传统图书馆的服务定位。信息网络时代的现代图书馆从内容到形式都与以前大不相同。

现代图书馆不仅收藏、流通纸型文献，许多非纸质文献的出版，使大量不同载体的文献收藏品种越来越多地进入图书馆。光盘、录音带、缩微胶卷、激光视盘、机读书目数据等电子出版物的入藏，使得载体内容丰富、实用、生动、形象，这成为现代化图书馆的基础建设和必备条件。而文献存储呈数字化的发展，使更多的文献信息以电子形式存取，大大拓展了图书馆的内涵和外延。全开架借阅、自动化检索与联机服务，一切为了读者，这一系列从观念到服务方式上的转换是图书馆由传统到现代转变的真正实质。在传统的场地服务之外，计算机所提供的多途径检索，大大方便了读者。网络的建设，极大地改变了文献信息传递、获取的速度和方式，读者不到图书馆，通过联网也可访问图书馆的信息资源。图书馆通过多方面调查研究寻找拓宽现代图书馆服务的渠道，是急需解决的问题。

信息网络时代，现代图书馆以计算机来管理，图书文献从采购到加工、流通、检索、借阅的整个过程和内部管理全由计算机处理，因此更趋于科学和合理。在现代图书馆，各种文献信息的加工、开发和利用上升为十分重要的业务内容，并将逐渐地占据主导地位。同时，建立在计算机技术、通信技术、信息处理技术之上的网络技术，使现代图书馆实现了远程通信和资源共享。通过网络提供信息服务已是现代图书馆的主要服务项目。

现代图书馆强调信息观念、市场观念，注重图书馆在社会经济中的竞争，以社会需求为导向，积极提供特色服务。文献信息资源经过图书馆的专业性深加工，成了信息产品，参与信息市场的竞争。因此，现代图书馆要及时、准确深入地调查研究，了解用户的需求，通过各种方式拓展服务渠道，满足用户，体现图书馆的价值。信息服务业的发达程度是社会信息化程度的重要标志，也是衡量社会文明和进步的重要标志。图书馆是重要的信息服务机构。随着信息社会和信息市场的发展，图书馆应该利用自身条件，为社会提供信息服务，促进经济发展，充分发挥作用，增强活力，为图书馆的发展探索一条新路子。这是图书馆时下比较注重的一个问题。

进入 20 世纪以后，工业生产、商业活动和科学研究等的规模不断扩大，而科学文献的数量又与日俱增，特别是传播最新情报信息的报刊数量大大增加。一般图书馆原有的加工手段和服务方式已难以满足生产、经营和科研活动对情报信息快速、及时的需求。这就使得生产和科研等单位不得不采用最先进的技术设备，配备具有一定专业学科知识的人员来加强情报资料工作，从而为生产、经营活动提供情报保障，以赢得自由竞争的领先地位。传统图书馆服务是以文献为中心，文献的流通作为衡量服务质量的标准，所有的机制环绕文献而运转。然而，在社会主义市场经济条件下，图书馆发展信息服务是要以用户需求为中心。

改革开放以来，软科学研究的发展及其社会化、市场化步伐，带动了我国信息服务业的蓬勃兴起。"据不完全统计，目前全国已成立了四万余家咨询机构，专职从业人员八万余人，年经营额 40 多亿元"。信息服务业的兴起正是人们信息需求变化的产物，充分利用知识和信息资源，大幅度提高产品的知识含量和高附加值，是信息社会经济活动的特征。信息产业是这种特征的集中体现。

图书馆处于信息社会和信息市场不断发展的时代，必须清楚地认识到图书馆在信息服务业中的地位和作用；必须加强和充实情报部门的力量，强化这一部门为市场经济服务的职能，不断扩大图书馆工作内涵，加大智力投资；必须顺应时代潮流，努力生产适应人们信息需求的高附加值的信息产品，努力创造有利于社会信息产业发展的良好环境。之所以这样说，是因为图书馆拥有大量的文献资料，是其他信息服务机构所不能比拟的，完全有条件进行情报信息深加工，将知识信息产品投放于信息市场，与经济市场需求相接轨。

时代在前进，社会在发展，作为现代化社会三大支柱之一的信息，已成为当今社会各领域首要研究、掌握、使用的对象，信息是速度，信息是效益，这就使我们提高了对图书馆工作服务方式的认识，除努力提高服务质量，搞好服务工作外，还必须将重点转移到开发信息资源，加强信息服务工作上来。变封闭为开放，变静态为动态，将信息服务扩大到社会各个领域，为社会发展服务。信息网络时代，图书馆为了满足用户的需求，要从以下几个方面拓宽服务渠道。

（1）图书馆业务实现网络化。

网络化是指在标准化资源共享基础上，图书馆的业务如文献采购、标引、编目，由网络系统来协调完成，达到资源的合理配置。在书目数据共享的基础上实现资源共享。同时图书馆作为社会信息网络上的一个信息枢纽，可以面向社会传播文献及其他信息。

（2）图书馆将以信息收集整理和传播角色成为社会信息系统的重要组成部分。

在信息网络时代，由于社会文化发展速度不断加快，文献信息的增长也十分惊人，这就需要图书馆去收集整理，使之有序化，成为可供用户检索、计算机可以处理与传播的信息。最佳的办法就是将印刷型期刊和图书电子化，将文献信息进行多媒体化数字处理。而事实上图书馆在进行建设文献数据库方面具有得天独厚的条件，这种服务渠道是图书馆在信息社会中的战略选择。

（3）图书情报一体化。由于图书馆和情报工作一样着重对信息资源进行收集、整理和传播，图书情报一体化是不可避免的。图书情报一体化的根本目的是促进图书馆工作和情报工作的开展，也就是把原来的图书馆工作和情报工作各自的特点发挥出来，取长补短。图书馆工作的长处最主要的是有一个科学而严格的文献资料管理体系，对文献资料的管理井然有序。而情报工作的特点是对新事物的反应敏捷，能更紧密地结合当今社会的发展，善于在社会发展过程中发现新的信息。可以看出，图书情报一体化对促进工作的潜力非常大，有利于图书馆更好地利用自身的资源为用户服务，使图书馆的服务对象最方便、最快地获得所需的文献信息。

（4）在网络环境下，社会上任何人都有利用计算机和终端进行信息存取和检索利用的机会。

用户利用图书馆等信息机构获得信息的依赖性相对减弱，因此，图书馆必须通过不断开辟网络环境下新的信息服务渠道，深入调查研究，实现图书馆业务工作的开展。随着计算机技术和信息网的发展，图书馆网络已成为越来越庞大、复杂的协作系统，网络能提供大量信息，但目前我国信息用户真正能很好地利用网络查找有用信息的还不多，这就要求图书馆对信息用户进行培训。在培训时，除了介绍网络的基本知识和如何利用各种检索工具外，还应介绍网上有哪些信息、网上信息的鉴别收集与阅读方法、个人资源的建立、信息分析、研究方法、科技写作及网上信息交流等内容，以增强用户的观察能力、分析能力、综合思维能力以及对信息获取和交流的能力。

长期以来，图书馆都是以收藏和保存为宗旨，立足于收、借这一传统封闭式的格局，因而造成各级图书馆文献资源贫乏、分布不合理、利用率低等弊端。况且文献资源具有十分紧迫的时效性，它的内在价值会随着时间的延长而相对减弱，其价值与时间成反比，这样如不抓紧充分运用，将是十分可惜和浪费的。目前尽管我国文献资源很贫乏，但其利用率也是比较低的，最高的不超过30%，有的甚至低于5%，因此这就要求各级领导认真对待，将文献信息资源的开发利用纳入十分重要的工作日程，充分利用和开发文献信息资源，增加社会效益。

拓宽开发利用文献资源的途径，图书馆文献资源是为社会利用的，文献资源的开发、利用应该与其社会职能相协调。一是领导重视，建立相应的开发利用机构。即图书馆根据自身情况，量力而行，建立起以图书馆为依托，以开发文献信息资源为中心任务的专门机构，作为图书馆的一个专业职能机构，如首都图书馆建立的"开发技术信息服务公司"、金陵图书馆办的"南京时代信息资料公司"、四川图书馆开设的"四川智力资源开发公司"等机构的经验做法，很值得参考和借鉴。二是建立文献信息资源开发利用服务网，进一步加强横向联系，打破传统框框，改封闭性为开放性，进一步提高藏书利用率。淄博市图书馆近几年积极为科研项目服务，与北京图书馆、山东省图书馆、四川省情报所积极开展馆际协调，先后对市化工研究所、市粮食研究所、市机电加工机床厂、市交通技校、市新材料研究所等单位进行了信息资源跟踪服务，形成了利用服务网，取得了较高的社会效益。三是编制馆藏目录、联合目录。馆藏目录可使读者全面系统了解馆藏；联合目录可使馆际互借，资源共享。四是提高文献信息服务能力，表现为：①培训各种文献资源开发专业人员，提高文献资源的开发利用能力。②加强现代化技术的利用，进一步提高文献信息资源的利用率。③加强信息咨询的服务工作。

注重文献信息资源的开发应用性，马克思说："理论在一个国家的实现程度，决定于理论满足这个国家需要的程度。"在文献信息资源开发工作中，要注重实效，不要搞花架子。一是要认真调查分析，吃透情况，量力而行。文献信息开发工作要受经费、设备、人员素质等因素影响，这些客观因素基本决定了文献信息资源的开发程度，只有从实际出发，才能不断充实和完善文献信息资源的开发利用。二是注重应用，选准目标，讲求实效。在文献信息开发工作中，要结合社会经济的发展和读者的需求重点开发。三是注重总结经验，进一步完善提高，使文献资源的开发利用工作健康发展。

正确处理"有偿""无偿"服务及社会效益与经济效益之间的关系。图书馆开发文献信息资源提供给社会，那么要不要搞有偿服务呢？回答是肯定的。但是图书馆搞有偿服务不能损害服务项目和读者利益，要分清有偿和无偿服务的界限，如书目咨询服务、阅读辅导活动等服务项目都应是无偿的，而科研专题服务、文献复制、计算机检索服务项目应该是有偿的，这些界限决不能混淆。至于图书馆社会效益与经济效益之间的关系，是图书馆工作成果表现的两个方面，是相互转化相互促进的，决不能片面追求某种效益而忽视另一种效益，使文献信息开发工作走向极端。我国国民经济实力在进一步增强，人民的物质和文化生活需求都有了很大的提高，对情报信息的需求也随之增长。市场经济的逐步形成和日益发展，促使各行各业为了在激烈的市场竞争中取得生存和发展，必须及时掌握政治、经济、文化和社会科技等方面的信息，形成了巨大的信息需求。目前社会上已有万余家信息咨询机构，图书馆不再是社会上唯一的信息中心，这对图书馆来说是一种挑战与威胁。图书馆要求生存与发展，唯一的出路是积极参与市场经济和市场竞争。

谈到图书馆参与市场经济和市场竞争，首先触及的问题是"无偿服务"。图书馆属于社会文化科学服务机构，具有非营利的事业性质，经费由国家政府提供，也有社会团体、企业、个人的资助，它向社会各行业提供信息服务，因而，社会上强调图书馆"无偿服务"图书馆进行"有偿服务"——信息经营，往往被视为"向钱看、做生意、不务正业"等。实际上这种观点是不正确的，因为图书馆也是文献信息机构，也具有产业性质，与其他信息服务机构一起走向市场，参与社会经济活动。图书馆事业的发展，仅靠国家政府所给的有限资金是难以实现的。图书馆必须勇敢地面向市场，主动地介入社会、介入企业，把科技成果源源不断地输送到生产单位，把世界先进科学技术和先进的管理方法介绍给企业。帮助企业开发新产品，提高技术和管理水平，那将会促进科技与生产紧密结合，对经济发展起很大作用。图书馆应兼顾社会效益和经济效益，将无偿服务和有偿服务科学地结合起来，争取创造良好的工作条件，开辟新路子、探索新途径，为图书馆事业的生存和发展积极参与到市场竞争的大潮中来。

文献信息产品开发工作的好坏是衡量一个国家科学技术水平和经济发展水平的一个重要标志，是制约社会主义现代化建设的条件之一。开发文献信息资源，可以有效地利用人类文明成果，及时了解和掌握人类科技进步的最新成果，使我国的科学研究和经济建设在较高的起点上进行，赶上或超过世界先进水平。只有每一个文献信息机构大力开发文献信息产品，为国民经济发展及时提供高附加值的信息产品，才有利于加速社会主义现代化建设的步伐。文献信息产品质量是提高文献信息机构竞争能力的重要保证。在现代信息商品化日益加速的情况下，信息市场竞争日益激烈，文献信息机构只有不断提高文献信息产品质量，增加文献信息产品品种，才能打开市场销路，受到广大用户的欢迎。否则，会被竞争对手挤出信息市场，失去用户，遭到失败或淘汰的命运。文献信息产品质量同时也是提高文献信息机构的经济效益和社会效益的又一重要保证。虚假信息不仅能把接受者引向错误方向，而且还会给他们心理上带来负效应，动摇人们对信息的信任。虚假信息危害之大，尤其是广告类，给人民、社会造成很大的损害。目前人们对信息需求的唯一满足并不是信息量的不足，而主要是信息产品质量上的问题，以及信息传递不及时，信息产品处理加工不深入，信息资源建设难以形成规模经济等因素。人们往往重视对信息的生产，而忽视信息服务、信息技术的投资。信息工作很注重"广、精、准、新"。没有广泛的信息源，就筛选不出高效、优质、实用的信息；没有快捷的传播手段，就跟不上用户的需要；没有精密的信息产品，在竞争激烈的信息市场是难以打开销路的；没有准确的信息源，信息产品质量就难以保证；没有新的信息源，就无法加强超时性信息的收集与传播。

实践证明，开展信息服务的有效方式是建立信息服务网络，才能使信息的生产和流通得到正常运转。目前，各图书馆文献数量与质量很难适应市场经济的要求，加之传播手段的落后，往往成为信息工作的阻力。所以，图书馆应以省级图书馆，市级、图书馆为基础组建服务网络，来解决信息源问题，共同联合编制，发行不同级别、不同种类的文献联合目录，分工合作，有效再发。同时，还可以组织社会力量，全方位联合开发文献信息，或与科研单位、企业建立联合体，图书馆工作人员与企业的情报工作人员结合，根据不同的企业、不同的信息需求，签订信息服务合同，对口、对厂定向、定期、定报酬地提供信息，从而增强图书馆活力，提高图书馆经济效益与社会效益，促进图书馆事业发展。

第二章　新形势下图书馆服务现状

第一节　现代图书馆服务现状与创新趋势

在当今竞争激烈的时代，读书逐渐变成了一种趋势，多读书，读好书，在喧嚣的世界里找一个属于自己的清静角落，静心养性，让浮躁的心灵归于平静。当下我们处于信息爆炸的时代，科技的发展让我们选择读书的方式有很多。很多人相对于传统的去图书馆读书的方式而言，会更倾向于使用互联网查找自己所需要的信息，图书馆不再是人们学习读书的首要去处了，当今图书馆的形势不容乐观。

一、当代图书馆服务现状及存在问题

（一）当代社会图书馆的服务现状

随着时代的发展和科技的进步，计算机和网络发展迅速，网络信息以其信息涉及面广和传播速度快深受人们的喜爱，所以图书馆逐渐被人们忽视。图书信息资源的质量在不断地提升，人们对图书馆的要求也十分高，传统的图书馆的模式越来越不能满足人们的需求了。由于我们所处的时代是信息化的时代，每天都有很多数据资源在不断地增长，每天的信息都在不断地更新变化，所以图书馆就必须对数据进行判断，分析其价值。图书馆的资源很多，信息系统复杂，不仅有一些文献信息还有服务信息，信息一旦多了就会很乱，有时候就会出现编码和格式无法对应的情况。此外，为了不被时代所淘汰，传统的图书馆也开始向信息化转变，比如网络服务之类，这样就会导致信息量变多，整理信息也就变得复杂，尤其是环境之类的。虽然我国图书馆的形式已经发生了改变，但是还远远达不到人们所需要的标准。

（二）当代高校图书馆的服务现状

同时，随着信息时代的到来，高等教育模式在发生着变化，越来越趋近网络化，高校传统的文献中心的地位受到了威胁，所以高校图书馆必须不断地进行改革。由于环境的不同，从原来的小数据时代到如今的大数据时代，高校图书馆要接受的挑战和转型是无法避免的。在传统的教学模式中，都是老师作为课堂的主角，图书馆被动地提供给老师所需要的文献，这不符合教育的发展需求，所以，高校图书馆必须进行服务的创新，对于服务的方式以及模式进行探索，争取为学生们提供更好的服务。

（三）当代图书馆存在的问题

我国的图书馆发展十分迅速，在发展的过程中出现了许多问题。人们普遍认为管理图书馆非常简单，但是事实并非如此。图书的管理是需要有专业的人来做的，专业的图书馆学人才对图书馆的管理非常重要，专业的人才不仅能有较好的工作能力，而且道德品质上也有很高的修养。但是现在的图书馆管理人员的素质不高，图书被盗或者破损现象严重，所以在图书馆的专业人才方面需要加强培养。而且，技术的发展让阅读的方式多元化，以前的图书馆里都是以纸质版图书为主，查找信息不方便，现在人们多利用手机或者电脑来获取。虽然图书馆已经做了很大的创新，比如电子图书馆，但是由于技术不成熟，还会存在许多问题，这就直接影响了读者对于图书馆服务的满意程度。

值得一提的是，关于公共图书馆的法律法规十分不健全，人们对书籍进行破坏或者将图书带走，但没有相应的举措去惩治这种行为。虽然图书馆内部可能会有一些相关的规定，但是仍然无权处理，没有相关法律的约束，这对于图书馆的发展非常不利。

二、当代图书馆的创新趋势

（一）对于服务技术创新

技术是图书馆服务的心脏，必须对图书馆进行技术方面的创新。要注意进行数据挖掘，一般都会选择智能处理技术对数据分析，仔细研究数据背后的信息，通过数据挖掘了解人们的需求，掌握人们阅读规律，发现图书馆存在的实际问题，以此来提高服务质量。而且，人们的阅读量和需求量在不断地增加，需要通过技术来对于信息资源进行数字化。而且，图书馆应该把电子资源作为图书馆资源的重点组成部分，让人们足不出户就可以享受图书带给人们的乐趣。

此外，还可以打造出移动图书馆，比如可以通过手机 App 了解自己的借阅信息，推送电子期刊，让读者第一时间掌握最新文章信息，还可以增加图书预约功能和检索功能。也可以设置二维码，通过公众号进行推送，为读者创造更好的阅读环境。

对于借阅服务也需要技术来进行创新。比如说通过自助借还机或者是移动借阅机来自行地借书还书，还可以通过网络平台来进行社交媒体的实时互动等等。

（二）对高校图书馆创新

随着时代发展，教育的方式不断地进行改变，高校图书馆也需要突破传统束缚，不断地进行发展创新。图书馆应该是学生们学习知识的地方，应参与到学生的学习生活中来，而不应该孤立地存在于学校中。图书馆直接参与到教学中，设置专门的阅览室和电子服务平台，有利于学生查找资料，而且还可以通过课堂教学或远程视频授课等方式直接对学生进行授课，也可以在校内开设信息检索与应用课程，让同学们对图书馆有更深入的了解。同时，图书馆还应该创办形式多样的阅读活动，通过举办传统文化讲座提升人文精神，评选优秀读者来增强学生的阅读兴趣。而且图书馆需要开展素质实践基地，比如读者协会等等。讲座、展览、图书推荐等都需要结合时政，不但可以引起学生的兴趣，还可以实现教育的意义，真正发挥图书馆第二课堂的作用。

（三）培养专业人才加强图书馆管理

专业人才的研究和创新对于图书馆服务发展有重要的意义，只有拥有相关专业的技术人才才能更好地发展图书馆服务。建立有关图书馆法律法规也刻不容缓。图书馆关乎读者的利益，将法制和管理结合起来才能更好发展。加强管理是使图书馆稳定发展的基础。

阅读能够增长知识，开阔视野，在这方面图书馆的作用就十分明显了。而且，我们所处的时代是信息时代，科技的发展十分迅速。如果图书馆服务不进行创新的话，那么势必会被时代所抛弃。我们分析了社会图书馆和高校图书馆的现状，并且针对图书馆现存的问题进行了分析，对图书馆服务的发展趋势进行了探讨，希望以后能够满足新时代图书馆服务需要。

第二节　图书馆服务现状与应对策略

如今，我国提出了"终身学习"的理念，而图书馆作为实现"终身学习"的重要渠道，对提高当地人民群众文化素质有着重要影响。因此，图书馆怎样才能够充分发挥公共图书馆的积极作用，是当今图书馆亟待解决的问题。

一、图书馆服务体系基本特征

（一）公共性

公共图书馆的核心内容在于其"公共"二字上，是指图书馆内容服务资源应该为社会全体人民群众所共有。公共图书馆与其他类型图书馆有本质上的不同，即公共图书馆的主体是公共部门。并不是他人的私人机构，公共图书馆的一切活动都是以人民群众作为出发点，为了满足人民群众对信息文化的需求。

（二）开放性

公共图书馆是一个面向全社会的信息文化服务机构，其服务对象是群众。公共图书馆与科研图书馆、学校图书馆有着本质差别。上述所说公共图书馆的均等性、公益性、公共性就决定了公共图书馆的开放性原则。其主要表现在以下几点：①人民群众进入公共图书馆不需要提供专门证件，也无需任何中间手续。即只要人们走进公共图书馆内，就是公共图书馆的服务对象，都可以阅读馆内资源，这也是公共图书馆给予人民群众的一种基本权利。②公共图书馆有保障群众获取相应的文献信息权利。虽然馆内资源极少部分不对外开放，但是绝大多数的馆藏文献都向群众开放。

（三）创新性

公共图书馆的本质是一种公共服务。既然是服务就离不开创新，可以说创新就是公共图书馆服务体系的核心与基础。公共图书馆是一个公共服务性机构，因此必须不断创新自身的服务体系，推动公共图书馆服务机制改革创新进程。公共图书馆应向企业学习现代化管理模式，制定公共图书馆长期发展战略与规划，实现循序渐进的发展。

二、当今图书馆服务状况与原因

（一）公共图书馆服务现状

图书馆服务对象大多是退休干部或学生，缺乏重点信息读者，例如上级领导干部和农民群众，无法充分发挥公共图书馆的积极作用。图书馆的服务方式也有待加强，其服务方式也是被动地借还，没有树立"走出去"的服务理念，自然就很难扩大服务对象。这种服务情况已经无法满足社会群众对文化知识的增长需求，无法构建学习、和谐社会，更无法落实"终身学习"理念。

（二）造成图书馆落后现状的主要原因

1. 宣传力度不到位

如今信息技术已经融入社会的各个角落，许多人时常会沉迷于网络世界中，在网络中获取一些信息资源。他们喜欢在网络上看书，而不愿意真正拿起书本读。可以说社会形态变化是致使传统图书馆没落的主要原因。但是书本知识依然有其存在的道理，如果图书馆对自身的宣传力度不够，当地居民会普遍对图书馆的作用认识不足，缺乏利用图书馆的意识，甚至有些居民都不知道图书馆的具体地点。

2. 管理部门不够重视，经费投入不足

图书馆的真正价值在于信息资源，如果图书馆内容资源更新不及时，势必会影响其服务质量。上级部门通常对图书馆建设以"等一等""缓一缓"作为推托，将更多的资金都投入到经济建设中。由于资金缺乏，很多图书馆出现设施落后、人才缺乏、购书经费不足等问题，进而降低了服务质量。

3. 网络建设落后，设施不健全

随着信息技术不断发展，想要实现资源共享就必须构建"互联网＋图书馆"的模式。但纵观公共图书馆，真正实现数字化图书馆是少之又少，一些图书馆甚至没有网络设施或者设施过于落后，没有实现"多馆联网"，例如学校馆、企业馆、社区馆、科研馆等。不同类型的图书馆各自为政，开放程度也比较局限，无法实现资源共享，其服务质量势必会大打折扣。

三、提高图书馆服务质量的有效策略

（一）明确服务定位，加强管理

明确服务定位，加强管理是图书馆发展的一大保障。因此，图书馆必须充分利用馆内资源，做好常规服务，以人们的信息需求作为出发点，不断丰富馆内资源。同时，公共图书馆的基本职能是提供公共服务，必须提高图书馆的开放程度。

（二）争取上级部门支持，加大投资力度

想要推动图书馆的建设，获取上级部门领导支持是至关重要的。只有获取领导部门的重视，才能够保障公共图书馆的人力、物力、财力。政府作为公共事业的建设者，其投资价值主要是以公共事业的服务价值为基础，即社会效益、广泛度、接受度等。

同时，图书馆要树立"能者居上"的岗位竞争制度，激发工作人员的积极性，加强工作人员的培训工作，全力打造崭新的公共服务形象，赢得政府和社会群众的支持，形成高投入、高效益的良性循环模式。

（三）加强网络建设，构建信息共享网络系统

不断朝向"五级"公共图书网络系统发展，即国家—省—市—县—乡镇。充分发挥"互联网＋图书馆"的积极作用与优势，进而满足当地居民的文化信息需求，推动图书馆的信息化建设进程。

（四）充分发挥辐射作用，服务于当地经济建设

影响经济发展的因素有很多，例如当地企业、当地农业、科学技术、生产技术、劳动者等因素。因此，虽然图书馆对经济发展没有直接的影响，但可以通过自身的辐射作用来推动经济发展，即间接影响。

（五）创新服务理念

任何一件事物发展都脱离不开理念的支持。想要加强上级部门的重视，必须看到图书馆在当地发展的积极作用，即图书馆所创造的经济价值、社会价值要能够显而易见，只有这样才能够提高社会各个阶层的关注程度。因此，图书馆管理人员必须能够加强自身的创新力与创造力，更新自身的服务观念。

图书馆在各级城市中发挥不可替代的作用，不仅能够提高当地居民的综合素质，实现"终身学习"，同时也能够间接推动当地经济发展，提高人们的生活质量。因此，有关部门必须重视图书馆的发展与建设，加大图书馆的资金投入，推动图书馆信息化建设，加强图书馆的辐射作用，进而提高图书馆的影响力，保障图书馆的长足发展。

第三节 高校移动图书馆服务现状调查与分析

随着国内移动网络技术的发展和智能终端设备的普及，移动互联网迎来了高速发展的时代。高校图书馆作为高校重要的知识交流存储中心，在移动互联网时代迎来了新的机遇与挑战。如何利用移动智能新技术，开展更有特色、更能满足读者需要的信息服务是高校图书馆面临的新课题。

信息技术的不断发展推动着移动通信技术的飞速更新，使手机、平板电脑的普及率逐渐升高。同时，图书馆也在探索新时代下能满足用户随时随地享受到图书馆服务的新型服务模式。手机等电子设备的普及为图书馆创新服务模式提供了可能，移动图书馆服务也逐渐发展起来。欧美国家学者认为移动图书馆是实体图书馆馆藏资源的运输者，2010 年国际图书馆协会和机构联合会联合发布了《移动图书馆指南》，书中认为"任何非固定地点的图书馆均可称作移动图书馆"。我国学者认为移动图书馆指的是图书馆为读者提供的一种新型服务，人们能借助智能手机、Kindle 等移动终端设备来访问实体图书馆中的网上资源来查找自己需要的知识信息。2004 年以来，我国图书馆界的学者对移动图书馆服务这一新型服务模式的探究日益增多，然而大部分学者将手机图书馆与移动图书馆视为等同事物，这样既忽视了移动图书馆区别于传统图书馆的特点，也没有注意到移动图书馆的本质特征。移动图书馆不应仅仅是手机图书馆，还应包括物理空间含义上的移动图书馆等。

从高校图书馆移动服务发展过程看，在网络普及的初期（20 世纪末），以"网页＋电子邮件"的平面营销模式为主。在手机普及时期（2007—2009 年），图书馆移动服务向短信服务模式发展。在 3G（3rd-GenenItion）移动网络、4G（4th-Generation）移动网络、无线网络广泛普及的当今社会，初级的营销策略已经远远不能满足读者"移动"以及"实时"获取信息的需求，取而代之的是无障碍、无差别的信息获取服务，即"移动服务＋社交传媒"的立体化营销模式。随着移动网络的不断发展，基于移动网络的 So Lo Mo（社交＋本地化＋移动）营销模式已经在互联网行业得到推广应用。这种新模式对高校图书馆移动服务营销模式的发展具有重要的借鉴意义。

一、So Lo Mo模式概述

（一）So Lo Mo 模式的定义

So Lo Mo 营销模式的概念，是 2011 年 2 月由美国 KPCB（Kleiner Perkins Caufield & Byers）风险投资公司合伙人、硅谷创业投资教父约翰·杜尔（John Doer）首先提出的。他把当代移动互联网最热的 3 个关键词整合在一起，即 So-Social（社交）、Lo-Local（本地化）和 Mo-Mobile（移动），提出 So Lo Mo 移动互联时代营销新模式。短短数月之后，So

Lo Mo 理论风靡全球。现在，So Lo Mo 营销模式已经被公认为移动互联网营销发展的新趋势。

（二）So Lo Mo 模式的特点

从 So Lo Mo 的概念组成上看，在原有服务的基础上，引入移动互联和社交网络的营销模式，突出"位置""实时性""身份"和"交互性"四大特点，通过个人信息需求和现实应用，构成全新的社交化、本地化、移动化三位一体的网络营销模式，从而达到通过智能移动终端实现人与人、人与网络、人与信息机构之间随时随地的信息联结，进而满足以人为本的个性化、实时信息需求。

在 So Lo Mo 模式的定义中，3 个关键词从人、地域、环境三方面体现了现代营销的 3 个特点。So 社交即人与人之间的人际网络联系。特别是在"熟人链效应"的影响下，社交网络实现了社会化关系链的传播方式，提升了人与人之间的关联度，聚集了人气。Lo 本地化即在同一地域范围内的联系。本地化提高了社交的关联性和信赖度，使沟通更加便捷、高效。其中 LBS（Location Based Service，基于位置的服务）就是本地化最具代表性的应用。它不但能够确定移动设备或用户所在的地理位置，而且能够提供与位置相关的各类信息服务。通过本地化服务，能够实现机构与用户、用户与用户之间的精准对接，使服务有的放矢。Mo 移动服务是信息服务的发展趋势，也是社会化营销模式的新载体。移动网络时代的到来，让网络营销从固定的 PC 机转移到了移动着的人本身。这种革命性的进步必将给信息服务行业带来巨大的发展机遇，从而使用户真正实现随时随地享受社交互动以及基于位置的信息服务。

（三）So Lo Mo 模式对高校移动图书馆服务的意义

高校图书馆移动服务从技术设备条件、服务地域范围、读者需求情况三方面来看都非常符合 SOLOM。营销发展模式。首先，高等学府是人才与技术的聚集地，对于移动网络的普及与应用反应迅速。现在，很多高校的教学楼、图书馆已经实现了 Wi-Fi 无线网络覆盖。其次，从服务地域范围上讲，高校图书馆是学校的文献信息中心，是为教学、科研服务的学术性机构，服务对象即高校范围内的学生、教工等，地域性明显。再次，高校图书馆的读者群属于学历较高、更易接受新事物的青年和教师等。线下，读者之间是亲密相关的群体；线上，同属于一个社交圈，因此对于移动网络服务的开展具有良好的人际基础。

对高校图书馆的移动服务而言，So Lo Mo 模式可以大大提高图书馆移动服务的营销效果。它的移动服务模式完全适合当今高校读者移动阅读的需求，从而增加读者对图书馆服务的依赖性；它的本地化服务模式可以满足高校读者的即时信息需求与信息交流，从而增加图书馆移动服务使用的频度，提升图书馆信息服务的水平与地位。

二、高校移动图书馆建设现状调查分析

（一）调查方法

有学者对高校移动图书馆的现状进行了调查，调查方法以网络检索、登录主页浏览信息为主要手段，辅以在线参考咨询的方式收集资料。根据 2016 年 2 月 29 日，中国科学评价研究中心 (RCCSE)、中国教育质量评价中心联合中国科教评价网推出《2016 年中国大学及学科专业评价咨询报告》的 2016 年中国大学排行榜，选取了排名前 30 名的高校图书馆，对其移动服务的建设与推广进行调查研究，基本代表了目前我国高校图书馆移动服务发展的前沿水平。

调查时间为 2016 年 3 月。调查过程为：首先，进入高校图书馆网站，在其主页上的搜索界面、新闻公告、服务指南等栏目查询移动图书馆服务网址和移动图书馆服务内容，并使用电脑、苹果手机、安卓系统智能手机访问高校图书馆已开通的移动服务；其次，通过百度等搜索引擎，使用"高校图书馆名＋移动图书馆""高校图书馆名＋掌上图书馆""高校图书馆名＋手机图书馆"等关键词进行搜索，从而获得高校图书馆开展移动服务的信息；最后，关注近年流行的图书馆微博、微信公众平台、人人网等网络社区服务，调查高校图书馆微博与微信公众平台的使用和推广情况。

（二）调查结果与分析

1. 高校图书馆移动服务开展时间分析

截至 2016 年 3 月，30 所高校图书馆全部不同程度地开展了移动信息服务。清华大学图书馆最早开始研发图书馆移动服务，2007 年就开通了手机短信业务。随着无线网络的不断发展，2011 年开始，多所高校图书馆陆续推出了服务功能更全、服务范围更广的移动服务。2011 年，北京大学、复旦大学等 7 所高校图书馆开通了移动服务；2012 年，武汉大学、浙江大学等 11 所高校图书馆开通移动服务；2013 年，中国人民大学、南京大学等 6 所高校图书馆开通移动服务。2011—2013 年是高校图书馆移动服务起步并迅速发展的 3 年。

2. 高校图书馆移动服务开展形式分析

高校图书馆移动服务开展的形式主要有自主研发、购买成型的移动系统和与商家合作开发 3 种模式。模式的选择与高校图书馆的科研实力、支持资金有密切联系。例如 2007 年清华大学自主研发了第一个移动服务——流通通知短信服务。几年来，一系列支持学术资源检索和全文阅读、馆藏书目查询和预约、培训讲座通知等功能的移动服务相继上线，读者可以通过下载客户端应用或者手机浏览器直接访问。厦门大学图书馆利用汇文掌上图书馆系统，在手机上能够实现图书查询、预约、续借，扫描图书条码进行快速查询续借，评价与评论图书，分享心得等移动服务。北京理工大学图书馆利用汇文管理系统开发手机短信通知服务。重庆大学图书馆依托馆藏数字资源，将移动图书馆服务嵌入 ADLIB2"五层图书馆 2.0 系统"架构的知识服务层中，从而为用户提供图书借阅、预约、证卡挂失等

移动服务。北京大学、清华大学、华中科技大学等多家高校图书馆与书生之家、超星数字图书馆合作，开发图书馆移动服务。读者可以通过账户注册，随时随地地登录移动图书馆，阅读各类信息资源，享受图书馆移动服务。华中科技大学利用微信公众平台开展了借还书实时提醒、过期图书催还提醒等多项移动服务。

高校图书馆可以依据科研实力及经费情况选择适合的方式开展图书馆移动服务。

3. 高校图书馆移动服务开展内容分析

高校图书馆移动服务开展的内容主要分为个人借阅服务、全文阅读服务和生活类信息服务等。个人借阅类服务是移动图书馆的基本服务，移动图书馆也是以此为基础逐渐发展起来的。目前调查的30所开通移动图书馆的高校全部开通了个人借阅类服务，主要包括个人借阅信息的查询、续借、图书预约、馆藏书目查询以及到期提醒等。南京大学图书馆、南开大学图书馆以及厦门大学图书馆开通了利用移动设备通过扫描条码查询、续借服务。

全文阅读服务是移动图书馆发展的第二个阶段。移动终端全文阅读的实现给读者带来了全新阅读体验，也是真正意义上的移动图书馆。目前调查的30所高校移动图书馆中有25所实现了图书、期刊、报纸的全文阅读。其中武汉大学图书馆、中国人民大学图书馆、吉林大学图书馆、北京航空航天大学图书馆实现了使用文献传递到邮箱功能帮助读者获取未购买的文献资源服务。清华大学图书馆、哈尔滨工业大学图书馆、中南大学图书馆等实现了读者个性化订阅服务，浙江大学移动图书馆具有强大的推送功能，读者可以根据专业订阅推送信息。同时，阅读与交流也是移动图书馆发展的重要方向。复旦大学实现了读者手机阅读的同时写书评、做批注、记笔记、发微博的实时互动功能。厦门大学图书馆、南开大学图书馆也实现了写书评、分享给好友的互动功能。

除此之外，很多高校图书馆还将图书馆动态、借阅排行以及预约自习座位等信息与功能加载在移动图书馆中，丰富了移动图书馆的内容。清华大学图书馆在移动图书馆中加载了馆藏地图功能，东南大学移动图书馆设有图书馆布局导航。上海交通大学、中国人民大学图书馆可以通过移动终端预约研修空间、自习座位、查询电子阅览室座位等。中国科技大学图书馆通过微信公众平台开通了快递查询、天气查询等生活服务。同时，图书馆微博、微信公众平台、人人网图书馆社区也成为移动图书馆一道亮丽的风景线。30所高校图书馆已有22所开通图书馆微博，21所开通图书馆微信公众平台，7所开通人人网图书馆社区。诸多移动功能的实现不仅丰富了读者的移动应用体验，更拉近了图书馆与读者的距离。

4. 移动图书馆的推广方式分析

高校图书馆基本采用利用网站设置专栏，介绍移动图书馆服务项目及使用方法的方式向读者推广。根据移动图书馆栏目设置的层次分类，基本可分为主页设置醒目二维码推广、主页设置一级栏目推广和主页二级栏目及以下层次推广3类。在调查的30所高校移动图书馆中，北京大学图书馆、中国人民大学图书馆等12所高校图书馆在主页上设有移动图书馆二维码，读者可以通过扫描二维码，直接下载并安装移动图书馆App。清华大学图书馆、武汉大学图书馆等11所高校图书馆在主页醒目位置设有移动图书馆或掌上图书馆栏目，读者可以准确找到移动图书馆的下载方式及阅读移动图书馆功能和使用方法。复旦大学图书馆、上海交通大学图书馆等7所高校图书馆在一级目录下设有移动图书馆介绍及下载方式说明，但在主页上位置不够突出。就移动图书馆推广的效果来说，在图书馆主页醒目位置设置二维码或者标题，更有助于移动图书馆的推广。

三、高校移动图书馆So Lo Mo模式发展策略

移动图书馆是高校图书馆新形势下的个性化服务品牌。完善移动图书馆的服务内容，做好移动图书馆的推广与应用，是现代高校图书馆移动服务的重要内容。

（一）利用社交（So）网络提升服务质量

移动图书馆的最大特点就是突破了时空的瓶颈，拉近了图书馆与读者、读者与读者的距离，在图书馆移动服务中增加社区交流形式的平台是必要的。目前，很多高校图书馆开通了微博、微信、人人网等网络平台，根据读者的留言和评价，及时了解读者信息需求，完善信息资源，加强信息资源与读者、馆员与读者的耦合程度，进而提升图书馆的服务效率与资源利用率。

此外，高校图书馆可以将移动信息服务与学科馆员服务相结合，利用社交网站的不同板块为有需要的科研团队建立相对独立的交流空间，及时了解学科团队的信息需求，提高图书馆信息服务的质量与速度。

（二）完善本地（Lo）服务实现无缝互动

技术的不断革新给读者带来的是全新的使用体验。图书馆在物联网、云存储等技术的推动下逐渐走向智能化。图书馆可以利用网络定位系统、搜索记忆系统等软件开展数据分析服务、数据挖掘服务、知识发现服务，追踪读者在实体图书馆的浏览位置，分析读者兴趣爱好、专业背景，并根据分析结果向读者推送文献信息，供读者参考选择。美国联机计算机图书馆中心（OCLC）移动应用中的Redlaser，能够根据用户地理位置生成本地化的美国图书馆结果，为用户提供图书馆馆藏、图书馆位置、联系方式和地图信息。美国俄勒冈州立大学图书馆自2010年起就利用图书馆收藏的历史图片提供基于手机GPS定位的导游服务。这些基于定位的信息服务是移动图书馆的扩展空间。

同时，高校图书馆可以根据大学生的兴趣爱好建立不同主题的社区，增加读者的阅读交流。在移动服务中发布图书馆最新动态、培训活动、新书通报等本地信息，增加与大学生学习生活相关的咨询信息，如天气预报、快递查询、学校电话查询、自习室座位查询等实用功能，让读者体会到图书馆就在身边，实现真正意义上的无缝互动。

（三）发挥移动（Mo）特色满足"碎片"阅读

移动服务的根基是信息资源，拥有优质的信息资源是开展移动图书馆服务的前提之一。高校图书馆在资金有限的情况下，应侧重数字资源的建设，购进适合手机等移动设备阅读

的数据库，满足读者的"碎片"式阅读。同时，图书馆可以尝试与数据公司合作，开发信息资源检索一站式平台、互动交流平台等 So Lo Mo 服务。图书馆也可以根据本馆的特色，建立图文并茂的特色数据库，推送以图片、视频为主的信息，吸引读者眼球，达到良好的宣传、推送效果。如清华大学图书馆推出了 LAB 新体验栏目，包括清华学者、智能聊天机器人、电子期刊 RSS 订阅等基于移动服务的子栏目。在清华大学图书馆官方微博上，推出了百年馆庆献礼短片《在这里起航，我的图书馆》，从一个普通读者的角度介绍了图书馆的各项服务，得到了良好的宣传效果。

随着信息技术的迅猛发展，高校图书馆开展移动服务，满足读者随时随地访问图书馆信息资源的需求，增加读者的交流与互动，已经成为一种顺应潮流的迫切要求。高校图书馆应结合本馆的实际情况，基于社交化、本地化、移动化的服务模式，拓展移动服务内容，创新移动服务形式，利用新兴信息技术，最大限度地满足新形势下读者的信息需求。

四、移动图书馆服务发展趋势

（一）服务功能更具有层次性

我国图书馆界一直以来都认为图书馆功能单一，主要是为人们提供信息知识，所以开展的移动图书馆服务的主要功能都是以信息知识为中心的，和传统图书馆服务没有什么本质的区别。这不免会给用户带来一种服务落后、内容陈旧的感觉，创新程度不高，并没有体验到移动图书馆服务的便捷，因此不能对用户产生足够的吸引力。图书馆提供的移动图书馆服务不应仅仅为用户提供知识信息，要进一步挖掘用户需求，与用户的生活信息等结合起来为用户服务。国外移动图书馆服务在这方面的做法值得借鉴。例如，康奈尔大学移动图书馆服务功能主要由传统图书馆服务、课程服务以及探究服务三部分功能模块组成，并且将这些功能模块按照服务层次由低到高的顺序来排列，层次性较高，能够很好地满足不同用户的需求。

（二）服务功能更具人文特色

目前国内移动图书馆服务的宣传工作难以令人满意，图书馆方并不注重移动图书馆服务的宣传推广工作，仅仅是将移动图书馆服务开通后就搁置一边，任其发展。或是在移动图书馆服务开通之时宣传力度很大，但是缺少长期的宣传推广规划。这就导致有很大部分的读者不知道移动图书馆的存在或是移动图书馆有哪些特色，从而严重影响了移动图书馆的使用效率。通过调查美国移动图书馆应用实践后发现，美国大多数的移动图书馆的用户界面不仅形式漂亮，而且实用性较强，便于用户操作，所设功能都十分贴近用户生活。所以，我们认为，我国移动图书馆服务可以从以下几个方面进行改进：一是页面设置要简洁明了，提供全局导航服务；二是重视宣传，将网页中的宣传导航模块放于显著位置；三是加入与用户生活息息相关的功能服务，如班车时刻、医疗信息等。

近几年来，我国图书馆移动服务已取得了一定的成果，但是仍存在着一些不足，在现今移动技术突飞猛进的时代背景下，图书馆更应该适时变革，增强创新意识，提高对技术的敏感度，不断更新服务以提高竞争力。图书馆的发展充满着机遇，移动图书馆服务一定会在未来的发展中继续履行和实现网书馆的核心价值，不断为用户带来贴心服务。

第四节　图书馆微信服务现状及建议

2011 年 1 月，腾讯公司推出一款为智能终端提供即时通信服务的工具——微信（Wechat）。其发展极为迅速，根据腾讯公布的 2016 年第三季度业绩，微信和 Wechat 的合并月活跃账户数达到 8.46 亿。如《图书馆学五定律》中第五定律所述："图书馆是一个生长着的有机体"，图书馆界要积极转变服务理念，并重视对有关领域新技术的引入和利用。正因为微信多形式的便捷即时交流与信息共享，目前大多数图书馆都开通了微信公众平台。

目前，图书馆微信公众平台主要依托于传统图书馆信息化系统、数据库资源或移动图书馆，旨在提供图书馆通知、公告，书目查询、推荐、读者服务、体验及与用户进行交流互动的信息平台。经过文献调研其研究主要包括：①图书馆微信平台的构建，如孔云等总结了微信公众号的常见应用模式，说明和探究了建构基于微信公众号的信息服务方式，提出了符合图书馆业务特点的微信信息服务平台设想。赵洁等总结了国内图书馆微信公众平台构建情况以及基于微信的新服务模式发展现状，在此基础上构建出一种图书馆微信服务新模式，并阐明了其内涵。李丹等人完成了基于微信 API，集成馆内各系统数据接口，利用 Apache Tomcat+JSP+My SQL 架构图书馆微信平台的工作。②图书馆微信服务现状分析：如张秋等从微信号命名开通时间、发帖数和发布内容几个维度分析图书馆微信发展现状，并提出提升微信服务内涵的建议。马大艳等人对"985 工程"大学图书馆微信服务的认证方式、账号类别、推送内容、推广手段、营运模式等进行调查，分析了当下图书馆微信存在的问题，并提出了发展对策和建议。马爱芳等人采用手机应用法与网络检索法就我国高校图书馆微信服务状况进行了调查和分析。甘春梅等人调研已经开通且正在使用的 38 所副省级以上公共图书馆微信公众平台，通过分析统计开通时间、服务方式、服务内容后发现公共图书馆正在越来越多地利用微信公众平台来拓展和创新自身的服务。③图书馆微信实践经验、营销策略研究：如王保成等调研了国内图书馆微信公众平台的应用实践，总结了微信公众平台的功能应用，提出了几点实践经验及改进措施。张钱梅以湖南图书馆微信公众平台为例，从用户订阅、模式推广、内容推送等方面统计分析了其运营状况，提出了公共图书馆在微信推广上的优化策略。黄国凡等利用 WCI 微信影响力指数统计了图书馆微信公众号的影响力排名，并结合厦门大学图书馆与湖南省图书馆的微信营运实践，提出了基于内容的微信营销策略。史梅等通过南京大学图书馆的微信营运实践，得到了成功的微信经营策略（嵌入图书馆服务系统、运用微信 Ofen API 接口等）。④对图书馆微信传播效果进行定量分析，如万慕晨等通过抽取"985"高校图书馆微信推文阅读推广有关信息，运用微信传播指数（WCI）量化研究了图书馆阅读推广效果。李晓蔚等利用方差分析法进行微信图文信息的传播效果研究，并提出了强化传播效果的策略。但是，对基于获取的海量、长期微信推文的内容挖掘研究鲜有报道。

基于此，有研究者以清博指数——新媒体大数据平台为数据源，利用 Python 语言编写爬虫系统，将 2016 年 1 月 1 日至 2016 年 12 月 31 日有代表性的国内图书馆的所有微信推文外部特征（标题、发布时间、阅读量、点赞量、推文链接、发布图书馆名称）及高传播指数推文的文本信息作为初始研究数据，结合微信传播指数 WCI，单篇推文传播指数 WACI 以及高频词共现网络，深入揭示并分析了图书馆微信公众号的传播现状和推送文章的特征及内容规律分类，以期从微信公众号推文内容角度为国内图书馆微信推广提供参考与借鉴。

一、研究过程

（一）数据源

研究人员使用的数据源为清博指数——新媒体大数据平台，选择该大数据平台的原因如下：①平台权威较高，其独特权威的算法公式，如：微信传播指数 WCI、微博传播指数 BCI、品牌价值指数 BVl 等。目前已有超过 19000 家单位使用该平台来制作榜单。②数据收集规则说明清晰，可信度高。③微信推文收录完整。

（二）数据爬取及分析

为了得到准确、规范的结构化数据，其使用 Python 语言与 mongoDB 数据库来进行数据爬取与数据分析。在数据爬取时其使用了 BeautifulSoup、time、requests、string 等模块，其中 BeautifulSoup 库的作用是从 HTML 或 XML 文件中提取所需数据。在文本挖掘时起用了"结巴"中文分词模块。在数据库上其选用了非关系型数据库（mongoDB），这是一个跨平台、面向文档的数据库，可以存储比较复杂的数据。

1. 数据爬取

（1）查找 39 所"985"高校图书馆以及 45 个中国图书馆学会八届常务理事单位微信公众号，人工收集已开通微信公众号且正在使用的账号名（如南京大学图书馆：njulibrary）。"985"高校图书馆（35 所正在使用）与中国图书馆学会八届常务理事单位有部分重复，且常务理事单位中很多没有微信公众号，经过筛选，共获得 58 个微信账号名。

（2）构造列表将 58 个账号名放入其中，运行自编的爬虫脚本，爬虫就会依照脚本遍历所有微信公众号的列表页，并爬取 2016 年 1 月 1 日至 2016 年 12 月 31 日每个账号名下的所有推文的外部特征，如：标题、发布时间、阅读量、点赞量、发布图书馆名称。将这些外部特征以字典形式的数据结构保存到 MongoDB 数据库 wx_all 文档中的 wx_exinfo 集合。

（3）依照脚本抽取 wx-exinfo 集合中高单篇推文传播指数推文的链接，运行自编的爬虫脚本遍历所有这些推文页面后，得到推文中的文本、是否原创、图片数等。同样将这些抽取到的信息以字典形式的数据结构保存到 wx.all 文档中的 wx_exinfo 集合。

2. 数据处理与分析

（1）微信传播指数 Wel 以及单篇推文传播指数 WAeI 的计算。清博指数——新媒体大数据平台中微信传播指数 WCI(V12.0) 设计的步骤是：设计一级指标与二级指标；将这些指标数据用标准化方法处理；加权统计，计算出整体评估值。该指数值与整体样本量无关，而且没有假设条件。它是通过微信公众号推文覆盖范围、传播度和账号影响力来计算微信加权后热度发展趋势的。

（2）数据统计及高频词的共现矩阵。日推文量和全年各图书馆推文阅读量、点赞量统计通过运行自编的脚本得到相应的结果。对 12446 条爬取的推文标题进行分词处理时启用了"结巴"中文分词模块，分词模式选用精确模式，这可以将标题最精确地分切，适合文本分析。之后运行自编的共现分析软件对词频进行统计，并对高频词共现网络进行分析。

二、讨论与分析

（一）微信推文外部特征分析

运行自编的统计脚本对 12446 条爬取的推文进行时序统计，将统计的结构数据导出为 CSV 格式文件。

下半年月均推文量为 1102.17 篇，大于上半年月均推文量 972.17 篇，说明微信的使用频次整体是增加的。因为统计的图书馆中有 35 所高校图书馆，在 1 月、2 月、7 月、8 月放假期间其推文量较少。

同样，他们得到各图书馆的推文量（PN）统计。推送文章数是指 2016 年 1 月 1 日至 12 月 31 日某图书馆微信公众号推文量总和。其中排名靠前的多为公共图书馆。湖南图书馆、黑龙江省图书馆、湖南大学图书馆的推文分别为 938、803 与 681，占推文总数的 7.54%、6.45%、5.47%。

图书馆微信推文阅读量是指截至数据收集日（2017 年 1 月 4 日），2016 年内各图书馆的所有推文阅读量的总和，篇均阅读量是指各图书馆的推文阅读量除以各图书馆的推文量。点赞量是指图书馆所有推文点赞量的总和，篇均点赞量指各图书馆的推文点赞量除以各图书馆的推文量。湖南图书馆、上海图书馆、国家图书馆的推文阅读量排前三位，分别为 6362312 次、707687 次、581391 次。篇均阅读量前三位是湖南图书馆、南京图书馆、四川大学图书馆，分别为 6782.85 次、4242.12 次、2975.64 次。其中湖南图书馆的微信推文阅读量、篇均阅读量都为第一，且远远大于第二名。点赞量前三位是湖南图书馆、四川省图书馆、国家图书馆，分别为 40749 次、8453 次、6253 次。篇均点赞量前三位是四川大学图书馆、湖南图书馆、南京图书馆，分别为 51.43 次、43.44 次、40.80 次。

可以大致看出篇均点赞数与篇均阅读量可能存在一定的关联性，即篇均阅读量越多，篇均点赞量就会相对大一些，这很好理解，是因为阅读的人越多才有可能点赞的人越多。根据统计图书馆微信推广效果可以分为：①篇均阅读量、篇均点赞量排名远大于微信推文数量排名，如四川大学图书馆、南京图书馆；②篇均阅读量、篇均点赞量排名与微信推文数量排名相当，如湖南图书馆、四川省图书馆；③微信推文数量的排名远大于篇均阅读量、篇均点赞量排名，如黑龙江省图书馆、湖南大学图书馆。其推文传播效果上差异的形成原因及推广建议将在后面讨论。

（二）推文内容分析

在 Python 中利用"结巴"中文分词组件中适合文本分析的精确分词模式，通过对12446 条微信的标题过滤标点符号后进行结巴分词共得到110053 个词，不同的词16322 个。将这些词按照频次排序，选取频次大于 100 且去除无实际意义的词如：结构助词、语气词、数词、介词、非语素字、连词后得到 73 个。

分析 73 个高频词共现网络后可知，图书馆微信推文的主要内容涉及：①各类推荐，包括好书推荐、经典图书推荐、电影推荐、电子书推荐、资源推荐、期刊推荐、主题类图书推荐；②图书馆服务，包括资源服务、信息服务、知识服务、电子资源服务、数字资源服务；③开展讲座、讲坛，包括周末讲坛，学术、艺术、生活、历史、人生讲座及讲坛；④预告、通知，包括图书馆开展的各项活动、服务、讲座、讲坛、展览、开放等；⑤少儿图书的书单、预约、展览，以及针对少儿的教育、服务；⑥各类免费的电影、数据库、文献讲座及培训。⑦数据库、电子资源及期刊的开通、试用、培训；⑧图书馆组织的各类沙龙，包括读者沙龙、英语沙龙、电影沙龙、艺术沙龙。⑨阅读分享，包括世界图书和中国图书阅读分享；⑩古籍图书的介绍、展览，古籍数据库。

（三）WCI-WACI 指数排名

因为清博指数——新媒体大数据平台是按照日、周、月这三个周期进行采集统计的。他们选用目标图书馆微信公众号均已开通且推文最多的 9 月作为 WCI 的统计月。9 月图书馆微信公众号推文总阅读量大于 150 万，总点击数 15663，其中单篇推文最大阅读量为46771，单篇推文最大点赞量为 353。其中湖南图书馆的微信传播指数为 804.99，远远大于排名第二的四川大学图书馆和排名第三的上海图书馆，排名 2~10 的图书馆微信传播指数差别不是很大。所有 58 个图书馆的 WCI 平均值为 354.60，大于平均值的图书馆共有 29个，微信运营效果存在参差不齐现象。

为了更加直观地识别具有参考价值的图书馆微信推文，运行自编的计算脚本统计了单篇推文传播指数 WACI。分析后可知，WACI 大于 580 的推文 41 篇，其平均图片量为11.07，最大图片量为 35，推文平均字数为 2098.63。分析说明的传播指数的推文总体还是短文且图片量较多，这也和当下浅阅读时代中的相碎片化阅读特征相吻合。WACI 大于580 的 41 篇文章按照内容可划分为网络热门文章、阅读推荐，公告通知、阅读体验、读者服务、微阅读。其中，网络热门文章占据多数且均非图书馆原创内容。包括人文历史、人物品论、读书与爱情、读书励志、子女教育、家庭亲情等。这些推文符合企鹅智酷在2016年微信影响力报告中用户微信分享新闻三要素：价值、趣味、感动。公告通知中原创推文"南图少儿馆（0~6岁）正式开放啦！"，介绍了南图首创的适合于0~6岁的"南图少儿馆"，自此南图少儿借阅的入室年龄从6~15岁扩展至0~15岁，实现少儿借阅服务全年龄覆盖。读者服务中原创推文"2016年度阅读对账单"是图书馆利用新媒体以及数据挖掘与分析技术提供信息服务的优秀案例。读者服务中原创推文"江安闭馆音乐大放送——无论何时，唯愿你听歌如见我"将十年间图书馆与读者的情感纽带之一，闭馆音乐作为服务升华点，并以音频方式给受众提供感受，情谊绵长。原创推文"吐槽大会——你在图书馆经历过最痛苦的事情排行榜"中图书馆为了更好地倾听同学们的意见和建议，特地"召唤"出了一面吐槽墙，让大家用便笺尽情吐槽。该活动形式新颖，互动性强，得到了广大受众的强烈回应。阅读体验中原创推文"这场马拉松你可以和1000人一起艳遇"，提出的当阅读遇上马拉松成就了一个动静结合的新词"阅读马拉松"（Readathon）。阅读马拉松是个人专注和毅力的终极竞赛，如同众所周知的马拉松比赛一样，成绩并非参赛者的参赛原因，能否坚持完成这次自我挑战才是每个人的追求。推文"边运动边看书，闵行图书馆新体验"提出将普通的座椅置换成运动器械，这点小小的改变就让读者轻松实现运动与读书两不误。微阅读系列推介中提出"摆一张静几，读一本好书，让思想随文字激荡，让文字在心田流淌，可使人心态归于平和，汲取前行的力量"的阅读理念。阅读体验中"阅读2016，微书评有奖征集活动"要求受众将触动心灵的阅读体验用微书评的方式与图书馆互动，与大家分享。

三、图书馆微信运营推广建议

通过分析，可以看出大部分图书馆虽开通了微信公众号，但是其中很多图书馆开通微信公众号的目标较为模糊，跟风开通后人力、物力资源投入难以持续，致使"僵尸"微信公众号存在，如中国海洋大学图书馆、华图小微、吉林省图书馆、中央民族大学图书馆、中国地质图书馆、北航图书馆、北京理工大学图书馆全年推文量均少于30篇。除此之外很多图书馆微信运营效果也不尽如人意，很多图书馆的微信推文数量排名远大于篇均阅读量、篇均点赞量排名，如黑龙江省图书馆、湖南大学图书馆，说明该类图书馆的运营投入大于平均产出。因此，如何提高图书馆微信公众号运营推广能力就显得尤为重要。

（一）建立量化考核指标体系

量化考核指标体系的建立是图书馆微信运营的核心要素。通过构架合理的运营指标体系可以使图书馆获得及时、客观的评价，明确所要达成的目的，找准自己所在的定位，进而更加有效地提高微信公众号的影响价值。通常可量化的微信公众号指标一般分为两类（显性、隐性），其中，显性指标主要由阅读量、点赞量、推文量等构成，WCI指标就是代表性的显性指标。隐性指标主要是每条推送消息访问量（PV）、每日独立访客数（UV）、订阅人数、活跃度等指标，需要通过微信公众号后台进行统计分析。各图书馆应该定期分析 WQ、WACl 指标，结合微信公众号后台隐性指标发现并解决问题（如研究推文内容规律，高 WACl 推文发现等），而不是主观盲目地制定运营计划。

（二）提升推文内容全面性、选择合理性

以上统计可知，各图书馆的推文量差别较大，部分图书馆推文数量远低于平均水平，如中国地质图书馆、北航图书馆、北京理工大学图书馆。低的推文数量必然不能包含图书馆想要传播的信息，图书馆推文的内容可以参考对微信推文标题高频词共现网络的分析，作为图书馆官方微信账号的推文信息至少应包括图书馆的各类通知、预告、安排（如开馆、闭馆、假期）；图书、期刊的各类推荐；数据库、电子资源及期刊的开通、试用、培训；各类阅读分享、阅读推广活动；图书馆组织的各类讲座、沙龙。同时提升推文选择的合理性也十分重要。部分图书馆对微信公众号推文没有筛选，虽有大量的推文，但推文的影响力较低，这主要是由于不经过选择地随意转发其他微信推文造成的。

（三）打造高质量的原创推文

图书馆微信运营者要做到兼顾微信推文内容全面以保证阅读量，同时尽力做到推文分享三要素：价值、趣味、感动。其中简单的方法就是转载的传播指数的原创推文，但是该方法会因为其他公众号转载次数的增加而使得转载推文的阅读量、点赞量骤降，同时不利于微信品牌的树立，还面临着侵犯知识产权的风险。与其追，不如造，打造高质量（的传播指数）的原创推文是各个图书馆应该努力的方向。

通过分析高 WACI 的推文内容，可以发现，期望打造出优质的微信推文以下几点可作为参考：

1. 有价值

有价值，俗称"干货"，为服务对象提供具有实用价值的内容。从以上单篇推文传播指数 WACI 大于 580 的推文中可以发现实用价值对服务对象的重要性。推文"南图少儿馆（0~6 岁）正式开放啦！""请正在备用的宝宝马上离开座位！""校友福利——校图书馆开发新平台为校友提供终身服务"给读者一种获得独家资源或特有资格的满足感。得到这样的资源或资格后读者将会不自觉地作为信息扩散源，向别人传播。

2. 有趣味

灵活运用热门段子、表情包等网络素材，选编一些有创意的热门网络文章，如："还书吧！匿名君！""孩子，不要抱怨读书苦，那是你去看世界的路""这个世界正在惩罚不读书的人"等，这些推文都拉近了图书馆与服务对象的距离，增强了用户黏性。

同时，微信营运者要灵活地结合当下热点话题来推文，如："史记·傅园慧传""豆瓣 9.7 分，竟然来自这部逆天的纪录片"。

"热"是一时的，我们可以凭借热点的东风来造势，但你原本的内容才是本质。与其在追逐热点中人云亦云，不如在制造热点中特立独行。"不与太阳争辉，让自己成为一堆

篝火，成为一群人欢乐的中心"，也许这才是图书馆微信运营的生存之道。如原创推文"吐槽大会——你在图书馆经历过最痛苦的事情排行榜"围绕"吐槽"这一流行热点，让大家对图书馆的各种服务尽情"吐槽"，这避免了正式投诉所带来的图书馆与读者的关系紧张。原创推文"边运动边看书，闵行图书馆新体验"围绕"健身与健脑"这一流行热点，提出将普通的座椅置换成运动器械，这点小小的改变就让读者能够轻松实现运动与读书两不误。这些活动形式新颖，互动性强，得到了广大受众的强烈回应。

3. 有温度

无论微信推文传递什么样的内容，其本质不能脱离的都是面对人这样一种服务对象。每个个体都有其独特的需求，而人具有的情感才是唯一的共通点。图书馆微信推文针对服务对象的情感需求去创作，往往能取得意想不到的传播效果。如原创推文"江安闭馆音乐大放送——无论何时，唯愿你听歌如见我"将十年间图书馆与读者的情感纽带之一闭馆音乐作为情感升华点，勾起了无数已经毕业学生对"不悔梦归处，只恨太匆匆"的大学岁月无限的追忆。即使是图书推荐、讲座、阅读分享这些较为理性的题材，也只有融入情感的因素才可以引发服务对象的阅读以及点赞的冲动。如"这场马拉松你可以和1000人一起艳遇"，提出的当阅读遇上马拉松成就了一个动静结合的新词"阅读马拉松"(Readathon)。满足了服务对象希望通过完成"头脑马拉松"来实现超越自我的情感体验。

除了以上三点，从微阅读系列推荐中其还发现有特色、有品质地推荐书单经常比普通图书推荐更容易被分享，因为这些推荐书单一定程度上表征了服务对象的阅读品位和价值取向，分享书单实际上等同于分享了一种态度，具有"社会标签"功能。

四、高校图书馆微服务现状及对策

（一）微信公众平台在高校图书馆中实际发展状况

1. 应用范围广

根据相关数据统计，全国高校图书馆已经获得认证的微信公众平台超过75个，在认证时，这些高校或是采用本校校名，抑或是利用图书馆拼音缩写结合lib后续等英文缩写组合而成。

2. 功能齐全、种类丰富

某些高校图书馆微信公众平台为公众呈现的服务导向单元非常清晰，比如"我的馆藏""自主服务""动态资源""服务共享""开馆时间"及"最新公告"等板块设置，不难发现高校图书馆微信公众平台涉及功能齐全，种类丰富。

3. 先进的管理方法

当前，一些开设微信公众平台的高校，其管理方式主要包含两种：编辑与研发。其中编辑方式主要指用户根据相应回复提示数据，微信公众平台自动回复设置的自主选择功能。研发方式则需利用现代科技才能实现，主要是在编辑方式基础上，使得高校图书馆微信公众平台更加简便与人性化，激发用户自主选择积极性，享受更优质的服务。当前，在全国已开通微信公众平台的高校图书馆中，有近 20 所高校采用编辑方式，其余大都以新型研发方式为主。

（二）微信公众平台提供信息服务的优势

1. 用户数量多

目前，我国新媒体已开始"微"时代。全球微信用户超过 6 亿人，超过 200 个国家与地区，信息发布语言超过 20 种。微信公众账户也以每日 8000 多的速度在增长，信息交互超过亿次，其中大学生占比最高，是微信主要用户。因此，高校图书馆借助微信公众平台实施信息服务，能够有效扩大信息服务范围，极易被学生接受。

2. 低运行成本

由于微信软件是免费的，不会产生费用，且所需互联网流量也很低。过去，在信息服务宣传推广活动中，高校图书馆宣传手段以发传单及打印海报为主，活动结束意味着宣传推广也同时结束。相同的工作，需要不断重复宣传，且资金投入大。而利用微信公众平台，高校图书馆可以定期或不定期向用户推送信息，公众对图书馆服务认知度得到提高。

3. 精准的内容定位

微信公众平台在设立时就制定了"精选"原则，每日推送 1~2 条优选精品信息为主，引导用户主动发掘信息包含的内容。且微信公众平台可对用户分组，利用微信接口绑定用户账户，提供身份认证服务，比如个人借阅信息查询等，用户还可选择性地接受自身信息管理与新服务模式。

4. 多元化的信息传播形式

相较之传统媒体，移动互联网技术的广泛应用是新媒体技术的显著特点之一，借助手机终端用户随时浏览资讯、传递最新信息，充分利用碎片化时间。基于对讲功能，使得微信社交逐渐由文本传输转向包含图片、文字、声频等多元化媒体形式，用户所见所闻分享更加便利。同时通过微信朋友圈，转载、转发及 @ 等功能，用户及时为好友分享所需内容。

5. 便捷的信息服务

微信公众平台以一对多传播方式为主，直接将信息传输到用户手机，信息传递率与收看率达到了 100%。用户接收到回应后，沟通机制模式为一对一，用户与平台管理者进行单独交流，具有很强的私密性。相较之 App，微信公众平台无需下载安装，使用快捷方便。

（三）基于微信公众平台的高校图书馆微服务存在问题

1. 易被校内外微信公众号覆盖

在各大高校内部，党政部门、院系、科研所及学生社团竞相开设微信平台。相关调查显示，在某市各个高校设立的微信公众号超过 20 个，不断加强建设微信公众平台及其内容，在此基础上扩大本校微信公众号影响力及服务能力。在高校发展中，图书馆属于一个普通部门，因而其微信平台极易被其他微信平台覆盖，其相应资源与服务也会遭到覆盖。

2. 内容简单缺乏个性

有关调查显示，相较之社会及高校其他微信平台，高校图书馆微信公众平台内容比较简单，缺乏个性。例如，一些高校图书馆微信公众平台经常利用图书推介方式进行阅读推广，内容以简单文字与图片为主，生动丰富的视音频资源及用户类型划分、图书分类等不足，专题图书不多，使得图书推介没有实际意义，难以得到用户关注。

3. 交流互动不强

相较之社会及其他微信平台，很多高校图书馆微信平台交流互动明显不足，且用户与图书馆间也没有建立起功能强大的反馈机制。例如，高校图书馆微信公众平台所设置的咨询参考及图书推介大都属于"我发你收"状态，与读者间的实时交流互动功能明显不足。如果用户咨询的不是常见问题，就无法及时将这一问题反馈至高校图书馆。不完善的反馈机制得到高校图书馆不能及时改善读者提出的意见与建议，为用户提供的个性化服务也受到很大影响。

4. 信息资源比较分散，共享性不高

高校图书馆包含很多部门，资源包含纸质与数字资源等，且这些资源分别由不同部门负责，受版权限制及部门分散等众多因素影响，较多的数字资源很难在微信公众平台得到共享。例如，目前很多学生由于学业紧张，面临较大的就业压力，阅读方式以碎片化及浅阅读为主，促使高校图书馆微信公众平台必须具备内容丰富的电子书及数据库等资源，利用图书馆用户可以及时开展资源推介。同时在检索到馆藏书目后，获得与阅读相关的各类图书及数据资源，但实际上这一功能实现难度较大。

5. 专业人才不足

众所周知，微信属于一种现代化科技产物，因此高校图书馆要利用微信公众平台为师生提供更好的服务，那么专业服务人员必不可少。目前很多高校图书馆微信公众号线下服务人员以实体工作人员为主，其主要由退休老师或其他人员构成，年龄较大，难以掌握现代智能手机，手机微信更是不言而喻，因此也就无法回答同学提出的一些较为专业的问题。同时在高校公众微信平台中，越来越多的学生开始加入，微信公众平台人员比较复杂，包含学生、老师及其他社会人士，因此如果没有专门人员进行管理，不做好分类无法为同学提供优质的服务，反而会给学生带来一些麻烦。

（四）高校图书馆提高微信服务水平的建议

1. 为师生提供特色服务，塑造微服务品牌

微信服务日益同质化，使其服务缺乏特色，没有吸引力，质量不高，从而使高校图书馆不重视微服务。高校图书馆要积极塑造自身特色服务，塑造微服务品牌。高校图书馆层次及类别不同，必须结合自身情况，以服务对象特点为契机，为用户提供更好的微服务。同时，高校图书馆管理部门要深入师生，全面了解全校师生实际需求，积极采纳师生提出的意见与建议，不断完善服务内容，提高服务质量。只有从根本上做到以"以用户为中心"，

不断创新自身微服务，才能促使高校图书馆微服务成为用户重要服务内容，并非可有可无附属品。

2.积极嵌入电子资源服务模式

在图书馆建设发展中，数字图书馆早已成为一种必然趋势，且电子资源逐渐成为高校图书馆资源的重要内容构成。通过高校图书馆微信平台，用户只能查询到馆藏纸质书目，由于没有嵌入电子资源服务，使得图书馆内涵得不到充分体现，无法满足用户多元化需求。所以，加快嵌入电子资源，并提高服务质量，成为目前高校图书馆工作的重中之重。同时，在设置电子资源搜索项目时，要秉承公益图书馆原则，不但要为有图书证的用户提供服务，同时馆外读者还能享受电子资源搜索服务，从而为专家学者提供更好的信息资源服务。

3.积极开发微信社交功能，构建微社区

一般高校图书馆微服务社交功能并未得到体现，社交互动不足，用户被动地接受讯息，管理员与用户对话不畅等，削弱了微信吸引力。所以，高校图书馆必须重视合理开发利用微信社交功能，从根本上建立管理员与用户、用户间可互动交流的微社区。一方面，积极利用微信界面用户与微信号间的聊天及视频等功能，管理员要及时回复用户问题。同时，积极恢复某些程式化问题自助功能，缓解工作压力。另一方面，设置专门的微社区，或为用户提供相应的学习生活服务模块，同时为用户提供与其生活、工作或学习联系紧密的电影学术沙龙、报告、旧书买卖、文艺演出、寻找书友、纳新招募、经典赏析及志愿者服务等分类信息，满足用户实际需求。

4.加强微信公众平台服务营销宣传

利用微信公众平台，高校图书馆为用户提供微服务，缩短信息获得时间，提高信息流传速度，从传统的被动接收到以用户信息需求为主的转变。高校图书馆加强建设微信公众平台，首先提高平台影响力及加强营销宣传，满足互联网环境下用户实际资源需求以及阅读习惯的改变。因此，高校图书馆要增强品牌传播意识，制定完整的运营计划，在微信公众平台基础上加强用户互动。比如丰富线上资源传播及线下产品宣传，利用020模式宣传图书馆资源品牌，从而为图书馆微服务营造良好的网络营销氛围。

5.积极引进计算机专业人才

基于微信发展时间不长，很多微信平台专业问题亟待专业人士解决。同时微信公众号人员复杂，因此后期必须引进专业人才，加强微信公众平台信息安全。学生利用学号登录账号，校外人员必须用身份证号才能登录，在此基础上预防不法分子侵入。同时高校还要安排专门负责管理微信公众平台，及时回复用户问题，在条件允许情况下安排老师到其他学校或地方深造学习经验，全面做好高校图书馆微信公众平台管理工作。

（五）微信公众平台在高校图书馆微服务中准确定位

在新形势下，信息媒介、内容及活动微型化趋势日益明显，因此以微信公众平台为基础的高校图书馆微服务模式随之出现。微信公众平台服务内容以为用户提供相关咨询与有效信息为主，从本质上来讲，其功能定位是为用户提供展示自我及信息交流的机会，扩大自身社会影响力，增强服务意识。所以，随着微信公众平台的诞生，高校图书馆服务范围、方式及内容不断扩大，在微信息环境下，有效满足了图书馆用户的各类需求，突破了图书馆地域与时域局限性。但机遇与挑战是同时存在的，高校图书馆微服务工作还处于探索阶段，还未建立利用微信公众平台为用户提供信息服务模式，服务内容有待进一步完善，同时微信公众平台信息推送数量有限、功能简单及个性化定制不足，这些因素直接影响到高校对图书馆微信公众平台的资金投入，从而影响其服务效果。所以，目前高校图书馆微信公众平台无法为用户提供完全服务。

目前随着现代科技水平日益提高，在服务行业微信公众平台得到了广泛应用，服务功能不断增强，服务内容更加丰富，是其作用的主要表现。在此新形势下，要正确认识高校图书馆，全面思考其资源框架、技术应用及服务模式等，在新媒体环境下，为高校图书馆未来发展找到正确方向，促进其全面发展，而微信公众平台恰恰能满足这一需求，必须合理利用。

第三章 智慧时代高校图书馆服务现状与理论基础

第一节 高校图书馆智慧化服务创新概述

一、智慧时代与高校图书馆服务创新认知

（一）智慧时代的内涵及特征

智慧时代在这个基础之上融合新技术，并且融入新的变通和理念等。智慧技术为社会发展带来的人类社会以及可持续发展思想都在智慧时代得到应用。

结合智慧地球的提出背景以及近年来的相关实践，基于智慧时代背景以及图书馆领域的相关概念主要有：

（1）智慧地球（Smarter Planet）。IBM 提出的"智慧地球"概念主要是指在物联网、互联网、云计算、智能信息处理等技术基础上将人类社会与物理世界整合，实现人类社会与物理世界的有效沟通、协商、协作和管理的新的社会形态模式。智慧地球理念在中国的发展和实践是"智慧中国"。

（2）智慧城市（Smart City）。数字城市不断地发展后形成了智慧城市，是一种信息化的高级城市，运用的都是最新的信息技术以及社交网络，同时在感知方面十分全面透彻，也能广泛地进行互联，将以人为本的思想应用到创新当中。智慧城市有自己的六大坐标维度，包含智慧流动、智慧经济等。智慧城市不仅仅包含智能，大众在其中也有智慧性的参与，在新城市当中，可以体现以人为本以及可持续发展的思想。

（3）智慧图书馆。智慧城市的组成部分中智慧图书馆是十分重要的，是智慧教育的重点内容，是新时代下图书馆领域发展的实践。社会图书馆运用的信息技术是数字化、互联化以及网络化的，主要特征是高效便利。它是在进行整合集群的协同管理时，代入信息技术的发展形式，重视可持续发展以及创新转型发展，除此之外，还为读者提供超越时空限制的服务。

2.智慧时代的内涵

本书认为在理解智慧时代的同时应当综合考虑人类发展的目标以及社会实际情况，除

此之外，还有可持续发展的未来目标以及时代的内涵。

（1）智慧时代首先应该是"人"的时代，不是技术时代。如今，国内外的学界一般进行的都是理想状态下探讨智慧的各项物质，比如智慧城市图书馆以及智慧地球等，忽略人的追求以及各项情感因素。人的智慧是智慧时代的基础，超出了技术的范畴，人是以智慧为基础的物质主体，一定要深入以人为本的思想。

（2）人的价值和需求得到关注。人们的需求在智慧时代不断地提升，并得到相应的满足，也得到了个性的尊重。智慧时代能够充分发挥公众和个人的价值，不仅仅在社会管理的领域，还包含生活的各种领域，每一个个体都能提出个性化的需求。对技术进行评价，需要综合用户反馈以及公众的参与度和需求的满足度，这些都是判断制度或项目成熟度的标准。

（3）在智慧时代，技术帮助人们更加智慧生活。如今，新时代的发展技术主要是运用物联网和云计算，智慧时代在这些基础之上，不断地发展投入实践，在世界当中逐步实现智慧感。信息时代不同的物质主体都互相连接，社会的处理机制以及响应都将更加灵敏，智能也会不断地带入这些机制中，从而使得这些物质的主体联系更加密切。智慧地球有21个主题，都是 IBM 提出的，这些主题包含了医疗保健以及基础设施等，全面覆盖人们生活的各个领域，从而将智慧带入人们的生活和工作当中。

（4）智慧时代的社会形态应该是生机、开放、创新与和谐共存的社会形态。智慧时代是一个系统，这个系统的特征就是开放以及协作融合，智慧时代将协作带入了生活当中并开始消融各领域的边界，实现全面的信息共享。智慧时代包含着创新，它的中心是服务，会时刻考虑用户的参与以及公众价值的实现；同时，它还重视个人的价值，让用户能够投身于创新当中。传统时代和智慧时代是不同的，传统时代是顺应大众的信息需求的服务，只是单纯的信息服务；而智慧时代会考虑人的价值，尊重个体的选择，挖掘个体的潜力，因此智慧时代是十分具有生机并且自由开放的社会形态。

3. 智慧时代的特征

综上所述，智慧时代的特征主要有五个：一是智能性，它的基础是技术应用；二是知识性，它的主要内容是创新；三是人本性，它会尊重人的需求，追求人的价值；四是生机性，它十分开放，具有热情和活力；五是可持续发展性，它的主要目标是绿色以及低碳节能。

（1）智能性。它的主要支撑是移动技术和云计算，除此之外，它还需要社交网络技术的支持，主要体现在智能化、物联化和互联化三个方面，进而全面地连接全世界，进行智能的融合和立体感知。

（2）创新性。主要内容就是创新知识服务，创新是它主要面向的新环境，创新模式也作出了转变，它的中心从以往的生产者变成了用户，主要特点是大众创新和开放协同创新，开始注重用户的参与度，在发展过程当中，越来越强调知识以及创新的作用。

（3）人本性。智慧时代强调人的价值，同时对人的需求也十分尊重，在进行社会顶层设计的时候以人为基点。传统时代和智慧时代的服务是有很大的区别的，最明显的区别就是传统时代的服务偏向于群众和公众性，更加个性化，具有针对性，还能够让公众充分地进行参与服务。

（4）生机性。智慧时代是一种社会形态的象征，这种社会形态具有活力向上、开放协同等特点，生命力极强。

（5）可持续发展性。与传统时代不同，智慧时代可以将人与物和社会以及自然进行智能的融合，让社会可以进行可持续的发展和创新。

（二）智慧时代对高校图书馆服务的影响

图书馆系统中主要的构成部分是高校图书馆，服务是图书馆建设及发展的主要内容，同时也是完成高校图书馆宗旨和功能的枢纽，从图书馆发展及建设角度出发，给用户提供满足要求的优质服务则是其最终目的。高校图书馆的服务建设面对智慧时代的到来，有挑战也有机会。高校图书馆服务建设受到新信息环境的改变和新信息技术的发展的影响具体表现为：

（1）在服务方式上，传统的高校图书馆服务方式主要是以图书馆自动化集成系统为主导，在此基础上向到馆用户提供借阅、检索、咨询服务。在智慧时代中，图书馆基于原本的服务方式结合 Web2.0 和智慧技术，转化为"移动开放服务""集群协同服务""主动推送服务"以及"自助服务"，比如，移动服务以移动通信技术为基础，自助图书馆以 RFID 技术为基础，高校图书馆资源共建共享服务以云计算技术为基础，等等。

（2）在服务内容上，传统的高校图书馆服务内容主要集中在检索借阅和基础参考咨询等服务。在智慧时代的背景之下，利用云计算和物联网的建设及发展，打破高校图书馆单调的服务内容，渐渐向专深化、共享化、整合化以及多样化的发展靠拢。

（3）在服务理念上，传统的高校图书馆的服务理念主要是基于图书馆作为信息中心的角度，向用户提供资源服务，服务理念较为传统、封闭和被动。智慧时代高校图书馆的传统的服务理念由"重藏轻用"转变为"可持续发展创新""注重用户参与和协同共建"以及"以用户为中心"的理念，对国内外高校图书馆而言，针对服务实际中的创新主要实践有"智慧图书馆"项目的建设、学科服务的建设和 IC 信息共享空间的建设。

（4）在服务用户上，以教职工用户群体与学生用户群体为重要用户，智慧时代的信息环境特征加大了高校图书馆用户群体，包括社会群体和企业科研人员。目前，对于高校图书馆服务建设来说，满足新信息环境下用户即时化、全面化、交互化以及个性化的信息要求是现在的主要课题与挑战。

二、智慧时代高校图书馆服务创新的必要性

目前，高校图书馆在建设和发展的过程中面临很多机遇，与此同时也有着不小的挑战。当前正处于智慧时代，高校图书馆的建设也因服务的创新有了全新的发展思路，对于高校图书馆的转型创新来说具有重要意义。

（一）更好地满足高校图书馆用户的信息需求

高校图书馆的用户有多元的专业背景，因此对于信息资源的需求也非常多样化。在资源服务方面，需要的服务方式是一站式、学科化、个性化、主动化的。传统的高校图书馆的信息服务主要是面向群体化、大众化的服务，服务方式比较单一，内容比较基础，无法适应当前用户的需要。信息时代的到来，用户对于高校图书馆的信息需求也发生了变化。智慧时代为了应对用户信息需求的变化，需要积极地进行服务创新。

（1）满足用户的个性化需求。在智慧时代，人们越来越需要满足和尊重自身的选择。对于信息的需求也不是停留在大同时代，而是越来越个性化。高校图书馆在智慧时代经过服务创新可以提供有针对性的信息服务，能够满足用户个性化的需求，并且服务是即时化的。

（2）提供多元化服务。智慧时代越来越开放，越来越包容，用户也有了越来越多元化的信息需求，无论是在服务内容还是在服务方式上都要求多样化。因此，高校图书馆在智慧时代也需要丰富服务内容并创新服务方式，根据不同的用户需求提供有针对性的信息资源和个性化的服务，主要包括提供多种多样的文献资源、检索方式、服务类型等，服务类型包括学习会议、休闲娱乐以及信息资源服务等。

（3）提供"懒人化"的资源利用方式。在人类的行为选择法则中最基础的就是"懒人化"，这种选择法则是最省时省力的。选择信息服务的方式上，易用性和方便获取是主要体现。由于互联网的不断发展，商业信息服务越来越完善，人们可以通过多种渠道获得丰富的信息，选择性也更多，这时人们基于最小省力法则会趋于选择那些更加便利的方式，质量是否可靠排在其次。高校图书馆利用智慧技术可以实现更便捷高效的创新和资源服务，这样一来用户获取信息资源和服务会越来越方便快捷。

（4）提供专深化的资源服务。学生和教师是高校图书馆的主要用户，因此如果高校图书馆仅仅提供简单的图书借阅和文献检索服务是不能满足学生和教师的学习和科研需求的，教师和学生需要的信息资源是经过加工整理之后的，不仅如此，为了完成他们的学习和工作任务，需要最前沿的学术动态和趋势分析。所以，高校图书馆用户对于信息资源的需求特点就是专深化。传统高校图书馆提供的信息服务主要是文献的传递和文献的检索，知识服务随着智能信息技术的发展也在不断创新和深化，提供的信息资源是经过加工处理过的，更有针对性。

（5）满足用户的即时化信息需求。大数据时代，信息的更替速度非常快，每年全球信息的增长速度都在50%以上，呈高速发展的态势。高校图书馆用户的特征也发生了变化，全天期待信息，在图书馆进行交流和娱乐等。为了完成他们的学习和科研任务，需要图书馆提供最前沿的科学动态和学术发展趋势分析。通过利用云计算和物联网技术，创新了图书馆的服务方式，开展了移动图书馆服务，为用户提供即时化的信息。

总而言之，智慧时代信息环境和用户需求的不断变化促使高校图书馆服务不断创新，为了适应高校图书馆用户的需求，更好地服务用户，必须进行用户服务创新，推动高校图书馆转型来应对挑战。

（二）弥补当前高校图书馆现行服务模式的不足

目前，高校图书馆主要是传统图书馆和数字图书馆相结合的复合形态。高校图书馆目前的主要服务模式以及存在的问题是：

（1）大众化服务模式。高校图书馆目前主要为大众提供服务，无论是在服务方式还是在服务内容上都缺乏针对性，未做到服务专注群体化。但当前用户的需求越来越专深化和个性化，需要此时、此地、此场景的服务，这种服务方式显然不能满足需求。

（2）被动化服务模式。实体馆藏资源是目前高校图书馆的主要服务，需要用户亲自到图书馆来获取服务，比较被动，与用户之间也缺乏相应的沟通和互动，在当前信息化社会背景下，用户的需求越来越个性化、多元化和即时化，这种服务方式不能满足用户需求，用户信息行为随着互联网信息技术发展得越来越完善，呈现出懒人化的态势，在获取信息方面愿意选择最省时省力的方式，因此，目前图书馆还需要在实践上更深入地探索为用户制定个性化的信息服务和主动推送信息服务。

（3）单一化服务模式。当前信息环境下，用户的信息需求发生了很大的变化，高校图书馆也尝试进行了很多服务方面的创新，由参考咨询、检索借阅等传统的服务转化为IC、知识导航、学科馆员等多元化服务，发展出多种服务方式。但是与国外的高校图书馆相比，在服务深度上还存在不小的差距，无论是服务方式、内容还是服务主体都比较单一，不够精细。服务虽然向多元化发展，但是主要是一些基本的简单服务，例如检索、借阅、浏览等，资源配置、服务人员构成以及空间布局都比较单一。

（4）分散式服务模式。服务部门在设置上不够集中，用户想要获得自己需要的信息服务需要往返于多个部门，资源比较分散，没有很好地整合馆内资源、馆际资源以及网络资源，不能进行一站式的检索，用户需要在不同的资源系统、资源部门、检索界面中进行来回切换才能最终获得自己需要的信息，获取资源的效率低。

除此之外，在智慧时代的背景下，高校图书馆无论是在人才培养方式，还是人才引进方式方面都不能满足当代图书馆建设发展的需求。在信息化背景下，高校图书馆在服务理念、服务模式、服务内容等方面都进行了创新，对传统图书馆在用户服务方面的不足进行了有效弥补，提供更加个性化和多元化的服务，服务也更加主动，使资源和服务之间实现最大限度的整合。

（三）实现转型与超越，助力智慧校园建设

在智慧时代，服务创新是高校图书馆转型的必要条件，传统高校图书馆的信息服务功能随着网络信息服务的发展而不断弱化。高校图书馆服务创新目的是满足用户对信息的需求，推动高校图书馆的功能转型。未来，基于智慧时代的图书馆服务创新是高校图书馆的发展模式，是建设智慧图书馆的基础。

建设智慧校园需要智慧时代高校图书馆服务创新的支持。图书馆在高校中的地位是非常重要的，基于智慧时代的高校图书馆服务创新为其提供了智能的学习环境，让师生可以随时随地进行网络学习，为网络科研提供支持。智能化的学习环境主要包括不受时空限制的移动图书馆服务、融入科研的学科服务平台、融入教学的智能学习环境支持等。高校图书馆服务创新除了提供智能化的学习环境之外，还能够丰富文化氛围，使校务管理更加高效，校园生活更有活力。

三、智慧时代高校图书馆服务创新理念、内容与方法

（一）服务创新理念

进入智慧时代后，高校图书馆的服务必须不断创新，其目标主要有四个：一是创新图书馆的角色以及功能，实现服务角色上的转型以及功能上的超越；二是促使图书馆的服务创新同智慧校园的建设以及智慧教育的发展相辅相成，共同推进，实现共同发展；三是提供更加个性化、多样化、知识化、绿色化以及智能化的服务，更好地满足用户的实际需要；四是推进高校图书馆的创新性以及可持续性发展。因此，只有树立起富有科学性的服务创新理念，才能在智慧时代的背景下顺利实现高校图书馆在服务上有所创新的目标。

（1）以用户为中心。智慧时代对人的本性更加关注，会将"人"作为社会建设的基础和建立运行机制的出发点。过去高校图书馆在服务模式的建立过程中，将主要关注点放在对文献资源的挖掘和建设上；进入了智慧时代之后，高校图书馆的创新服务已经将重点转向了为用户提供更好的服务上。这个时代的图书馆更注重用户的关注和参与，会努力塑造个人的价值以及公众的价值。在高校图书馆对自身服务模式进行创新的过程中，必须以用户为中心，显示出以人为本的服务理念。

（2）泛在服务。进入智慧时代后，高校图书馆对自身的服务创新时有了更高的要求，那就是要为用户提供泛在服务。泛在服务的实现，必须有智能化的科学技术作为支撑，特别是需要有网络通信设施以及技术来建成其基础架构。进入智慧时代后，高校图书馆在服务上不断追求创新，其目的就是给用户提供泛在服务，同时让他们忽略这种技术的存在，就像人们习惯性地使用文字时，往往会忽略掉文字实际上也属于一门技术一样。

（3）大同融合。智慧时代的技术趋于大同，同时也导致了技术方面的大同，从而推进了业务的融合，这个原理体现到高校图书馆的创新服务上，就会表现为给用户提供的服务更加集成化，在资源上趋于共享化，为用户提供的服务交互化，在资源管理上实现整合化。对于高校图书馆的大多数用户来说，他们需要的是更加集成化、更加高效的信息服务，如果服务体系过于繁杂，会造成用户流失，从而使图书馆的服务失去对象，服务也失去原有的意义。现阶段各项技术趋于大同，在此基础上，我们可以实现信息资源以及服务的共建与共享，共享与协同发展的新模式能够促成个性化服务的形成，人们所作出的个体选择能够得到充分的尊重，并且得以实现。

（4）可持续发展。高校图书馆在进行服务创新建设的过程中，应当与图书馆今后的发展趋势相结合，符合顶层设施的相关目标，这样才能避免出现重复建设的问题，也能杜绝资源上的浪费。可持续发展可以通过两个主要的方面来加以体现：一是绿色节能；二是低碳环保，也就是应当投入最小的成本，获得最大化的效益。主要表现在目前的建设能够在后续的发展过程中被充分利用。智慧时代归根结底是借助智能化的技术，通过最低成本的投入，实现系统持续、高效、绿色、健康的运行。进入智慧时代后，高校图书馆应当将此作为自身服务创新的最终目标。

（5）安全可靠。这里强调保护用户隐私，维护信息安全。现阶段，智慧技术得到了更加广泛的应用，大数据技术日趋成熟，人们接受的服务越来越智能化的同时，与信息安全相关的各类问题越来越凸显，用户的隐私越来越多地泄露。人们需要高校图书馆为自己提供更加高效、智能化的服务同时，对保护个人信息安全也越来越关注。这一问题必须给予足够的重视，认真思考并及时寻找解决办法，不仅要加紧研发有效的信息安全技术，还应当与用户建立起相互信任的健康机制。

（二）服务创新内容

高校图书馆服务创新的主要基础有三：一是新的信息技术；二是空间服务；三是知识服务，在上述基础上建立起高校图书馆特有的服务创新体系。

基于新信息技术所开展的服务创新是指在移动通信技术、云计算以及物联网技术基础上所进行的高校图书馆服务方面的创新。2003年芬兰就有大学图书馆向学生提供一种名为"Smart Library"的服务，这项服务就尝试着在图书馆的服务中引入学生的位置信息，并据此形成地点的感知。有研究者据此形成了相关的会议论文，名为《智慧图书馆：基于位置感知的移动图书馆服务》，指出这种移动式图书馆的新型服务突破了时间和空间的限制，而且可以被感知，用户可以方便快捷地寻找到自己所需要的信息以及资料。智慧时代最核心的技术是云计算以及物联网技术，在这些技术的支撑下，智慧时代才能实现泛在互联，这集中体现了智慧时代的图书馆的发展理念。正是因为有了这些新的信息技术的快速发展，高校图书馆才有了更多的服务内容，才有了更多创新性的服务方式，科学合理地利用这些新技术能够帮助高校图书馆在服务上实现突破和创新。

关于服务在空间上的创新主要指的是图书馆在服务场所以及空间上的创新。1994年美国加州大学的蒙特利湾分校建立了首个没有藏书的图书馆，这在当时引起了人们的极大关注，很多人认为随着虚拟图书馆的建立，以物理形态存在的传统图书馆将逐渐消亡。但是蒙特利湾分校于2008年建成了一座占地1万余平方米的图书馆，校方还在网站首页上突出了作为物理图书馆的宣传内容，这说明图书馆所具有的场所价值并不能忽视，以物理形态存在的图书馆及其服务契合了处于智慧时代的人的本性，顺应了人的生机性以及创新性要求。高校图书馆在对自身的角色进行定位以及建立创新模式时，要充分体现出综合性、智能化的空间服务特色，进入智慧时代后，高校图书馆需要构建起为大学师生提供空间服务的有效载体，搭建起有效的服务平台。

基于知识服务的创新模式指的是根据图书馆用户对于新信息的需求而开展的关于知识服务的创新与优化。高校图书馆的用户有其特殊性，那就是更侧重于基于科学研究所需的各种信息服务，有着更加强烈的知识服务的需求，在知识服务上需要更加专业、全面、持续、系统，要突出前沿性。知识服务需要结合用户身处的信息环境，根据其所提出的信息服务需求，充分利用已经具备的各种知识资源、信息产品以及设备来搜集知识、整理知识、分析知识、整合知识并且重组知识，为用户提供所需的知识服务及产品，为用户提供解决问题的综合性服务。这种服务需要与用户的目标相结合、与所需的知识内容相结合、与解决问题的方案相结合，并且参与到用户解决问题的过程中去，这是一种系统性的服务，在分布上呈现出多样化的特点，其中的资源也呈现出动态化特征。高校图书馆要想在服务建设方面具备足够的核心竞争力，首先要创新优化知识服务。

（三）服务创新方法

进入智慧时代后，高校图书馆应当结合本校的专业设置以及图书馆的实际情况来开展服务创新，同时要与用户的实际需要相符，具体的建设方法主要有以下几点：

（1）在原有的传统服务项目以及服务空间的基础上，进行创新与优化改造。也就是说，对现有的已经建成的图书馆进行设施的改造和服务的优化，比如提供移动图书馆的相关服务项目，开设电子阅览室，为用户提供研讨空间等。结合新的服务理论，根据用户所需要的新的信息内容，不断拓展新的服务项目与功能，对原有的服务方式进行优化和更新。这种对服务空间以及服务内容的改造和优化能够在很大程度上节约成本，同时能够对图书室的现有资源进行整合与充分利用，对其功能进行有效的创新。

（2）借助新的信息技术不断拓展新的服务项目。也就是说，利用不断推陈出新的信息技术来扩展图书馆的服务内容、服务方式、服务模式，比如提供云计算和存储服务，引进RFID的相关技术，更新服务终端设备，充分利用网络和信息技术的发展，推出新的移动服务功能。

（3）向多方寻求帮助与合作，实现图书馆服务功能以及服务效益的最大化。可以同其他图书馆以及相关机构实行共建，采用联盟的合作模式，在现有资源以及服务内容的基础上，整合内部与外部的资源，扬长避短，比如同其他图书馆或者机构开展合作与共建，共同分享资源，寻求利益的合作点，实现服务效益的更大化。

第二节　高校图书馆服务的现状

一、传统服务的拓展

随着网络化、数字化技术的发展，绝大多数高校图书馆在服务方式、服务内容和服务时间上都得到了强化和拓展，以适应数字环境下读者多样化的需求。目前，我国大多数高校图书馆以校园网为依托，在因特网上建立了自己的 Web 站点，网上服务的范围和内容不断扩大和延伸，展现出喜人的发展势头。

（一）传统服务向基于网络的服务的拓展

1. 基于网络的信息检索服务

信息检索服务包括对馆藏文献目录的检索、对馆藏数字资源的检索和对网络资源的检索。目前，我国高校图书馆大多数都建立了适合用户远程访问的检索系统，用户可在网上进行馆藏书目、期刊篇目、期刊全文的查询，并进行下载。这一服务方式已经成为当前我国高校图书馆网上服务的基础性服务，开展情况较好，其中公共查询及站点导航服务开展率分别为 90% 和 88%，有 90% 的高校提供引进数据库服务。与引进数据库相比，自建数据库的建设就显得逊色多了，仅有 26% 的高校建有自己的特色数据库。

2. 数字参考咨询服务

网络环境的双向交互性使传统参考咨询服务向网络空间扩展成为可能。用户可通过图书馆主页上的"用户使用指南"或"读者指南"获得一般性问题的帮助；可通过电子邮件和 Web 表单向服务人员进行问题咨询，服务人员用同样的方式将答案传递给用户；用户可以利用软件进行实时数字参考咨询，通过网络与信息服务人员实时在线沟通，以得到解决问题的答案。网络参考咨询服务即数字参考服务，是传统参考咨询服务的拓展，也是图书馆信息服务需加强的方面，是信息服务的发展方向。目前，我国大多数高校图书馆都在各自的网站上开展了形式多样的信息咨询服务，当前主要有以下几种常见的服务模式。

（1）自助式咨询服务

由帮助系统或 FAO 这种模式解答读者日常利用图书馆的咨询问题，我国目前有 41% 的高校图书馆提供自助式的咨询服务。随着问题的增多和便于查找，有部分高校图书馆现已逐渐形成 FAO 数据库系统。

（2）非实时咨询服务

非实时咨询服务指的是用户的提问与专家的解答是非即时的，目前主要采用电子邮件、电子表单等方式实现。通常的做法是在图书馆主页或某个网页上设立"参考咨询"或"询问图书馆员"链接。这是图书馆的数字参考咨询窗口，读者可以用电子邮件、Web 咨询表等形式提交请求，并登记请求人姓名、单位、电子邮件、咨询问题、已知信息线索等。随着校园网的发展，非实时参考咨询服务逐步成为高校图书馆参考咨询工作的一种主要的服务形式，受到读者的欢迎。目前，我国有 26% 的高校提供电子邮件咨询服务，有 37% 的高校提供留言板咨询服务。

（3）实时交互咨询服务

实时交互咨询服务就是咨询专家与读者可以面对面同步交流，能即时显示图像和文字，可以达到读者与咨询馆员当面交流的效果，可以弥补电子邮件、表单咨询不具备实时性的不足，它为图书馆数字参考咨询服务开辟了广阔的发展前景。此项服务目前在国内高校图书馆的开展还不甚理想，仅有 8% 的院校开展。这一数据与美国研究图书馆协会（ARC）成员馆中有 29% 的图书馆提供实时交互咨询服务的数据相比，尚存在一定的差距。

（4）合作式参考咨询服务

合作式参考咨询服务由多家成员馆依据协议，通过多个图书馆及其相关机构的互联网络，可在任何时间、地点为用户提供参考咨询服务。这种服务模式运用最新的信息技术，在最相关的信息资源中提供最好、最准确的答案。目前，我国只有清华大学和北京大学组成国内合作组开展这项服务。而在美国，仅洛杉矶地区就有 40 多所图书馆提供这项服务。

3. 基于网络环境的用户教育服务

数字时代的到来，使高校图书馆的用户教育在内容、形式和手段上发生了变化，传统的教育方式已不能满足网络用户的需求。在数字环境下，高校图书馆必须更新传统的用户教育内容和方法。目前的用户教育正在向电子化、网络化的方向发展，远程教育、在线教育、自主式教育日益增多。很多教育形式都可以利用网络完成，如在网站上可以提供讲义、课件的下载。通过网络，大部分高校图书馆的用户培训可常年进行，读者可根据网上公布的课程设置，选择参加的方式。从世界各国发达的图书馆用户教育来看，网上教育已成为主要方式，图书馆的教育功能由于远程教育的开展而得到加强。美国高校图书馆于 20 世纪 90 年代初就已开始大规模地实施网上的培训工作，充分利用网络、多媒体等现代信息技术，对用户进行互动或非互动的培训。目前，我国只有 28% 的高校图书馆通过网站为用户提供远程培训服务，培训的方法和内容还处于探索的初级阶段。

4. 基于网络的信息传递服务

随着网络环境的形成，网络信息传递方式将逐渐取代传统信息传递服务方式。两者间最大的不同在于网络信息传递服务传递的对象是电子化和数字化文献。网络信息传递服务主要利用计算机网络通过电子邮件、FTP 及数据库文件记录电传等方式向用户提供各种原始文献，是网络环境下传统图书馆信息服务方式的延伸和发展，具有方便、快捷、经济和时效性强等特点。但我国高校图书馆在这方面的服务还不尽如人意，只有 23% 的开展率。

5. 教学与科研支持服务

该类服务主要有两方面内容：一是教学支持，即为教师和学生提供链接网上课件的服务。二是学习资料的支持，主要是通过网络为学生提供课程指定参考书和教学资料网页服务。该服务旨在帮助教师和学生改善教学与学习过程，提高教学与学习的质量。这样的支持服务在英、美等国大学中已相当普遍，图书馆员已成为推动教学新技术应用的主力军。目前，我国高校图书馆的远程教育支持服务尚处于起步阶段，仅有部分高校图书馆为用户提供学习与教学支持服务。例如，华东理工大学图书馆的"精品课程"栏目，汇集了学校品牌课程的学习课件及课程学习的相关材料，学生可以在这个站点获取这些课程的教学大纲、讲义、教案、学习参考材料及课程习题。除此之外，还有清华大学图书馆的"高校教参数据库"和教参信息系统、西安电子科技大学图书馆的"教师空间"栏目。

6. 个性化信息服务

个性化信息服务是传统专题服务的拓展，是指"用户可按照自己的目的与需求，在某一特定的网上功能和服务方式中，设定网上信息的来源方式、表现形式、特定网上功能及其他服务方式等，以达到最为方便快捷地获取自己所需的网上信息服务内容的目的"。目前，个性化信息服务在国外已经形成了初步成果，进入了实际应用阶段，比较完善的服务系统主要有 My Library 和 My Gateway 等，这项服务在美国高校图书馆中已相当普遍。我国的数字图书馆个性化服务仍处于初始的探索阶段，限于技术、设备和资金，目前开展网络个性化定制服务的只有清华大学、中国人民大学等 15 所高校图书馆，占统计总数的 4%。

（二）传统服务在其他方面的拓展

1. 服务时间的延长

由于新技术的不断发展和完善，大容量不间断电源以及集群、容错技术的发展，使绝大多数的高校数字图书馆在网上提供全年 7×24 小时的不间断服务成为可能。

2. 服务对象的拓展

传统高校图书馆的用户主要是教师和学生，目前由于各馆都提供了基于网络的信息服务，因此服务对象也拓展到了其他类型的网络用户，各行各业的潜在用户大量增长，需求也呈现多样化趋势。

3. 馆员角色的转变

传统图书馆的馆员是文献信息的提供者，是文献和用户的中介。由于在数字环境下用户获取信息的自由程度更大，渠道更多，因此馆员的角色要从文献传递者转向信息资源的管理者，馆员的工作将从"检索代理"转向"检索指导"，馆员将成为"网络信息导航员"。

二、数字环境下高校图书馆新的服务方式

（一）学科信息门户

学科信息门户（Subject Information Gateway，简称 SIG），指的是将特定学科领域的信息资源、工具和服务集成为整体，为用户提供方便的信息检索和服务。作为一个新型的信息服务平台，学科信息门户从仅收录因特网资源发展到囊括馆藏实体资源（包括二次文献数据库、全文数据库、馆藏目录、联合目录等）的集成系统，两种资源在同一界面实现无

缝存取，整合为易检易用的有机整体。它提供的每一种资源都经过图书馆员和学科专家的选择与描述，通过灵活的整合，按照某学科（专题）用户的要求对网络中相关的信息资源（包括电子期刊，数字化图书、报告、论文、书目，教育软件、电子新闻和重要科学机构的主页等）进行更有针对性、更深入的揭示，在给用户"指路"的同时，提供更专业的信息服务，有助于专业用户在本领域的信息"超市"中选择高质量的资源和获得"一站式检索"，而无须逐个访问单独的网站。SIG 为研究人员和大学教师提供世界范围的网络学术资源的快捷而高质量的检索，一经投入使用便大受欢迎。

（二）网络信息资源导航服务

网络信息资源导航是指对网络上的电子资源按某种方式进行收集、加工和整理，向用户提供这些资源的分布情况，供用户查找获取网上资源，是对因特网上某一领域信息进行收集、组织、整理和有序化的资源重组工作。高校图书馆可以利用校园网和图书馆主页，根据本馆主要服务对象的信息需求，针对学校的重点学科在网上搜集和科研有关的网址，将网上繁杂无序的信息资源进行搜集、筛选、分析、组织、整理，并按学科分类，在图书馆主页上用链接方式把读者需要的信息链接起来，建立信息导航系统。国内典型的网络导航系统是 CALIS 重点学科导航库。它是"211 工程"立项高校图书馆共建项目。导航库分别按学校和按分类进行编排，收集整理有关重点学科的网络资源，为这些已立项高校的重点学科服务。该导航库目前已有 52 个图书馆参与共建，导航库建设的学科范围涉及除军事学（大类）、民族学（无重点学科）之外的所有一级学科，共 78 个。经费上获得重点资助的学科为 48 个，一般资助学科 13 个，非资助学科 17 个。

（三）搜索引擎服务

网络信息资源的无序化给用户的专指性需求带来了很大困难，于是就出现了以 Google、百度、雅虎等为代表的搜索引擎，它的出现极大地方便了用户在网上进行信息搜索，减少了用户的盲目性。当前，搜索引擎的技术也在不断更新，通过高校图书馆提供的这些搜索引擎的超链接，用户只需在检索框中输入检索词就会得到大量相关信息。但目前的搜索引擎在信息过滤方面还存在一定的问题，反馈的信息中无关信息占很大比重，这也是搜索引擎以后要解决的问题。

第三节　高校图书馆服务存在的问题

我国高校图书馆网上服务已形成了一定的规模，不仅 Web 站点数量发生了巨大的变化，还在服务的内容和方式上日趋完善，形成了相对稳定的服务结构，服务的广度和深度也都达到了一定的水平。一些条件好的重点院校，如清华大学、北京大学、上海交通大学、中国人民大学等，在跟踪、采用先进技术开展网上现代信息服务方面，已与国外发达国家高校图书馆水平接近或相当，有的还形成了自己的鲜明特色。

但目前我国高校图书馆网上服务的现状仍不能令人满意。

一、资源建设方面

（一）资源重复建设现象严重，造成大量浪费

目前，我国各高校图书馆都在进行数字化建设，但绝大多数的高校图书馆的数字化建设都处于各自为政的局面，从而导致信息资源重复建设、配置的现象仍较严重。例如，许多高校图书馆购买的数据库、电子书刊基本限于在校园网内使用，校外读者甚至是利用别的公用网络的本校读者也无法使用这些资源。由于各高校学科设置和建设重点的不同，各高校图书馆的藏书门类各有侧重，很少有各学科门类资料建设都很全面的图书馆。这样无疑与培养复合型人才的目标是背道而驰的。而要想建设一流水平的图书馆，资金是一大难题，加强各高校图书馆之间的合作显然是一个明智之举。虽然我国高校图书馆的资源共建共享有了很大进展，但现状仍不尽如人意。我们发现有些图书馆存在重复购置的现象，虽然图书馆的收藏和服务要力求"全"，但也不能因此而过于"重复"。比如，中国期刊网和维普中文期刊数据库两者之间就存在中文数据重复现象，而不少高校图书馆同时订购了这两个数据库。我们通过仔细观察不难发现，其他的一些电子资源在学科涵盖范围等方面也存在一定的交叉。

（二）特色资源少

主要体现在高校图书馆自主建设的电子资源贫乏。尽管每个学校都有多种数据库，但大多是采用引进成型的数据库或是共建项目，只有较少一部分是自建的，除了有学位论文数据库、各种目录数据库、学科导航库等外，只有几所高校的图书馆提供其他特色自建数据库服务，如北京大学、清华大学、中国人民大学、华中科技大学、上海交通大学、吉林大学、四川大学等。

（三）资源质量问题

传统的印刷型文献资源很容易辨别真伪、拒收和剔除，在质量上较容易控制，但数量庞大的网络资源由于其自身发布有很大的随意性，所以出现了大量的垃圾信息，这也给图书馆开发利用网络资源带来了很大难度。

（四）资源合理配置存在问题，服务针对性不强

高校图书馆主要是为教学科研服务，服务的对象主要是教师和学生。虽然各高校图书馆根据本校的学科体系提供资源服务，但由于图书馆工作人员的学科结构单一，又缺乏和教师、学生的沟通，所以必然会出现所提供的信息资源并非用户需要的情况，造成资源的大量浪费。

二、深层次服务方面

（一）咨询服务水平不高

一些重点大学图书馆开展了基于网络的数字参考咨询服务，也达到了一定的水平，但有相当一部分地方高校图书馆的参考咨询服务开展得并不理想，存在服务功能不全、服务手段不先进等问题。通过调查发现，咨询服务最常用的手段是电子邮件咨询、电话咨询、表单咨询、FAQ、留言簿等，这些都处在数字化信息咨询服务的初级阶段，而且这几种方式在各个学校间开展得也不均衡，只有少数高校开展了实时咨询和信息推送服务。这显然不能满足网络发展和资源激增情况下用户对信息的个性化、及时性的需求。

（二）对于知识的深层次挖掘不够

图书馆员向来以善于组织和整理资源著称，怎样把大量的网络信息资源进行有效的整理和分析，为用户提供深层次的知识导航服务和个性化的信息推送服务是当前高校图书馆面临的一个新的课题，尤其是针对本校重点学科的导航系统，国内高校图书馆在这方面还有待提高。

（三）用户教育工作开展的力度不够

随着数字化时代的到来，高校图书馆通过网络向用户提供越来越丰富的数字资源。怎样使用户正确地获取他们想要得到的资源，培养用户获取信息的能力是高校图书馆在新形势下面临的新的课题。目前，国内很多高校图书馆对用户教育工作都处于比较被动的情况，缺乏和用户的沟通，只注重购买各类电子资源，而对培训用户利用这些资源和对这些资源的宣传缺乏足够的意识。除了继续开展传统的教育方式外，如导读、授课、讲座等，高校图书馆应充分利用数字环境带来的便利，开展用户教育的新方式，如开发各种课件、开设网络课堂等。

三、高校图书馆本身存在的问题

（一）观念落后，"读者第一"的服务思想没有真正落实

由于目前很多高校图书馆的管理体制依旧是基于传统的"大锅饭"形式，所以部分馆员缺乏事业心，缺乏创新精神和竞争意识，缺乏主动服务的意识。

（二）自动化建设水平不高

要开展信息服务，图书馆必须具备一定的计算机软硬件系统以及网络环境。然而，由于在资金投入方面同重点院校和"211"院校图书馆存在很大差距，许多地方高校图书馆的计算机硬件系统配置不佳，自动化、网络化和数字化程度不高，网络系统的带宽、速度等也不够理想，这些都对查询、检索信息资源产生一定的影响。

（三）馆员整体素质有待提高

近年来，虽然高校图书馆馆员的素质有了进一步的提高，也相继引进了一批学历较高的人才，但馆员的整体素质距离开展高层次信息服务的要求还有很大差距。数字环境下高校图书馆的馆员除了要具备一定的专业知识外，还要掌握一定的计算机知识和网络知识以及一定的外语知识。高水平的服务需要高素质的复合型人才，然而目前高校图书馆由于多方面的原因普遍缺乏这种复合型人才，使服务水平很难提高，无法满足用户多方面的信息需求。所以，新形势下高校图书馆馆员的素质还有待进一步提高。

综上所述，目前高校图书馆存在的这些问题已严重影响其业务的开展、服务的质量，已成为高校图书馆可持续发展的阻力。因此，我们必须采取一些有效的改革措施，创新思路，逐步排除这些阻力，才能保障高校图书馆的事业健康、稳步地发展。

第四节　高校图书馆服务创新的主要内容

高校图书馆收藏的文献信息、用户的信息需求以及馆员的业务能力和业务水平都是在不断增长、不断变化的，因此要针对信息资源、读者、馆员和技术这几个构成高校图书馆服务的要素不断地进行创新。高校图书馆的服务创新体系应是全方位、多层面的，由人及物，从观念到行动，从硬件到软件，构成一套完整的服务创新体系。

一、高校图书馆服务理念的创新

理念是行动的先导，是连接理论与实践的纽带。理念的创新对高校图书馆的发展是十分关键的，网络技术和数字图书馆的发展是高校图书馆理念创新的基础和前提，用户对高校图书馆资源及其服务的需求是进行理念创新的根本动力。理念创新主要包括以下几个方面。

（一）以人为本的理念

高校图书馆的管理先是对人的管理，这里的"人"包括两方面，一是图书馆馆员，二是图书馆的服务对象，即读者。"读者第一"一直是高校图书馆工作的根本原则。20世纪80年代，美国的罗森帕斯旅行管理公司的总裁倡导了一个"顾客第二"的企业管理方法。图书馆界把它引进来，提出了"职工第一、读者第二"这样一个理论命题，在业内引起了不小的轰动。直到现在，期刊上仍然有这方面的文章，争论还在继续:有的人坚持读者第一，有的人却认为读者第一已经过时，应该改为馆员第一。柯平教授认为:"这两个概念并不矛盾，只是角度不同，读者第一是从整个图书馆的服务来讲的;而馆员第一是从图书馆管理的角度出发的;从整个图书馆事业来讲，仍然应该坚持读者第一;对于图书馆的管理层来讲，馆员第一是应该坚持的，两者不在一个层面。只有把图书馆员放在一个重要的位置，才能更好地开展读者工作，真正实现读者第一，这就是辩证法。"因此，高校图书馆的"以人为本"的理念应包含两个方面：一是作为服务主体的馆员的素质的提高；二是在满足读者需求的同时对读者进行教育，提高读者素质并采取各种措施尽量满足读者的个性化需求。

（二）个性化服务理念

信息服务的最终目标是满足用户的个体信息需要。数字图书馆面对的是建立在广泛基础上的信息需求日趋多元化、个性化的用户。个性化信息是指由人类个体特性所决定的其对信息的需求的一种信息组合，也就是由人类个性对信息需求的决定关系而产生的一系列对个体有用的信息。个性化信息服务包括两个层面的含义：一是通过对用户个性、使用习惯的分析而主动地向用户提供其可能需要的信息服务，如个性化信息推送、信息服务定制等；二是个性化信息服务应能够根据用户的知识结构、心理倾向、信息需求和行为方式等来充分激励用户需求，促进用户有效检索和获取信息，使用户在对信息有效利用的基础上进行知识创新。高校图书馆有其特定的读者群，应开展针对不同读者群体的个性化信息服务，如针对学习型读者的教学参考服务以及针对研究型读者的定题服务、个性化的信息推送服务等。

（三）特色理念

任何图书馆都应该有自己的特色。图书馆的特色主要体现在馆藏特色、服务特色、管理特色、科研特色和环境特色等方面。高校图书馆由于其本身的特点应将重点放在馆藏特色上，馆藏特色是指馆藏文献在某一方面比较系统完整，能基本满足特定读者独立研究的需要，具体可表现为学科特色、专题特色、地方特色、类型特色、语种特色等。尤其是在学科特色方面，应根据本校的学科建设和专业设置，合理地配置信息资源，建立本校的特色数据库，为本校的教学、科研和重点学科建设服务。

（四）信息资源共享理念

信息资源共建共享是 20 世纪信息需求和技术发展的必然产物。文献激增、资料价格飞涨、越来越多的新技术被使用，使资源共享不仅从经济方面考虑是绝对必要和可行的，从合理使用图书馆资源方面来考虑也是至关重要的，能够避免资源重复建设带来的浪费。高校图书馆可以以教育网为依托，以资源的电子化、数字化和网络化体系。

（五）知识理念

长期以来，图书馆信息服务的主流是资源依赖性工作，由于信息资源分布的不均衡和信息获取的困难性，文献检索与传递服务成为用户需求的关键性服务之一。然而随着网络信息环境的日益完善，传统的信息资源不均衡和信息获取困难的状况得到极大改善，文献检索与传递服务在用户需求中正在逐步弱化。用户日益关注的已不再是简单地得到文献，而是从众多的信息中捕获和分析解决他们问题的信息内容，需要直接帮助他们解决问题的服务——知识服务。因此，图书馆的信息服务转向知识服务，这是图书馆服务理念的必然转变，也标志着图书馆的服务功能进入新的发展阶段。随着现代信息技术的发展，高校图书馆组织与管理的对象由以文献信息为单元转变为以知识为单元，图书馆的使命也由信息管理发展到知识管理。

（六）学习理念

高校图书馆除了作为教学科研服务的机构，还有一个重要的职能就是成为用户终身教育的场所。然而，目前高校图书馆客观存在的一些弊端，如层级过多的传统组织机构、效率低下的工作作风、整体素质偏低的馆员队伍，都影响了其终身学习和继续教育功能的发挥。所以，高校图书馆必须引进先进的学习理念，对组织结构、管理体制、馆员队伍的思想意识等进行改造，建立和谐、高效的"学习型图书馆"。

二、高校图书馆服务内容的创新

这里所说的服务内容主要是指"信息资源"的建设，高校图书馆作为教学和科研服务的文献信息中心，在重点学科建设中起着重要的文献保障作用，是教学、科研以及学科建设的重要支撑力量。因此，高校图书馆要大力推进馆藏实体资源及网络信息资源的开发与建设，并努力实现高校图书馆间信息资源的共建、共享，在构建重点学科文献信息资源体系的同时，要注重网络信息资源知识内容的开发，为读者提供深层次的服务。

（一）信息资源的共建共享

现代信息技术的迅猛发展为高校图书馆实现信息资源的共建、共享提供了技术保障。中国教育科研网（CERNET）、因特网、CALIS 文献信息服务网络等提供了环境保障，初步实现了系统间的公共检索、馆际互借、信息传递、协调采购、联机合作编目等功能，基本建成中国现代高等教育信息资源保障体系框架。只要是处在同一个系统的高校之间、城市之间、地区之间甚至国家之间都可以相互协作，分工购买信息资源充实馆藏，独自管理，相互借阅。面对目前的新环境和新需求，高校图书馆最直接的办法是加强信息资源的共建共享。这样不但可以促进高校文献资源建设的协调发展，更好地为教学和科研服务，而且能达到系统、地区及全国的信息资源共建共享的要求。通过高校间信息资源的共建共享可以起到优势互补的作用，并能避免各高校重复建设带来的资金浪费。此外，通过信息资源的共建共享还可以增强高校图书馆的信息服务能力，为读者提供更高质量的信息服务。随着读者对信息的需求量越来越大，文献信息量不断增长，传播速度加快，而且信息载体的形式也向数字化发展，这就要求高校图书馆必须开展信息资源的共建共享。

（二）数字化资源建设

随着网络技术的发展，无论印刷型文献信息还是电子信息，若要在计算机网络上进行自由传递，其前提条件就是将信息数字化。数字化指将各类载体信息，包括数字、文字、声音、图形、图像等都转换成计算机可识别的由 0 和 1 组成的二进制数字编码形式。

数字化资源建设包括两方面：一是把本馆印刷型文献进行数字化并放到网络上供读者

检索；二是对各类电子出版物的引进。数字化信息资源的最大优势在于不仅可以节省馆藏空间，还可以提高读者服务的效率和质量。对于数字图书馆来说，将图书馆馆藏信息数字化是必要而合理的。在数字化过程中可先将馆藏需求量大的特色资源、图片、地图、档案等进行数字化，同时要根据读者需求引进有助于学校教学、科研的各类型数据库供读者使用。

三、高校图书馆服务方式的创新

近年来，网络信息技术的应用改变了高校图书馆信息资源的结构和用户获取信息的方式。读者越来越倾向于利用网络的便利条件来获取他们所需的信息。因此，高校图书馆应充分利用网络，积极开拓基于网络的新的服务方式。

（一）基于网络的信息传递服务

随着网络环境的逐步成熟，基于网络的信息传递服务成为越来越重要的新型信息传递服务形式。与传统信息传递不同，网络信息传递的对象是数字化资源，传递速度快、质量高，范围也更广，而且可以节省信息传递成本。

开展网络信息传递服务，需要具备一定的软硬件环境，如计算机、传真机、扫描仪等设备。高校图书馆应通过各种网络文献数据库、电子邮件、电话、传真等手段为用户提供周到快捷的信息传递服务。近年来，在高校图书馆界，CALIS 管理中心在资源建设方面的统一规划和科学组织，使高校图书馆的资源共享、馆际互借、网络信息传递服务等工作得到了迅速开展。一批规模较大、馆藏丰富、人员素质较高、服务意识较强的高校图书馆发展成为我国文献传递服务的核心单位。

（二）基于网络的数字参考咨询服务

数字参考咨询是以网络为媒介提供参考咨询服务的一种方式，这种服务方式在国外大学图书馆已非常普遍。数字参考咨询最基本的特点是基于网络进行的，因而它的用户基础、咨询方式、咨询内容都在发生着变化，从到馆读者发展到网上用户，从面对面的方式发展到突破时间空间的限制，从单个馆的咨询发展到合作式的参考咨询，网络技术和基于网络的信息交流在其中起着重要的作用。

按照与用户接触的方式划分，数字参考咨询可分为异步模式、实时互动模式和合作咨询模式 3 种类型。异步模式主要采用电子邮件、电子表单等方式实现，这是目前高校图书馆普遍采用的模式。实时互动模式就是咨询馆员与读者可以面对面交流，能及时显示图像和文字，这种方式弥补了异步模式实时性不足的缺点，为图书馆数字参考咨询服务开辟了广阔的发展前景。目前，高校图书馆实时互动式参考咨询通常利用的是聊天软件，用户通过口令和浏览器进入系统，咨询人员实时为读者解答咨询。合作数字参考咨询由许多成员馆根据协议组成，通过多个图书馆及其相关机构的互联网络，可在任何时间、任何地点为用户提供参考咨询服务。这种服务模式运用最新的信息技术和网络资源，当然还包括成员馆的丰富资源。

　　高校图书馆应依据自身实际情况，选择适宜的参考咨询服务模式。对于那些中小型的图书馆，由于受经费、技术能力等的限制，选择异步数字参考咨询服务是可行的，也可以将数字化参考咨询与传统参考咨询结合起来为用户提供服务。那些软硬件条件、人员素质较高的大型图书馆可借鉴国外数字参考咨询服务的成功经验，结合国情，开展实时互动的数字参考咨询服务甚至向合作式参考咨询服务发展，提高服务能力。

（三）网络信息资源导航服务

　　互联网上的信息纷繁复杂，是一个没有组织的虚拟体，大量有价值的信息散布在信息的海洋中。用户虽然可以通过搜索引擎等网络检索工具查找所需要的信息，但质量及根据用户特定需求对信息利用的整体考虑较弱。建立网络信息资源导航的目的就在于为用户提供特定学科范围或某一主题的网上信息资源的集合，便于用户获取信息，减少他们查找信息的时间，使他们能够更加快捷方便地进行信息交流与科学交流。高校图书馆应充分发挥自身专业特长，根据本校的学科分布特色，有针对性地收集、整理信息资源，并进行筛选、鉴别，为用户提供分学科的网上信息导航。

（四）个性化网络信息服务

　　个性化网络信息服务是指利用个性化定制技术和信息推送技术，按照特定用户的偏好、习惯等开展信息服务，通过网络提供个性化的服务，将感兴趣的信息推荐给用户，进而满足用户的个性化需求。个性化信息服务是为用户"量身定制"的服务，能够主动将用户所需的信息推送给用户。目前，图书馆开展的个性化网络信息服务大多是通过开发MyLiblaly 系统实现的，即"我的图书馆"。例如，中国科学院国家科学数字图书馆提供的个性化集成定制服务，即"我的数字图书馆"服务，提供的可定制的选项包括界面风格定制、我的参考咨询服务、定制快速检索、我的图书馆链接、我的教育研究资源链接、我的参考书架\我的全文数据库和最新资源通报。个性化的网络信息服务是高校图书馆创新服务的一种有效形式，是高校图书馆以读者为中心的具体体现，是提高服务质量和服务水平的重要手段和有效途径。

四、高校图书馆人力资源管理的创新

　　馆员的素质是高校图书馆提供高质量服务的根本保证。在美国，还有这样一种说法：图书馆服务所发挥的作用，5% 来自图书馆的建筑物，20% 来自信息资料，75% 来自图书馆员的素质。也就是说，在图书馆的服务中，图书馆员作为知识和智力的载体在图书馆生存和发展中成为首要因素，优秀的图书馆员成为图书馆最重要的资源。因此，高校图书馆应不断推进人力资源管理的创新，改革管理体制，激发馆员的积极性，提高馆员的素质，以保证创新活动的顺利进行。

（一）设立学科馆员制

设立学科馆员制，就是要让学科馆员定期下派到院系，向院系的师生介绍图书馆关于本学科的新资源、提供的新服务，要深入各学科了解教学科研对专业文献信息的需求，有针对性地对学科专业文献信息进行收集整理和分析研究，以及进行相关创新知识的整合，主动为各学科读者和课题研究人员提供高水平、深层次的信息服务。学科馆员的设立为那些具有专业学科知识，又有一定的信息服务技能的馆员提供了发挥特长的空间，同时能激励他们进行专业领域学术的研究，不断提高自身的专业素质，从而在整体上也带动了整个图书馆队伍素质的提高。

（二）"以馆员为本"的激励机制

"以馆员为本"主要是针对图书馆的管理者来说的，高校图书馆的管理者不仅要有"以用户为本"的思想，还要树立"以馆员为本"的思想，充分调动馆员的积极性，激励他们不断地进行创新。只有通过激励机制，奖勤罚懒，按业绩、按劳动量、按创造性进行合理分配，才能使馆员在工作中真正发挥其积极性和创造性，更好地为读者服务。

高校图书馆建立激励机制的具体方式有物质利益激励方法、个体精神激励方法、外部因素激励方法。高校图书馆在实施激励机制的过程中，要恰当地进行物质利益激励，因为这是改善图书馆馆员生活环境和生活质量的基础，也是馆员学习和工作的基础。个体精神激励方法包括榜样激励、荣誉激励、绩效激励、目标激励和理想激励。

外部因素激励包括组织激励、制度激励和环境激励。

（三）完善人才培养机制

由于馆员的素质对高校图书馆的事业有着非常重要的意义，这就要求高校图书馆要重视对人才的培养，加大对人力资本的投入力度，促进馆员的知识更新和技能提高，鼓励馆员积极参与学习。建立人力资源的教育培训体系并使之制度化，将使高校图书馆的人力资源开发工作走上科学化的轨道，从而避免因为领导的变动和主要领导的个人偏好不同导致在人力资源教育培训计划上出现大的反复。为此，高校图书馆要建立正常的馆员教育培训制度，使馆员把学习新知识、新技术、更新思想观念作为自己安身立命的根本，把学习和培训作为一种积极的自觉投资，而不是作为一种被迫的额外消费。高校图书馆可通过在职进修、轮岗制度、馆内培训和外出学习等方式对馆员进行再教育。高校图书馆有责任为员工提供一个高效的不断学习的环境，使图书馆员能随时利用各种机会学习、进修专业知识，这样不仅能使馆员的个体素质提升，还能使高校图书的整体人力资源水平有大幅度提高。

总之，高校图书馆只有不断地创新和完善人力资源管理，树立"以馆员为本"的理念，吸引和培养一批具有创新能力和创新精神的高素质人才，才能适应新形势的要求，才能实现自身的可持续发展。

第五节　高校图书馆服务创新理论基础

一、高校图书馆创新的理论基础

印度著名的图书馆学家阮冈纳赞于1931年提出图书馆学五定律，其主要内容如下：书是为了用的、每个读者有其书、每本书有其读者、节省读者的时间和图书馆是一个生长的有机体。这五条定律的提出彻底改变了传统图书馆以"收藏"为主的服务观念，强调了图书馆服务的重要性。首先，第一定律"书是为了用的"改变了传统图书馆以收藏为主要使命的观念，确立了以利用为根本的服务宗旨。第二定律"每个读者有其书"要求图书馆为每一个读者提供图书，强调服务对象。第三定律"每本书有其读者"要求图书馆的藏书发挥作用，强调服务的针对性。第二、三定律从根本上确立了图书馆服务从书本位到人本位的基本思想认识，用"为人找书"和"为书找人"这两个短语十分简练地概括了这两个定律。第四定律"节省读者的时间"强调图书馆服务的效率和效益，图书馆服务的直接作用就是节约读者的时间。第五定律"图书馆是一个生长的有机体"概括了图书馆的发展观，馆藏在增长，需求也在变化，因而图书馆服务也需要不断创新和发展。可见，图书馆学五定律既是图书馆服务的基本原理，又是图书馆服务的指导原则。

1995年，美国著名的图书馆学家迈克尔·戈曼在阮冈纳赞五定律的基础上，又提出了图书馆学的新五定律：第一定律，"图书馆服务于人类文化素质"；第二定律，"掌握各种知识传播方式"；第三定律，"明智地采用科学技术，提高服务质量"；第四定律，"确保知识的自由存取"；第五定律，"尊重过去，开创未来"。可以看出，新五定律的提出有其鲜明的时代特征，更适用于图书馆目前所处的信息环境。新五定律强调的仍然是图书馆的"服务"功能，只是将其提升到现代化服务这一高度。新老五定律的提出为我们提供了理论基础，说明图书馆的最终目的是为用户提供有效的服务，"服务"是图书馆一切工作的出发点，是图书馆员要具有的一个核心理念。

南开大学的柯平教授将新老五定律的服务精神进行了提炼，结合信息时代图书馆服务的发展要求，提出了建立图书馆服务的新五定律：第一定律，"全心全意为每一个读者或用户服务"；第二定律，"服务是效率、质量与效用的统一"；第三定律，"提高读者或用户的素养"；第四定律，"努力保障知识与信息的自由存取"；第五定律，"传承人类文化"。其中，第一定律依然强调图书馆的服务本质，从思想上树立"以读者为中心"的服务理念。第二定律强调了服务过程中要注意的原则，即要在最短时间内为读者提供保质保量的信息资源，节省读者的时间，并保证所提供的资源得到充分利用，"效率""质量""效用"三者缺一不可。第三条定律强调了现代图书馆的教育职能，要通过培训努力提高读者或用户的信息获取能力和信息素养，读者通过图书馆的服务提高了自身的信息素养，也充分体现了高校图书馆"服务育人"的精神。第四定律强调的是图书馆在目前法律环境尚未成熟的条件下，通过采取各种有效的措施，努力保证各种知识与信息能够被读者自由使用，这是图书馆服务的理想境界。第五定律是图书馆服务的深远意义，有了图书馆服务，知识和信息得以传播，知识信息可转化为生产力和财富，劳动者素质得到全面提高，进而促进生产力和社会的进步，从长远来说可以促进人类文化的发展。

从以上对新老五定律的论述可以得出以下结论：无论图书馆如何发展，发展到什么程度，服务是其不变的宗旨。只不过随着时代的发展，面对数字化、网络化的环境，图书馆应该在服务模式、服务内容、服务手段等方面不断地创新，以不断满足读者的需求。新老五定律对图书馆的服务创新活动具有很好的现实指导意义。

二、现代服务创新的相关理论

（一）创新概念的来源

"创新"一词来源于拉丁语里的"innovare"，意思是更新、制造新的东西或某种改变。事实上创新的概念很难界定，很难回答哪些事物是创新或不是创新。

目前，国内外都比较认同把经济学和管理学意义中的创新含义作为对创新的界定，这种界定也就是著名奥地利裔美国经济学家约瑟夫·熊彼特于 1912 年在其著作《经济发展理论》中的定义：创新是指新产品的开发、新市场的开拓、新生产要素的发现、新的生产经营过程的引入以及新组织形式的实施。熊彼特在创新概念的界定中非常强调"组合"的作用，在他的思维框架中，创新被看作把一种从没有过的关于生产要素的"新组合"引入生产体系中。"新组合"包含以下五个方面：

（1）引入新产品，即"产品创新"。

（2）引入新的生产方法或新工艺，即"过程创新"。

（3）开辟新的市场，即"市场创新"。

（4）取得或控制原材料或半制成品的一种新的供给来源，即"输入创新"。

（5）实现新的产业组织方式或企业重组，即"组织创新"。

由此可见，熊彼特对创新含义的理解是相当广泛的。从总体上讲，熊彼特的创新概念包含了很广的范畴，既涉及产品创新，又涉及市场、组织和运营过程等形式的创新。他的这一理论也为今后服务创新理论的研究奠定了基础。

（二）服务创新的概念

从广义上讲，服务创新是指一切与服务相关或针对服务的创新行为与活动；从狭义上讲，服务创新就是指发生在服务业中的创新行为与活动。由此可见，服务创新的概念相当宽泛，即服务创新活动不只局限于服务业本身，同样存在于其他产业和部门服务创新发生的范畴可分为三个层次：服务业、制造业、非营利性的公共部门。由于服务在本质上是一个过程，具有"无形性""易逝性"和"不可储存性"等特点，因此服务创新也具有不同于技术创新的独特特征。

（三）服务创新的基本特征

基于服务本身所具有的特征，服务创新具有以下基本特征：

1. 无形性

技术创新是一种有形的活动，结果也是一种有形产品，而服务创新则是一个无形的过程，其结果也是一种无形的概念和标准，如一种新的服务方式、新的服务理念。

2. 多样性

正如前面提到的有关创新的概念，服务创新中不仅包括技术创新，非技术创新也是一个重要的因素。服务创新的类型不仅包括产品创新、过程创新、市场创新和组织创新，还包括"专门创新""传递创新""形式化创新"和"社会创新"等形式。

3. 用户导向性

相对于技术创新的技术导向性，服务创新则更多地以用户的需求为导向，通过对用户需求的研究，能更好地推动服务创新，用户不仅能推动服务创新活动，还能积极地参与到创新过程中来。

4. 交互性

服务创新的交互性体现在两个方面：一是与用户的交互，即前面提到的以用户需求为导向，在与用户的沟通中进行创新活动，用户的思想是创新的重要来源。二是企业内部的交互作用，包括领导与员工、员工与员工之间的交互作用，即相互学习、交流，把员工头脑中的隐性知识转化为显性知识，达到知识共享的效果，以更好地推动创新活动的进行。企业内部的这种相互交互作用尤为重要，质量的好坏也直接影响到创新的效果。

5. 渐进性

服务创新的过程实际上就是在原有服务的基础上进行提高的过程，过程是渐进性的，较少有根本性的创新。

第四章 图书馆 2.0 时代

这是一个服务的时代，对于图书馆而言尤其如此。图书馆的本质是利用各种文献资源而开展的公共服务，需要满足读者的服务需求。服务是图书馆的永恒主题，"读者第一，服务至上""读者永远是正确的""读者是上帝"等诸多口号的响亮呐喊，让图书馆逐渐结束了"以藏为主"的旧时代。在整个图书馆业务流程中，文献资源是基础，而服务是必要的手段。以大学图书馆为例，作为支撑学校教学、科研服务的学术型机构，师生是图书馆服务的主体，图书馆通过及时全面地了解师生对文献资源的需求，不断提高自身的服务质量，提高读者满意率，实现学术型图书馆的根本价值。

随着科学技术的发展，服务也在随着读者的最新需求而发生变化，如何充分尊重读者，体现人文关怀，注重读者参与，构建以用户需求为核心的服务模式是目前图书馆服务最基本的价值观。伴随着移动图书馆、手机图书馆、微信图书馆的闪亮登场，图书馆的服务工作不仅包括利用各种各样的技术手段，也包括一些创新的服务理念和服务思想，如在信息技术行业广泛应用的 SOA 和云计算，在图书馆较为成功的服务型理念——图书馆 2.0。如何穿越时空，让图书馆无处不在？共享服务，是我们接下来要探讨的重要课题。

第一节 SOA 概论

SOA(Service-OrientedArchitecture)，面向服务的体系架构，是目前大型信息系统普遍采用的方法论，由一系列技术和标准组合而成，其本质是根据用户需求，按照服务体系的流程和架构，采用松散耦合的应用组件进行分布式部署、组合和使用的信息系统建设理念。

一、什么是SOA

计算机应用系统的软硬件体系架构，20 世纪 60 年代主要采用运行于大型计算机的专用系统；20 世纪 80 年代，随着个人计算机的普及，开始采用客户端 / 服务器架构；而进入 21 世纪以来，互联网成为信息技术的主流，不仅深入到千家万户，应用系统本身也朝小型化和分布式发展。特别是 WebService 技术的出现和大量应用，SOA 逐渐成为 Web 服务的基础框架，目前已经成为计算机信息领域的主流应用和发展理念。

面向服务的体系结构（SOA）是 1996 年 Gartner 公司在做企业流程管理系统时第一次提出来的。当时的主要目标是让每个信息系统都有自己的灵活的发展空间，具有一定的自主性，但是同时又能够随需共享。但是当时信息技术的发展没有实施相关技术平台的条件，因此没有引起人们的广泛关注，也没有形成相关技术和成熟案例。直到互联网普及后，XML语言的出现及发展，以及WebService等技术的发展，当越来越多的异构系统出现在大家面前时，SOA才逐渐得到重视，从概念逐渐转向于应用。随着全球信息化的浪潮，信息化产业不断发展、延伸，SOA系统架构的出现将给信息化带来一场新的革命。

在信息化发展的过程中，尽管出现过XML、Unicode、UML等众多跨平台的信息标准，但是异构系统之间的数据仍然使用独立的格式、元数据以及存储模型，如果要进行不同系统之间的集成，就需要构建数据仓储和交互程序来实现。随着企业信息化的深入，人力、财力、物力、行政、业务等系统越来越庞杂，客观上也造成信息孤岛的大量存在，使信息化建设的投资回报率大大降低。尽管结构化的数据管理可以实现集成，但是在互联网时代，一个企业构建一套软件体系的可能性越来越小，也不够灵活，而在非结构化数据内容方面，要实现集成和整合几乎是不可能的，因为系统架构通常是纵向的、以组织机构为界线的，并且采用不同厂商的产品来提供这些解决方案，即便是同一个厂商的产品，相互之间的功能也经常重叠，平台也经常不一致。这对于日益发展的互联网和移动互联网应用而言，是一个巨大的挑战。SOA架构则忽视数据结构本身，将关注点放在用户的流程方面，通过标准的XML语言和Web Service技术，集成用户端的数据展现和业务，使得系统之间的功能界限在用户层面趋于模糊，很好地解决了集成系统的核心问题。

因此，SOA通常被理解为一种粗粒度、松耦合的系统服务架构，服务之间通过简单、精确定义接口进行通信，不涉及底层编程接口和通信模型。SOA可以看作是B/S模型、XMUWeb Service技术之后的自然延伸，不管是结构化数据库，还是非结构化数据库，都可以帮助软件工程师们采用标准的系统架构、系统组件、数据库中间件，完成系统架构中的各种业务模块的开发、部署，能够更加从容地面对业务的急剧变化。

二、SOA的基本特征

SOA使业务管理系统变得更加灵活和便利，以适应发展变化快的业务流程，但不仅仅是这样，它还具备很多基本特征以满足信息系统建设的要求。

1. 灵活性

SOA依靠一些新的信息技术，如可扩展标记语言（Extensible Markup Language，XML）为基础进行系统接口的描述和开发，使得各项服务能够更加动态和灵活地接入到各个服务系统中去，在合适的时间、合适的地点向需要它提供服务的任何用户提供服务。在具体的功能实现上，SOA协同软件所实现的功能包括知识管理、流程管理、人事管理、客户管理、项目管理、应用集成等，从部门角度看涉及行政、后勤、营销、物流、生产等。从应用思想上看，SOA协同软件中的信息管理功能，全面兼顾贯穿整个企业组织的信息化软硬件投入。

2. 可靠性

当组成整个应用程序的每个服务的内部结构和实现逐渐地发生改变时，整个服务体系能够继续存在，这就是 SOA 的松耦合特征。因为紧耦合意味着应用程序的不同组件之间的接口与其功能和结构是紧密相连的，因而当需要对部分或整个应用程序进行某种形式的更改时，整个系统就显得非常脆弱。松耦合系统的需要来源于业务应用程序，这些需求可以根据业务调整而变化，因此变得更加灵活。比如经常改变的政策、业务级别、业务重点、合作伙伴关系、行业地位以及其他与业务有关的因素，这些因素甚至会影响业务的性质，系统都能够实现适应环境变化的业务调整，而且处于一个信任和可靠的交互环境之中，按照标准的条款来执行服务流程。

3. 效率高

Web 服务并不是实现 SOA 的唯一方式，但是为了建立体系结构模型，用户需要的并不只是服务描述，还需要定义整个应用程序如何在服务之间执行其工作流程，找到业务的操作和业务中所使用的软件的操作之间的转换点。因此，SOA 应该能够将业务的商业流程与它们的技术流程联系起来，并且映射这两者之间的关系。此外，动态业务的工作流程不仅可以包括部门之间的操作，甚至还可以包括与不为企业控制的外部合作伙伴进行的操作。因此，定义了应该如何获得服务之间的关系策略，以及这种策略采用的服务级协定和操作策略的形式，系统的效率就大大提高。

4. 保护投资

一方面，可以复用以往的信息化软件，基于 SOA 的协同软件提供了应用集成功能，能够将原来的 ERP、CRMxHR 等异构系统的数据集成。另一方面，SOA 可通过互联网服务器发布，从而突破企业内网的限制，实现与供应链上下游伙伴业务的紧密结合，企业可以与其业务伙伴直接建立新渠道，建立新伙伴的成本得以降低。

5. 更简便的信息和数据集成

SOA 的信息集成功能可以将散落在互联网和局域网上的文档、目录、网页轻松集成，加强了信息的协同相关性。同时复杂、成本高昂的数据集成，也变成了可以简单实现的参数设定。SOA 具有可按模块分阶段实施的优势，可以成功一步再做下一步，将实施和部署对企业的冲击减少到最小。

三、SOA架构的核心技术

1. 数据编码标准 XML（Extensible Markup Language）

XML 标记语言是 W3C 制定的、用于 Internet 数据交换的语言，基于该编码标准的数据或文档能在所有的操作系统平台、应用系统中进行分析与处理。

2. 数据通信协议 SOAP（Simple Object Access Protocol）

简单对象访问协议（SOAP）是一种轻量的、简单的、基于 XML 的协议，它被设计成在网络上交换结构化的和固化的信息，可以和现存的许多因特网协议如 HT-TP、SMTP、MIME 等结合使用，支持从消息系统到远程过程调用等大量的应用。SOAP 协议可穿越任何防火墙，此外由于 SOAP 协议采用 XML 编码，故易于分析和处理。SOAP 还具有很好的伸缩性，能同时为很多用户服务。

3.Web 服务描述语言 WSDL（Web Services Description Language）

WSDL 是用于描述 Web 服务的一种 XML 语言。Web 服务通过描述 SOAP 消息接口的 WSDL 文档来提供可重用的应用程序功能，并使用标准的传输协议来传递消息。WSDL 是基于 XML 的，它的描述包含请求消息格式、响应消息格式和向何处发送消息等，以便服务请求者能够使用特定服务。

4.统一描述、发现和集成 UDDI 规范

UDDI（Universal Description，Discovery and Integration）规范提供了一组公用的 SOAPAPI，使得服务代理得以实现。UDDl 为服务发布和发现所需服务定义了一个基于 SOAP 消息的标准接口。为了发布和发现其他 SOA 服务，UDDI 定义了标准的 SOAP 消息来实现服务注册。

5.企业服务总线 ESB（Enterise Service Bus）

ESB 是 SOA 架构的支柱技术，提供一种开放、基于标准的消息机制，完成服务与其他服务、服务与其他组件间的互操作。其主要功能有通信和消息处理、服务交互和安全性控制、服务质量和服务级别管理、建模、管理和自治、基础架构智能等。

目前，支持 SOA 架构的支撑软件体系主要有两大类，一类是以 IBM 公司为首的基于 J2EE 架构技术，相应软件产品有 IBM 的应用服务器中间件 WebSPhere、BEA 公司（后被甲骨文公司收购）的 Weblogic 以及开源软件 JBOSS 等。另一类是以微软公司为主的基于 Nel 架构技术，相应软件产品为 BizTalk 和 SharePoint 等。

四、SOA结构的应用案例

如重庆大学是一所以理工科见长的"985 工程"重点建设大学，一直都重视信息化建设，自 20 世纪 90 年代初以来陆陆续续建设了 30 多个应用系统服务于师生员工，既有基于 C/S 架构的，又有基于 B/S 架构的，以及基于 C/S 和 B/S 混合架构的，甚至还有基于文件共享型架构。若将以往的应用系统全部推倒，重新构建一个整体的数字化校园系统，这并不符合实际情况，因此重庆大学数字化校园的建设也采用了 SOA 架构思想，将总体架构分为 5 个层次：基础设施层、资源数据层、服务支撑层、信息服务层和信息展示层。

1.基础设施层

为数字化校园提供各种硬件基础设施，包括网络基础设施、服务器与存储基础设施和高性能计算基础设施。网络基础设施主要包括校园局域网络以及与 CEK-NET、电信和网通等的接入网络；服务器与存储基础设施主要指用于数字化校园的各种服务器和存储设施，

包括数据库服务器、应用服务器、Web 服务器、SAN 存储系统、确保数据永久存储的磁带或光盘系统等；高性能计算基础基于校园网格来实现。在基础设施层中，采用防火墙、入侵检测、接入控制等网络安全措施来保证网络基础设施的安全；采用集群、设备冗余等存储安全措施来确保计算资源、存储资源的高可靠性和高可用性。

2. 资源数据层

资源数据层是数字化校园应用的数据基础核心。数字化校园中的数据包括四大类数据：

（1）各应用系统中的数据以及由这些系统中的数据加工而成的综合、主题、统计与决策支持数据，这类数据是结构化的数据型数据。

（2）教学、科研、办公等需要或产生的文件、文档、图形图像、音视频等数据，这类数据是半结构化或无结构的资源型数据。

（3）安全信息，包括用户身份信息、系统及用户权限信息和数字证书信息等部分。

（4）校园网络资源信息。用于校园高性能计算的各类信息资源。数据资源层采用数据备份、数据分类管理、数据加密存储、权限管理等措施来保证数据安全。

3. 服务支撑层

服务支撑层是数字化校园中的服务、应用系统的支撑核心，为各种服务、应用系统提供支撑的中间层。该层采用基于分布式组件技术架构实现。服务支撑层主要包含业务应用支撑服务集（为人事、科研、教务、财务、设备、资产等业务应用系统提供支撑）、内容管理与搜索引擎支撑平台（为教学、科研、图书、档案等各类资源管理与服务系统、数字化教学平台、数字化科研平台、数字化生活与娱乐平台以及校园门户系统提供资源管理、查询、知识搜索等服务）、OA 支撑平台（为校内办公自动化提供服务）、数字图书馆支撑平台（为图书馆系统提供服务）、一卡通支撑服务平台（为一卡通系统提供所需要的支撑服务）、安全服务支撑平台（为各业务应用系统、业务流程、资源、单点登录支撑等提供身份认证、权限管理服务）、决策支撑平台（为校务决策支持系统提供服务）、网格支撑平台（为各类网格应用提供支撑服务）等几大支撑服务平台。

4. 业务服务层

业务服务层为不同用户、不同部门提供完整的各种业务功能模块。业务服务层提供的业务分为各类校务应用系统、OA 系统、数字图书馆系统、一卡通服务系统、数字化教学服务系统、数字化科研服务系统、数字化生活与娱乐服务系统、校务决策支持系统、身份认证服务系统、资源管理服务系统及网格应用系统等。

5. 服务接入层

服务接入层为数字化校园的各类用户进入数字化校园系统提供统一的访问门户，各种业务功能模块与信息数据在统一门户上展现，且可以通过单点登录直接进入数字化校园的各独立应用系统。统一门户分为网络门户、移动门户、网格门户三大类。网络门户为用户通过互联网进入数字化校园系统提供访问窗口，移动门户为用户通过移动通信设备进入数字化校园系统提供访问窗口，网格门户为用户访问校园网格提供访问窗口。

采用 SOA 架构的数字化校园系统，通过大约三年的建设，于 2013 年正式投入使用，使用情况良好，实现了以服务为主导的建设目标。通过上述应用案例可以看到，SOA 的确在基于互联网的、跨平台的业务整合中都具备理念和技术上的优势。

五、SOA在图书馆中的应用

伴随着互联网应用的快速发展、SOA 技术和方案的不断成熟，SOA 在我国各行业得到广泛应用，在解决不同行业和领域的 IT 资源重用、信息共享和业务协同等共性问题方面取得了实质性的成果。在图书馆领域，其文献资源和服务的异构性决定了 SOA 的重要性，构建基于 SOA 的图书馆系统成为图书馆整合资源、规范服务的有效解决方案。SOA 的应用研究成为当下研究者研究的热门话题，涉及 SOA 的技术应用、系统应用、实践应用等方面。

1.SOA 的技术应用

WebService 技术是目前最适合实现 SOA 的技术集合，它采用 XML 作为基本的标记语言，SOAP 作为互操作协议，WSDL 作为服务描述语言，通过 UDDI 把服务注册到互联网以便搜索，以方便更多的用户使用服务。它是由企业驱动和应用驱动而产生的，它具有分布性、松散耦合、可复用性、开放性以及可交互性等特性。WebService 技术经过多年的发展，已经被广泛接受并成为 SOA 最好的实现技术。尽管 Web Service 技术是实现 SOA 的最好方式，但是 SOA 并不局限于 Web Service 技术，其他使用 WSDL 直接实现 Web 服务接口并通过 XML 消息进行通信的协议也可以包括在 SOA 之中。比如 CORBA 和 IBM 的 MQ 系统通过 WSDL 的新特性也可以参与到 SOA 中来。

2.SOA 的系统应用

将图书馆业务集成系统中的采访系统、编目系统、典藏系统、流通系统、查询系统，及应用系统中的检索系统、管理系统等以组件的方式封装成标准的服务，形成独立的服务组件，通过将各服务组件组合构建面向服务的架构。由于 SOA 架构是一种粗粒度、松耦合服务架构，服务之间通过简单、精确定义接口进行通信，不涉及底层编程接口和通信模型。因此 SOA 架构能使所有的资源和集合展现更灵活的工作流程，更便于与其他系统进行互操作，也更便于有效地进行图书馆系统管理，更好地控制系统内部的服务与服务之间的关系与优先等级。

3.SOA 的实践应用

现有的图书馆业务管理和服务系统中已经开始使用 SOA 的相关技术，如 OCLC 的WorldShare Management Services（简称 WMS）、Serials Solutions 公司的 Intota、ExLibris 公司的 Alma、Innovative Interface 公司的 Sierra、开源计划 Kuali OLE 等系统普遍采用的是 SOA 架构。图书馆系统正在向下一代图书馆系统发展，SOA 架构是下一代图书馆系统必须具备的关键要素，国际上逾千家图书馆已经或正在向下一代图书馆系统迁移。

随着云计算、物联网、移动互联网等新型技术的发展，SOA 的应用模式不断扩展，SOA 中的"服务"呈现出泛在化和广泛互联的特征。SOA 与多种新应用模式和新技术融合发展成为图书馆系统发展的新方向。但是整体而言，SOA 架构在图书馆建设和发展中还没有得到普遍的应用，但是已经开始得到足够的重视，它将在以下三个方面体现其发展意义。

（1）以资源为核心，以服务为主导的系统建设理念的全面革新

图书馆以往信息管理系统的开发一般都是面向借还书的采编典借全过程，面向馆员和读者这两个对象，面向互联网和移动互联网构建门户系统，这些开发和运行模式往往都是以固定的业务流程为主导。随着现代图书馆的服务范围越来越广，资源越来越复杂，这种系统建设的思路往往造成大量的信息孤岛，难以应对系统的复杂性，难以解决系统的互操作性，难以适应业务需求的变化。SOA 则是面向服务的系统架构，提供的技术框架有利于降低系统的复杂性，增强各个服务系统之间的互操作性，通过图书馆服务需求和规范的设计，以资源为核心、以服务为主导的系统建设理念就很容易实现，这必将是图书馆信息化建设的全面革新。

（2）图书馆服务的构建变得更有灵活性

进入 21 世纪以后，信息技术的发展已经让人目不暇接，移动互联网、关联数据、慕课、云计算、大数据、虚拟现实、物联网……新技术使图书馆的服务发生巨大变化，一些图书馆开始倡导数据服务、空间服务、信息共享空间服务等，而且这样的服务变革和优化还会快速实现。而图书馆原来的信息系统架构，难以满足这些新业务的开展，图书馆服务要能够迅速调整以适应读者的需求，只有 SOA 的灵活结构才具备这种随需而变的能力。

（3）为图书馆服务的共享提供了理念依据和技术支撑

SOA 的关注服务、关注用户体验的理念，很值得图书馆各类共享体系学习。在原来的各类图书馆共享体系中，往往都基于资源的共享，构建联合目录、文献传递、通借通还等具体的应用，但是随着数字化资源的日益普及和数量激增，知识产权的管理日益严格，以联合目录为基础的资源共享系统越来越受到冲击。SOA 的理念改变从以往的资源为中心，转向为读者提供文献服务为中心的共享模式，各个图书馆可以利用 SOA 相关技术，方便地拓展图书馆服务共享的功能，方便其开展各种个性化的信息利用服务，具有服务的开放性，还能通过提供功能接口让用户更加方便快捷地获取各个图书馆的文献资源，开展一些增值服务，这些都将极大地提高图书馆共享资源的利用效果，扩大图书馆的社会影响力。

第二节　云计算

云计算是继 20 世纪 80 年代大型计算机到"客户端—服务器"的大转变之后的又一巨变。云计算的出现并非偶然，早在 20 世纪 60 年代 John McCarthy 提出把计算能力作为一种像水和电一样的公用事业提供给用户的理念，这成为云计算思想的起源。在 20 世纪 80 年代网格计算、20 世纪 90 年代公用计算、21 世纪初虚拟化技术、SOA、SaaS 应用的支撑下，云计算作为一种新兴的计算资源使用和交付模式，带来了生活、工作方式和商业模式的根本性改变，是当前全社会关注的热点。

一、云计算的概念与主要服务类型

一般认为，云计算是一种通过互联网以服务的方式提供动态可伸缩的虚拟化资源的计算模式（Cloud computing is a style of computing in which dynamically scalable and often virtualized resources are provided as a service overthe Internet）。在具体应用中，云计算通常采用按使用量付费的模式，这种模式提供可用的、便捷的、按需的网络访问，用户进入可配置的计算资源共享池（包括网络、服务器、存储、应用软件、服务），这些资源能够被快速提供，只需投入很少的管理工作，或与服务供应商进行很少的交互。"云计算"已经大量运用到生产环境中，国内有"阿里云"、各种各样的网盘等，国外 Intel 和 IBM 提供的商业服务范围正日渐扩大，影响力也不可估量。因此，云计算是分布式计算（Distributed Computing），并行计算（Parallel Computing）、效用计算（Utility Computing）、网络存储技术（NetworkStorage Technologies）、虚拟化（Virtualization）、负载均衡（Load BaIance）等计算机技术和网络技术发展融合的产物。

（一）云计算的兴起

目前很多大型企业都在研究云计算技术和基于云计算的服务，亚马逊、谷歌、微软、戴尔、IBM、SUN 等 IT 巨头都在其中，云计算已从新兴技术发展成为当今的热点技术、成熟技术。从 2003 年 Google 公开发布的核心文件到 2006 年 Amazon EC2（亚马逊弹性计算云）的商业化应用，再到美国电信巨头 AT&T（美国电话电报公司）推出的 Synaptic Hosting（动态托管）服务，云计算从节约成本的工具到盈利的推动器，从 ISP（网络服务提供商）到电信企业，已然成功地从内置的 IT 系统演变成公共的服务。

从加德纳 Garmer 公司 2011 年的技术成熟度报告我们可以看到云计算已经绕过了应用上的瓶颈，开始真正"落地"。云计算如一阵飓风席卷整个 IT 界，随之而来的优势是非常明显的。2012 年更是云计算快速发展的一年，各种云技术、云方案陆续出台，无论是早期亚马逊的 Cloud Drive，还是 2011 年苹果公司推出的 iCloud，抑或是 2012 年 4 月微软推出的 Sys-temCenter 系统等，都把目标盯紧了云计算这块大"肥肉"。

云计算的发展主要大事记：

2006 年 3 月，亚马逊（Amazon）推出弹性计算云（Elastic Compute C1.0ucl，EC2）服务。

2006 年 8 月 9 日，Google 首席执行官埃里克·施密特在搜索引擎大会首次提出"云计算"的概念。

2007 年 10 月，GOOgle 与 IBM 开始在美国大学校园（包括卡内基梅隆大学、麻省理工学院、斯坦福大学、加州大学伯克利分校及马里兰大学等）推广云计算的计划，这项计划希望能降低分布式计算技术在学术研究方面的成本，并为这些大学提供相关的软硬件设备及技术支持（包括数百台个人电脑及 Blade Center 与 Syster11X 服务器，这些计算平台将提供 1600 个处理器，支持包括 LinUx、Xen、Hadoop 等开放源代码平台），而学生则可以通过网络开发各项以大规模计算为基础的研究计划。

2008 年 1 月 30 日，Google 宣布在中国台湾启动"云计算学术计划"，将与台湾台大、台湾交大等学校合作，快速将云计算技术推广到校园。

2008 年 2 月 1 日，IBM（NYSE：IBM）宣布将在中国无锡太湖新城科教产业园为中国的软件公司建立全球第一个云计算中心。

2008 年 7 月 29 日，雅虎、惠普和英特尔宣布一项涵盖美国、德国和新加坡的联合研究计划，推出云计算研究测试床，推进云计算。该计划要与合作伙伴创建 6 个数据中心作为研究试验平台，每个数据中心配置 1400 至 4000 个处理器。这些合作伙伴包括新加坡资讯通信发展管理局、德国卡尔斯鲁厄大学 Steinbuch 计算中心、美国伊利诺伊大学香槟分校、英特尔研究院、惠普实验室和雅虎。

2008 年 8 月 3 日，美国专利商标局网站信息显示，戴尔正在申请"云计算"商标，此举旨在加强对这一未来可能重塑技术架构的术语的控制权。

2010 年 3 月 5 日，Novell 与云安全联盟（CSA）共同宣布一项供应商中立计划，名为"可信任云计算计划"（Trusted Cloud Initiative）。

2010 年 7 月，美国国家航空航天局和 Rackspace、AMD、英特尔、戴尔等支持厂商共同宣布"OpenStack"开放源代码计划，微软在 2010 年 10 月表示支持 OpenStack 与 Windows Server 2008 R2 的集成；而 Ubuntu 已把 OpenStack 加至 11.04 版本中。

2011 年 2 月，思科系统正式加入 Opcnstack，重点研制 Opcnstack 的网络服务。

这几年，中国的云计算也风起云涌，各大运营商、设备厂商、互联网公司以及一些创新型公司纷纷发力，如万网、美橙互联等提供服务器托管，华为、浪潮、中兴等依托雄厚的资源优势大搞云计算基础平台，中国移动、中国联通和中国电信运营商希望通过加大云计算的研发投入找到新的业务模式，腾讯、百度、360、阿里巴巴等互联网公司通过广泛的客户基础提供各种各样的云服务。与此同时，政府也高度重视云计算产业的发展，从 2011 年起工信部在北京、上海、深圳、杭州和无锡五个云计算的试点城市实施云计算示范工程。支持信息技术服务的骨干企业，加强数据存储技术、虚拟化技术、海量数据处理技术、大规模数据中心管理技术等云计算关键技术和重点产品的研发和应用，其他一些城市纷纷制订各自的云计算发展战略，建设了一些大型的公共云计算的平台，在梳理现有各类信息技术标准的基础上制定新的标准，有力地推动了我国云计算的发展。

（二）云计算的服务形式

云计算主要包括以下三个层次的服务：基础设施即服务（IaaS）、平台即服务（PaaS）和软件即服务（SaaS）。

1.IaaS

IaaS(infrastructure-as-a-Service)：基础设施即服务。消费者通过 Internet 可以从完善的计算机基础设施获得服务。IaaS 通过网络向用户提供计算机（物理机和虚拟机）、存储空间、网络连接、负载均衡和防火墙等基本计算资源，用户在此基础上部署和运行各种软件程序。

2.PaaS

PaaS(Platform-as-a-Service)：平台即服务。是指将软件研发的平台作为一种服务，以 SaaS 的模式提交给用户，也是 SaaS 模式的一种应用，但 PaaS 的出现可以加快 SaaS 的发展，尤其是加快 SaaS 应用的开发速度。平台通常包括操作系统、编程语言的运行环境、数据库和 Web 服务器，用户在此平台上部署和运行自己的应用。用户不能管理和控制底层的基础设施，只能控制自己部署的应用。

3. SaaS

SaaS(Softwaeass-Service)：软件即服务，是一种通过互联网提供软件的模式，用户无须购买软件，而是向提供商租用基于 Web 的软件来管理企业经营活动。云提供商在云端安装和运行应用软件，云用户通过云客户端（通常是 Weh 浏览器）使用软件。云用户不能管理应用软件运行的基础设施和平台，只能做有限的应用程序设置。

二、云计算的特点和主要应用

通过使计算分布在大量的分布式计算机上，而非本地计算机或远程服务器中，企业数据中心的运行将与互联网更相似。这使得企业能够将资源切换到需要的应用上，根据需求访问计算机和存储系统。好比是从古老的单台发电机模式转向了电厂集中供电的模式。它意味着计算能力也可以作为一种商品进行流通，就像煤气、水、电一样，取用方便，费用低廉。最大的不同在于，它是通过互联网进行传输的。

（一）云计算的主要特征

1. 资源配置动态化

根据消费者的需求动态划分或释放不同的物理和虚拟资源，当增加一个需求时，可通过增加可用的资源进行匹配，实现资源的快速弹性提供；如果用户不再使用这部分资源时，可释放这些资源。云计算为客户提供的这种能力是无限的，实现了 IT 资源利用的可扩展性。

2. 需求服务自助化

云计算为客户提供自助化的资源服务，用户无须同提供商交互就可自动得到自助的计算资源能力。同时云系统为客户提供一定的应用服务目录，客户可采用自助方式选择满足自身需求的服务项目和内容。

3. 网络访问便捷化

客户可借助不同的终端设备，通过标准的应用实现对网络访问的可用能力，使对网络的访问无处不在。

4. 服务可计量化

在提供云服务过程中，针对客户不同的服务类型，通过计量的方法来自动控制和优化资源配置。即资源的使用可被监测和控制，是一种即付即用的服务模式。

5. 资源的虚拟化

借助于虚拟化技术，将分布在不同地区的计算资源进行整合，实现基础设施资源的共享。

（二）云计算的主要应用

1. 云安全

云安全（Cloud Security）是一个从"云计算"演变而来的新名词。云安全的策略构想是：使用者越多，每个使用者就越安全，因为如此庞大的用户群，足以覆盖互联网的每个角落，只要某个网站被挂马或某个新木马病毒出现，就会立刻被截获。"云安全"通过网状的大量客户端对网络中软件行为的异常监测，获取互联网中木马、恶意程序的最新信息，推送到 SerVer 端进行自动分析和处理，再把病毒和木马的解决方案分发到每一个客户端。

2. 云存储

云存储是在云计算概念上延伸和发展出来的一个新概念，是指通过集群应用、网格技术或分布式文件系统等功能，将网络中大量的各种不同类型的存储设备通过应用软件集合起来协同工作，共同对外提供数据存储和业务访问功能的一个系统。当云计算系统运算和处理的核心是大量数据的存储和管理时，云计算系统中就需要配置大量的存储设备，那么云计算系统就转变为一个云存储系统，所以云存储是一个以数据存储和管理为核心的云计算系统。

3. 私有云

私有云是将云基础设施与软硬件资源创建在防火墙内，以供机构或企业内各部门共享数据中心内的资源。创建私有云，除了硬件资源外，一般还有云设备（IaaS）软件；现时商业软件有 VMWare 的 vSphere 和 Platform Computing 的 ISF，开放源代码的云设备软件主要有 Eucalyptus 和 OpenStack。

4. 云游戏

云游戏是以云计算为基础的游戏方式，在云游戏的运行模式下，所有游戏都在服务器端运行，并将渲染完毕后的游戏画面压缩后通过网络传送给用户。在客户端，用户的游戏设备不需要任何高端处理器和显卡，只需要基本的视频解压能力就可以了，运营商不需要不断投入巨额的新系统平台的研发费用，而只需要拿这笔钱中的很小一部分去升级自己的服务器就行了，但是用户体验效果却是相差无几的。

5. 云教育

在线教育已经成为这几年的信息技术热点，慕课也日益普及，各类各级教育机构，可以将教育视频的流媒体平台采用分布式架构部署，分为 Web 服务器、数据库服务器、直播服务器和流服务器，还可以架设采集图形工作站，搭建网络电视或实况直播应用，在已经部署录播系统或直播系统的教室配置流媒体功能组件，这样录播实况可以实时传送到流媒体平台管理中心的全局直播服务器上，同时录播的学校本色课件也可以上传存储到总的教育云存储中心，便于今后的检索、点播、评估等各种应用。

6. 云会议

云会议是基于云计算技术的一种高效、便捷、低成本的会议形式。使用者只需要通过互联网界面，进行简单易用的操作，便可快速高效地与全球各地团队及客户同步分享语音、数据文件及视频，而会议中数据的传输、处理等复杂技术由云会议服务商帮助使用者进行操作。目前国内云会议主要集中在以 SaaS（软件即服务）模式为主体的服务内容，包括电话、网络、视频等服务形式，基于云计算的视频会议就叫云会议。云会议是视频会议与云计算的完美结合，带来了最便捷的远程会议体验。及时语移动云电话会议，是云计算技术与移动互联网技术的完美融合，通过移动终端进行简单的操作，提供随时随地高效的召集和管理会议。

三、云计算在图书馆中的应用

随着计算机和互联网技术的发展，云计算技术应运而生。图书馆向来是信息储存和利用的重要组织，所以加入到云计算的研究和应用当中是必然的。现代图书馆已不再局限于提供纸质文献，除此之外还提供文字、图像、音频、视频等数字信息的浏览和获取。对新型信息和网络技术的应用将成为现代图书馆建设和发展的重要环节和未来趋势。

将云计算技术应用到图书馆的先驱当数美国联机计算机图书馆中心 OCLC。OCLC 及其成员图书馆相互协作，建立并维护 World-Cal 这一世界上最大的在线图书馆资源搜索数据库，通过共享数据驱动的合作网络，进行诸如采购编目、资源共享、馆藏管理等操作，该项目被认为是图书馆应用云计算的开端。

2009 年 5 月，两大开源机构库软件 Fedora 和 DSpace 合并成立 DuraSpace，提出云产品 DuraCloud：向学术图书馆、大学及其他文化遗产机构提供其数字内容的永久访问服务，存储交由专业存储提供者 DuraSpace 确保长期访问和便利使用的功能。2009 年 7 月，美国国会图书馆与 DuraSpace 合作进行为期一年的试验，使用云技术永久访问数字内容。其他参与机构有纽约公共图书馆和生物多样性遗产图书馆。

俄亥俄州图书馆与信息合作网（Ohio Library and Information Network，简称 OhioLINK）使用了亚马逊的云计算服务，主要使用云计算服务进行公共数字资源的管理。匹兹堡大学的图书馆网站托管在亚马逊的弹性计算云（EC2）上，并且使用亚马逊的 S3 服务备份图书馆集成系统，将数字馆藏资源的管理依托在亚马逊的弹性计算云（EC2）上。加州理工学院图书馆使用 Goog 加公司提供的云服务应用进行图书馆部分信息的管理。美国东部州立大学将图书馆流通数据库和政府出版物管理数据库放在 Google App Engine 上。在 Google 运行环境下使用互联网上的应用服务，用户也可以运行自己的应用程序，而不需要管理服务器的运行。

国内对云计算在图书馆领域应用的研究与国外相比差很多，通过对国内的云计算与图书馆相关文献的检索，发现我国云计算与图书馆研究的第一人是辽宁师范大学的李永先副教授，他在 2008 年发表了名为《云计算技术在图书馆中的应用探讨》的文章，其中对云计算技术的概念做了详细的介绍，并在分析了云计算技术的特点之后，有针对性地分析了我国的图书馆界对于计算技术重点关注的问题。2010 年以后，我国对于云计算与图书馆的相关研究日益普遍，越来越多的专家和学者加入到探讨云计算技术在图书领域应用的行列。通过分析大量的文献发现，这些文献主要都是针对云计算的含义、特点和原理等基础理论进行分析。

而国内对于云计算的应用则是在 2008 年 3 月，当时谷歌宣布与清华大学合作，推出中国的云计划。我国图书馆界应用云计算服务的著名例子是中国高等教育文献保障系统（China AcademiC Library & Information System，简称 CALIS），中国高等教育文献保障系统在总结了云计算在国外一些图书馆应用成功的案例后，开发了自己的云计算服务平台（Nebula 平台），通过该平台的使用，在我国建立起一个全国范围内的高校数字图书馆云服务中心，Nebula 平台通过分布式的数字图书馆的虚拟化，为独立的图书馆信息资源的共享带来了新的机遇，为我国的图书馆领域应用云计算作了一个很好的开端。除此之外，广州图创计算机软件开发有限公司推出的图书馆集群管理系统（Interlib），北京华夏网信科技有限公司创建的智能化的数字信息交互平台，即基于 Web 的集群图书馆管理系统——中国专业图书馆网（CSLN）为图书馆用户提供了实现业务管理的全面自动化。

第三节　图书馆 2.0

自 2005 年以来，图书馆 2.0 一直是图书馆研究和实践的一个热点。范并思先生的《图书馆 2.0：构建新的图书馆服务》一文，成为国内最早的图书馆 2.0 研究的重要文献，其观点具有广泛的影响力。论文中提到最早的较为成熟的图书馆 2.0 概念是 2005 年 9 月博客 Library Crunch 的博主 Michael E.Casey 对 Web2.0 在图书馆的应用进行了探讨，由于

Casey 的大力宣扬，恰值 Web2.0 成为互联网最流行元素，图书馆 2.0 的概念和理论逐渐受到图书馆界的关注。

一、关于图书馆2.0

学界普遍认为 Web2.0 是一种以用户为中心的网络技术与服务，而图书馆 2.0 则是 Web2.0 在图书馆界的应用，再进一步通过 Web2.0 的思想，研究与改进图书馆数字化服务的一种认识与思考。而笔者则认为，犹如 Web2.0 之于 Web1.0 一样，带来了互联网服务的本质改革，既然前提条件是针对"图书馆"，那么图书馆 2.0 也应该是整个图书馆服务、图书馆管理、图书馆研究等的由里到外的变革，而不仅局限于图书馆的 Web2.0 应用，或者说只针对图书馆的数字化服务。简单地说，图书馆 2.0 就是升级整个图书馆，使图书馆进入全新的发展时期。有了这样的思考，笔者搭建了图书馆 2.0 的理论框架，进行了相应的学术研究，并基于这种以用户为核心的理念完成全新的图书馆 2.0 管理信息系统的研发。

（一）图书馆 2.0 产生的背景和各种观点

词汇来源的、最具参考价值的 Web2.0 的核心是让互联网服务，从受众变成参众。2006 年美国《时代》周刊把年度人物选为"你"副标题为"没错，就是你。信息时代由你掌握。欢迎进入你自己的世界"。很显然，Web2.0 的网络传播与文字、印刷、电视的发明不同，它不是一种自上而下的传播，而是一种自组织式的传播形式，是从下到上地进行传播。技术改变着整个社会，这次的改变是具有革命性的。图书馆的变革也随之开始，因为进入 21 世纪以来，信息技术的发展和思维日益影响到图书馆的发展。新加坡图书馆在《2000 年的图书馆》的报告中提到未来图书馆就会有 7 个方面的"范式演变"，意味着传统图书馆业务模式和管理系统需要进行全面变革。这 7 个方面是：

①从图书的保管者到服务本位的信息提供者。

②从单一媒体到多媒体。

③从本馆收藏到无边界图书馆。

④从我们到图书馆去到图书馆来到我们中间。

⑤按时提供（in good time）到及时提供（just in time）。

⑥从馆内处理（in sourcing）到外包处理（out sourcing）。

⑦从区域服务（local reach）到国际服务（globe reach）。

图书馆系统与服务供应商 TaliS 公司在白皮书《对图书馆重要吗？图书馆 2.0 的兴起》中，也提出了图书馆 2.0 的 4 项原则：

①图书馆无处不在（The Libraryis Everywhere）。图书馆2.0 超越了"没有围墙的图书馆"的概念，将图书馆的相关内容复制到用户需要的任何地方和任何时候，读者可以通过访问其他 Web 站点就能获取图书馆资源。

②图书馆没有障碍（The Library Hasno Bamers）。图书馆 2.0 确保图书馆管理的信息资

源是可以在其被需要的位置上被获得的，使用中障碍是最小的，消除系统和信息的围墙，实现信息民主。

③图书馆邀请参与（The Library Invites Participation）。图书馆 2.0 鼓励参与，尊重馆员、技术合作伙伴和其他人的贡献，促进读者对已经使用的和希望获取的资源提出自己的观点等。

④图书馆使用灵活的单项优势系统（The Library Uses Flexible，Best-of-breed Systems）。"best-of-breed"（简称 BOB）是由用户挑选最好的单项系统后组合成新系统，这种开发理念具有更大的灵活性。图书馆 2.0 系统能够为图书馆提供灵活的、最好的系统架构。

作为一个系统供应商，Talis 白皮书对图书馆 2.0 的描述偏重于开发者的角度。更多的学者从图书馆人性化服务的角度讨论图书馆 2.0。如 meredith 在"高等教育博客会议筹备网"访谈中提出图书馆 2.0 的概念要素包括无缝的用户体验、更多地呈现于社区的图书馆、允许读者参与等。

（二）图书馆 2.0 理念的基本理解

图书馆 2.0 不论是从图书馆管理理念、服务理念方面，还是从系统架构方面，都初步明晰为一种革命性的变化，在知识呈现爆炸性增长的今天，这个变革将会迅速地影响图书馆，推动图书馆快速向图书馆 2.0 转变。在这样的变革中，图书馆 2.0 理念的要点至少包括 5 个方面：

①馆藏资源，从"为我所有"转变成"为我所用"。

②服务，从简单的文献服务转变为广泛的知识服务。

③图书馆管理，从对图书的管理，转变为对人流、物流、知识流的管理。

④系统架构，从基于业务流程变成基于用户服务。

⑤读者通过 Web2.0 获得个性化知识服务，并广泛参与图书馆的资源建设和服务。

既然要研究图书馆 2.0，就需要总结图书馆 1.0。Web1.0 是受众的互联网服务，图书馆 1.0 是什么？它与图书馆 2.0 有着什么样的本质变化？我们可以理解为：

图书馆 1.0 是基于图书馆馆藏资源的文献服务。

图书馆 2.0 是基于用户的知识服务。

图书馆的本质没有发生变化，都是对于读者的服务，但是服务内容、服务方式、服务的重点、学术研究的关注重点则发生了变化，而这种变化对于现阶段的图书馆来说，应该就是革命性的。图书馆 1.0 和图书馆 2.0 在图书馆管理与服务方面的不同参见表 4-1。

表 4-1　图书馆 1.0 和图书馆 2.0 的比较

比较项目	图书馆 1.0	图书馆 2.0
资源	图书馆馆藏文献；馆际互借	图书馆的馆藏文献；馆际互借；互联网；读者自建……
服务	文献借阅；数字资源检索	文献借阅；通过网络的知识提供和获取

（续表）

用户	持有借阅证的读者	持有借阅证的读者；广泛的互联网用户
馆员	图书馆的员工	图书馆员工；虚拟的图书馆在线志愿者
参考咨询	读者向馆员咨询	读者、馆员（含虚拟馆员）共同参与
系统架构	以图书为线索的业务工作	以用户（馆员和读者）为线索的管理和服务
元数据	MARC	MARCXML；DC
数据交换和共享	239.50	XML.
图书馆网站	图书馆概况，数字资源列表，书目检索	知识聚合的服务门户

二、图书馆2.0的理论架构

在传统图书馆学的范畴，通常针对纸质文献开展研究和服务，重点关注技术方法和管理手段。阮冈纳赞的"图书馆学五定律"是传统图书馆学的理论基础，其描述的对象都是针对图书而非知识。随着社会的进步，现代图书馆学尤其是图书馆2.0，需要重新搭建简化的、优化的理论架构，架构的基础是针对读者需求的"知识"而进行，经常需要长期的实践研究。笔者认为资源、管理和服务，是现代图书馆学最核心的三要素，资源是基础，管理是手段，服务是目的，三位一体的循环发展，从而构成图书馆2.0的理论架构。

（一）图书馆2.0的资源

1. 馆员、读者与设施设备

这是图书馆的基础资源，也是必不可少的资源。在新技术背景下，图书馆建设、自动化设备等都值得研究，在此不再冗述。前面关于图书馆2.0的理解是"基于用户的知识服务"。那么用户这个角色，在图书馆2.0系统建设中有着至关重要的作用，因为他是图书馆2.0系统永恒不变的线索。就理论而言，用户是指馆员和读者。而就系统而言用户将包括以下几个方面：

（1）系统管理用户：不能参与业务操作，仅进行系统后台管理。

（2）不同业务管理权限的馆员：包括馆长、副馆长、部门主管、馆员、临时工、勤工助学的学生等。馆员与业务管理的关联是可管理的、可跨部门的，以此实现图书馆2.0针对馆员的个性化。

（3）认证读者：持有图书馆借阅证的读者。在图书馆2.0中，应尽可能取消读者的等级，因为获取知识的权利应该是平等的。需要注意的是，读者作为图书馆最宝贵的用户资源，越来越受到重视，重庆大学图书馆从2006年开始，给毕业的同学发放"校友借阅证"，保证了图书馆服务对象数量的日益增长。

（4）网络读者。由于图书馆2.0系统会提供大量的基于网络的知识服务，因此网络读者的角色将成为主流，用户通过网络注册后成为图书馆的网络读者。由于知识产权的原因，或许他不能直接点击各个数据库，但是他可以使用其他知识服务，如 Blog、WIKl、RSS、Tag 等，也可以向馆员索取所需文献，或者向这个网络社区中的其他人进行文献求助。

2. 文献资源

当前各个图书馆不得不面对纸质文献和数字文献共同发展的现实，一些图书馆的历年文献保障能力，数字文献已经超越了纸质文献。图书馆 2.0 的开放性意味着今后图书馆的文献资源将主要包括以下 3 大类。

（1）馆藏资源。图书馆收藏的文献资源主要是纸质文献。这是图书馆 1.0 的主要业务工作，在图书馆 2.0 的管理和服务中，应更加完善和人性化。

（2）数字文献。目前主要是各类检索数据库和全文数据库，它们或者是自建的，或者是通过数据库商购买的。今后还将包括多媒体资源，如多媒体课件、图片资源库、音乐资源库、视频资源库等。

（3）共享资源。既然是"为我所用"的文献资源策略，图书馆 2.0 的共享资源将会逐渐成为图书馆开展文献服务的重要支撑。它的来源主要有 3 方面：与图书馆签订有文献共享协议的文献服务机构、互联网资源、在个性化的门户中读者分享的资源。

（二）图书馆 2.0 的管理

针对上述资源，自然而然形成多种管理——采访、编目和流通等，是传统业务工作中对于馆藏文献的管理；目录学是图书传统业务管理的理论基础；为发挥更大的服务效率，人力资源管理是针对馆员和读者的必要手段，也有相应的科学的理论基础和方法论；对于各类现代化设备的熟悉、应用和操作管理是图书馆日益重要的课题。图书馆将具有"用户流""业务流""知识流"。合理的管理流程是实现图书馆 2.0 管理系统的目标等，图书馆管理不再单独针对图书，而扩充为针对文献资源、馆员和读者、设施设备、知识服务的系统工程。

（三）图书馆 2.0 的服务

图书馆 2.0 最终目的是在传统文献服务的基础上，向读者提供基于文献内容的知识服务。如知识发现服务——为读者提供搜索全部文献资源的工具；知识管理服务——为读者提供个性化的管理图书馆文献资源的应用系统，为读者提供保存文献资料、私有文档的存储空间；知识共享服务——向读者提供馆际互借、全文传递、代查代检等服务。

三、图书馆2.0在重庆大学图书馆的实践案例

与以前的图书馆自动化系统相比较，图书馆 2.0 最大的区别是整个系统的架构。原来的系统架构都是基于对图书流程的控制，随着数字图书馆的兴起和信息技术的不断发展，日益增加的业务系统和数字文献资源却逐渐成为新的图书馆信息系统中的"信息孤岛"。

重庆大学图书馆自 2006 年 5 月起，基于上述的对图书馆 2.0 的理解，开始研发全新的图书馆管理系统。新的系统架构全部基于读者和馆员，分别建设具有底层数据关联的基

于馆员的图书馆现代管理系统和基于读者的网络知识服务系统，以及用于知识发现的学术搜索引擎。犹如一棵大树，树干是"人"，业务系统则是树枝，不同的业务系统授权于不同的"人"有了这样的架构，今后可以不断地围绕"人"这个树干，增加新业务系统作为树枝，而不至于使新出现的服务系统、文献资源成为"信息孤岛"。

（一）图书馆 2.0 的系统思路

（1）改变了原有图书馆系统以业务工作为核心的自动化系统，成为以"人"为核心的管理系统。"人"包括馆员和读者；用户流、业务流、知识流的整体解决方案，体现了图书馆 2.0 的发展趋势；通过互联网门户系统，以馆员和读者为线索，实现业务模块的权限控制，整合全部业务工作，也便于今后与各商业系统做用户的系统接口，随时新增功能模块。

（2）增加图书馆管理者的参与和控制，基于 LSP（企业 ERP 系统发展而来的新概念，Library Service Planning，图书馆服务计划）的理念，以促进服务效率为宗旨，馆长可以对业务工作进行调控，分派各类业务工作，并随时查看图书馆的运行状况。部室主任负责定期提交规范报表，作为工作内容而非统计功能，规范运作。

（3）体现图书馆的管理思路，整合除传统图书馆业务工作之外的其他图书馆工作：数字资源采购、数字资源管理、资金运行管理、资产管理、公文系统、人事管理、临时工管理、党务党员管理、消防管理、培训管理、奖惩记录等，符合图书馆管理的实际情况，提高综合管理水平。

（4）构建与图书馆门户系统相适应的知识管理系统。有针对性地为学科读者开展服务，提供信息推送系统，随时将最新的学科信息提供给读者，实现针对读者的个性化服务。读者登录门户系统后，可以自行定制自己的个性化图书馆，并提供虚拟存储空间，按照门户系统提供的元数据标准，建设自己的专题数据库备查，同时自行设定是否在整个资源系统中共享。

（5）全面集成图书馆传统文献服务和数字信息服务（数字图书馆、虚拟参考咨询、BBS.BLOG、WIKl 等），基于用户的开放平台便于进行功能扩展，随时根据网络技术的发展提供新的知识服务。

（二）图书馆 2.0 的软件体系

按照上面的思路，同时针对以前信息管理系统存在的问题（图书馆资源的隔离及信息服务的孤立、不能全面集成图书馆的业务和管理工作、信息孤岛现象日益严重、难以体现图书馆的管理思路），重庆大学图书馆将图书馆 2.0 的理念引入到图书馆管理系统中，提出"基于用户，面向服务"的五层 SOA 架构体系，分别为硬件平台层、系统平台层、文献数据层、业务管理层、知识服务层，根据"资源、管理、服务"三位一体的 2.0 理念，构建了图书馆 2.0 集成管理系统，将图书馆 2.0 管理系统分为图书馆知识搜索（解决资源问题）、个人书斋（解决服务问题）、管理系统（解决管理问题）三个子系统原型。系统采用大量 Web2.0 技术，如 RSS、Blog、Tag、WIKl、SNS。

（三）图书馆 2.0 系统的三大子系统

（1）子系统 1：以馆员为核心的图书馆管理系统。原有的图书馆集成管理系统均是以馆藏纸质图书为核心，针对上述各类型文献资源，自然而然形成有针对性的多种管理模式：采访、编目和流通等业务流程。其业务流程是单线程的。图书馆 2.0 为发挥更大的服务效率，还需要将图书馆的人力资源管理、行政管理、读者管理、文献服务管理都纳入业务流程中，以馆员为核心，合理进行流程控制。

（2）子系统 2：采用 Web2.0 技术的网络知识服务系统。网络知识服务系统命名为"个人书斋"，整合了图书馆的网络服务，采用了 SNS 社会网络的技术方法，为用户提供个性化服务和个性化空间，提供了我的图书馆、读者博客、我的图片库、图书收藏、RSS 阅读、WIKl 协同写作等功能，打造读者个性化学习平台，满足用户个性化服务的需求。

（3）子系统 3：统一检索平台。采用元数据收割方式，构建了统一检索平台，即类似百度、Google 的"知识搜索引擎"，不仅包括馆藏图书的检索，还整合已有的数字图书、数字期刊和其他网络资源，方便读者检索利用，并基于知识搜索引擎构建网络服务功能、图书评论和读者沙龙系统，以体现图书馆的文化功能。

图书馆 2.0 现代管理系统的整体解决方案，对于国内图书馆 2.0 的研究和实践具有很好的推动作用，推动了图书馆 2.0 的应用实践，为读者提供高质量的知识服务，提高读者的用户体验，提升图书馆的整体管理与服务水平。基于图书馆 2.0 理念的图书馆管理系统的开发与实施，在国内图书馆界引起高度关注，由图书馆自主开发的 2.0 系统的良好实施，坚定了图书馆实施 2.0 的信心，极大地推动了图书馆 2.0 的进一步推广。系统已经在重庆大学、西南交通大学、第三军医大学、后勤工程学院、重庆师范大学、长江师范学院、四川美术学院等 20 多个高校图书馆得到了应用。

四、现状与未来

经过几年的研究和发展，图书馆 2.0 已经给图书馆带来了明显的变化。图书馆的学者不限于理论研究，大量的实践应用已经出现，比较有特色的是上海交通大学的 IC2，重庆大学的整体解决方案，清华大学、台湾大学、西南交通大学、厦门大学、暨南大学等图书馆的 2.0 实践，越来越多的图书馆正加入到图书馆 2.0 的研究和实践中。

尽管图书馆 2.0 是业界的一个热点，致力于此的研究者和图书馆馆长很多，但是图书馆 2.0 理念的传播还很不均衡，图书馆 2.0 已经不是技术爱好者的小打小闹，而逐渐成为一种人人参与的力量。普遍均等的参与精神让图书馆重新焕发活力，图书馆 2.0 已经从草根一族、纯技术的研讨上升到了一个新的层次。但目前图书馆 2.0 的发展还存在一些问题，主要有以下几点：

（1）图书馆 2.0 成熟的整体解决方案的案例还不够多，一些重要的图书馆没有参与其中，但各个图书馆普遍采用 Web2.0 技术构建自己的某项服务。

（2）数字图书馆建设的难题，一定程度上制约了图书馆 2.0 的发展，因为毕竟图书馆 2.0 主要是依托于数字图书馆的，如传统文献资源和数字文献资源统一检索的难题。

（3）图书馆 2.0 不仅是数字图书馆的事情，传统图书馆也需要 2.0 化，但是传统图书馆的发展还不够快。如典型的传统图书馆 2.0 应用——信息共享空间，国内也只有少数几个有条件的图书馆在尝试。

图书馆 2.0 发展的核心问题还是实践应用，只有更多的图书馆尝试用图书馆 2.0 来构建自己的文献服务体系，才能推动整个事业的发展。当然也有人在问"Web3.0"已经来了，是不是应该发展和研究"图书馆 3.0"，其实图书馆 2.0 不仅代表了一种服务的升级，更多的是一种理念而不是技术，Web3.0 不论是语义技术还是普适计算，甚至云计算，都可以归入图书馆 2.0 的范畴。技术永远是为理念服务的，当越来越多的图书馆参与到 2.0 的实践中来，必将有利于进一步推动图书馆 2.0 的应用和发展，相信图书馆 2.0 的研究和应用会得到持续发展，因为它的核心也是图书馆服务。

第五章　高校图书馆服务发展创新的主要策略

第一节　加大高校图书馆服务创新力度

高校图书馆相关服务活动的创新发展是满足时代发展需求的必然选择，同样是促进图书馆自身建设等级提升的根本保障，能在此基础上满足用户阅读需求。针对现阶段高校图书馆服务项目还有所缺陷的现象，要求图书馆建设阶段能从人员素质、服务意识以及资源结构优化等多个方面着手，合理设计推动图书馆服务模式创新发展的有效路径。通常情况下，图书馆内部服务创新指的是图书馆在针对读者提供服务时，在其中结合创新手段及方法，能达到提高服务效率的目的，进而达到预期的服务标准，为图书馆建设发展提供有效支撑，并能为读者带来较大的阅读效益，具有重要研究价值。基于这一问题，要求图书馆能有效落实服务创新措施，为图书馆各项活动展开奠定基础，尤其是高校图书馆，在其运营发展过程中，要做到借助市场的导向作用，注重与读者的实时沟通，同时将提高服务质量作为发展的关键内容，明确服务项目创新对图书馆整体良好建设的基础作用，并能通过提高总体服务质量及效率，来保持其在市场上的重要地位。创新发展始终是高校图书馆良好建设的内在要求之一，只有将创新意识结合在图书馆服务模式优化上，才能保证图书馆的发展质量，为了实现服务创新的目标，可采取多样化的创新方式，从而满足高校图书馆整体发展需求。因此，国内高校图书馆现有的服务模式应尽快得到发展及创新，要求图书馆能结合教育改革实情以及高校发展状况，发展出一条特色化的服务创新之路，进而为高校图书馆形象树立以及核心竞争实力的提高奠定坚实基础。同时，只有注重通过高校图书馆创新实力的不断提升，才能推进高校自身综合竞争力的加强，并且有利于高校教育水平的提升。

（一）高校图书馆服务创新必要性

首先，高校图书馆加大服务创新是满足时代总趋势的必然选择。当前时代，随着国内国民经济的快速增长，市场竞争逐渐加剧。对于高等院校来讲，在新的时代背景下，各高校招生数量及规模有明显扩大，这就为图书馆有关服务项目的创新发展带来了挑战与机遇。为了奠定自身市场地位，国内高校图书馆有必要从不断强化服务创新力度方面着手，选取适当的、有效的创新方式，进一步提高服务效率及质量。除此之外，要求高校图书馆与时俱进，即是在明确自身发展实际情况的前提下有针对性地规划服务创新方案，以保证图书馆服务创新取得理想效果。面对各类服务群体，为了确保服务创新策略的有效性，应有针对性地提出切实可行的方案及策略。研究表明，高校图书馆提供服务能力的高低，将对高等院校发展程度产生直接影响。从某一角度来讲，可将高校图书馆创新服务看作是一项系统的工程，应在高校决策层的支持下高效进行，进而推动高校图书馆得到跨越式发展。

第二，在高校图书馆发展过程中，需要借助服务创新的核心保障作用。研究表明，高校图书馆作为高校教育系统中的主要组成部分，该场所的建设效果以及服务项目中创新思维的渗透程度将直接决定高校整体服务创新能力，同时可将图书馆这一场所的服务创新水平看作是促进高校实现良好发展的基础保障。因此，在高等院校运行阶段，应意识到图书馆的服务创新属于日常基础工作之一，需要高等院校注重资源配置的优化以及合理修正内部管理体制，进而使得高校图书馆服务模式创新发展方案的制定满足高校自身发展所需。

第三，高校图书馆运用效益的提高离不开用户馆藏资源使用程度的影响，需要通过创新服务模式，来保证图书馆服务与读者需求相一致，促使图书馆服务项目的设置体现出增强适用性，能满足当前时代下人们不断变化的阅读需求。目前，知识结构组成要素及层次特点正在不断变换中，使得高校图书馆整体发展质量有显著提高，由此对图书馆服务标准提出了新的要求。要想满足用户个性化的阅读需求，需要加大对用户群体基础阅读需求的把握，从而有目的地进行高校服务质量创新，在加大改革力度的条件下，为图书馆服务水平提高营造良好环境。在服务创新发展方面，有必要加大创新力度，运用先进的创新服务手段，从而为多类用户的不同需求提供相应服务，能达到丰富服务行为实施途径的目的，是促进图书馆建设发展取得理想建设效果的关键。

（二）高校图书馆服务工作存在的不足

1. 服务意识还较欠缺

目前国内高校图书馆还存在服务质量较低以及开展效率低下的缺陷。由于传统服务方式没有体现出图书馆自身的能动作用，导致图书馆在组织各项管理工作时，无法自觉收集与整理用户的阅读需求信息，不利于发挥相关信息的参考作用，是降低图片馆服务水平的关键影响因素，严重限制了高校图书馆内部资源使用效率的提高。这种情况下将造成大量文献资源无效的弊端，无法保证图书馆整体建设成效。虽然大多数高校图书馆都加大了在服务供给模式上的创新，但是具体的创新措施及实施效果还有所缺陷，产生这一现象的主要原因为服务意识的缺乏，导致图书馆自身的阅读服务体系还不完善。为了解决上述问题，要求图书馆在设计服务创新方案时，应将服务意识与创新思维结合到方案规划中，是健全图书馆服务机制的有效措施。

2. 人员素质

现阶段，我国大部分图书馆在其运行过程中，还存在服务模式陈旧的问题，无法在实践管理过程中实现对工作人员综合能力及素质的培养。长此以往，势必将产生工作人员综合业务能力及服务意识等存在不足的弊端，无法保障服务质量和效率，促使图书馆服务只能体现出短期效益，与预期成效还有一定差距。并且服务体系中的漏洞问题，将对人才队伍打造产生不利影响，是需要重点解决的问题。考虑到人才缺乏对高校图书馆整体创新发展的阻碍作用，高校应加大在人才培养上的投入，切实解决人才管理难题。

3. 资源配置

在对高校图书馆资源配置进行研究时，应该意识到的是，馆内馆藏文献数量的大小，将直接影响图书馆的综合发展竞争力，同样会对其服务创新实力的增强产生影响。现阶段，国内高校图书馆普遍具有发展规模不大以及馆藏图书类型较少的特点，主要存在资源结构方面的问题。由于资源配置不科学，图书资源的利用率较低，多种文献资源由于获取途径较复杂，容易存在资源无效的现象，对图书馆运营效益的实现有不利影响。同时，在对高校图书馆发展过程中存在的缺陷进行分析时，可发现还存在标准化建设效果不佳以及有关设计方案还不规范的问题，在某一层面上讲，资源规划方案不合理将直接限制图书馆服务效能的提升，同样是阻碍我国高等院校图书馆实现服务创新发展的核心因素。

（三）高校图书馆服务创新途径分析

1. 及时转变服务理念

随着高校图书馆的不断发展，其职能发生了改变，需要及时转变服务理念来保证图书馆服务方式创新途径的有效选择。阻碍高校图书馆稳定发展的主要原因在于服务理念的欠缺，不利于国内高校图书馆内部服务体系的构建及完善，是降低图书馆服务水平的主要影响因素。从这个角度出发，建议高校图书馆首先明确新型服务理念，并在服务理念与图书馆发展目标相吻合的条件下，促使图书馆服务工作创新发展途径的选择上体现出合理性，同时在制定服务创新规划时，还可借鉴国外先进经验，实现图书馆整体服务体系不断健全，为高校图书馆各项服务行为的开展提供依据。同时，国内高校图书馆在创新发展过程中，需要加大对人才队伍建设的重视，并在不断完善人才资源队伍的基础上，为图书馆服务创新发展措施的落实提供人才支持。尤其在信息化技术与图书馆服务结合程度逐渐提高的背景下，要求相关工作人员能借助计算机设备完成各类任务，这就需要加大对工作人员信息素养及技术运用能力的培养，从而确保服务活动的高质量完成。在实际进行人才资源队伍建设时，应主要从资源教育以及培训工作等方面着手，在上述管理活动有效进行的情况下，为图书馆活动开展提供大量应用型人才。另外，为了实现创新图书馆服务工作的目的，还需要重视科研理论成果的运用，即通过借助先进设备及高新技术，来促进服务体系在实践过程中逐步完善。总的来讲，高校图书馆要想提高服务质量，则应保证创新意识与服务体系构建的有效融合，并在新型管理理念引导下，促进高校图书馆快速完成转型工作，发展出多元化的服务途径及模式，进而满足读者个性化需求。

2. 注重文献资源的建设

图书馆有关服务工作的开展离不开文献资源的支撑作用，对于图书馆而言，它的馆藏资源数量将直接决定图书馆整体竞争实力，因此，有必要加大对馆藏资源建设的重视。在实际资源建设过程中，除了需要有意识地增加图书馆自身文献资料数量，还应充分利用信息化技术，使得图书馆资源管理以及阅读指导服务等方面体现出较高的信息化程度，这也是文献资源建设主要发展方向，可为图书馆运营效益的提高提供强大推动力。所以国内高校图书馆应主要从增加馆藏文献量以及扩展图书馆规模等角度出发，为图书馆服务效能的提升提供有力支撑。为了实现上述目标，应做到合理整合图书馆内部馆藏文献资源，这类资源是发挥图书馆职能的核心资源，将直接影响高校图书馆文献数量以及资源种类完善程度等，需要通过利用文献资源来组织各项服务活动，促使图书馆能为学生阅读质量的提高提供导读服务。在做好文献资料整合工作的基础上，能提高馆藏资源利用程度。其次，还需要在实践发展过程中逐渐树立图书馆良好形象，在增加馆藏文献数量的同时形成展现图书馆自身特色的信息化管理系统以及服务体系，这同时也是吸引读者参与到图书馆服务创新及阅读指导优化发展过程中的有效途径。在图书馆打造起特色鲜明的阅读服务体系后，能保障文献资源利用率的最大化，并最终建立起多样化的服务模式。

3. 大力发展信息服务功能

大力发展信息服务功能同样是提高图书馆服务质量的必要措施，特别是在网络技术迅速发展情况下，信息化管理已经成为社会各个领域主要采取的管理模式，而信息化管理程度可作为评价图书馆建设效果的关键指标之一。现阶段，大部分高校图书馆创新服务阶段，还受到传统服务理念的影响，具有主观能动性体现不足的缺陷。从某种程度上讲，高校图书馆不能保证服务模式的创新，进而在为读者提供相应阅读服务时将存在一定不足，不能做到对文献资源的充分利用。基于这一问题，我们认为高校在展开图书馆建设活动时，还需要凸显图书馆能动特征，自觉为用户提供优质服务。通过利用数据挖掘技术，能在对数据加以合理分析总结的条件下增大管理力度，进而提升高校图书馆管理有效性。

4. 加强对人才的培养

人才队伍是保障服务创新发展取得良好成效的关键人物，忽视人才队伍建设将导致图书馆服务创新方向出现偏差。高校图书馆在开展人才队伍建设工作时，应充分借鉴国外先进管理经验，并在结合国内图书馆实际状况的基础上，设计出适合图书馆发展的特色化道路，突出对人才培养的重视。同时，除了人才培养外，还要加大人才引进力度，通过建立相应的管理人才引进与培养制度，从而有效规范管理行为，为服务质量提供保障。为了充分利用人才资源，还需要注重图书馆各岗位的科学设立，并为各个岗位配置相应的管理人员，以便促使各项服务工作的有序开展。例如，高校图书馆在人才引进上，将全方位考察他们的综合素质、信息素养以及服务意识等，在对人才进行合理评价后，能为图书馆建设提供大量复合型人才，有利于为图书馆服务质量提高给予人才资源支持。

第三节 构建基于第三空间的服务创新

高校图书馆属于一种非营利的机构，主要以提供平等公正的服务为运营原则，进而发挥图书馆提供服务以及整合资源的基本功能。它是人们生活工作中的主要载体，为了促进图书馆良好建设，第三空间这一理念逐渐应用到图书馆服务创新中，尤其对于大学生来说，他们涉及的场所包括教室和宿舍，上述功能空间可提供学生基本生活需求的相关功能。而图书馆作为一个非教学非居住的功能空间，可作为第三空间为学生发展提供有效平台。在社会经济不断发展以及生活多元化需求的背景下，图书馆生活职能及它的文化功能不断凸显，并在不断运营中，许多高校图书馆逐渐转变为互动的、交流的、能满足多种功能的场所，在高校间整体建设中占有重要地位。

（一）高校图书馆构建第三空间的重要意义

高校图书馆被作为第三空间来建设发展有着重要意义，从图书馆建立发展历程来看，总共包括六个变化阶段，不同阶段对应的图书馆形式及其功能有一定变化，但是总体的变化趋势是在满足用户需求的基础上加以转变的。古代图书馆主要功能在于文化资源储存，相对来讲开放度较低，而现代图书馆则增加了借阅服务这一功能，尤其在知识传播方面有着促进作用，从该角度出发，可以说现代图书馆又具备了教育功能，能确保学生对知识的充分把握。通过将网络技术运用在图书馆文化信息传播中，能利用电子资源实现数据传播的广泛性，高校图书馆关键功能在于教育及知识信息传递等，其次展现出它的文化功能。当图书馆逐渐朝着数字化方向发展后，使得用户可以不受时间与地点限制，能通过网络媒介来获取多样化的文献资源，有利于满足用户阅读需求。网络技术的介入，促使目前大部分咖啡厅或者讨论室等都逐渐成为图书馆内部的主要构成元素，这就促使图书馆除了文化及教育功能外，还具有休闲交流的功能。因此，在实际建设时，需要采用创新的设计理念，充分利用和体现图书馆的休闲交流功能，使得图书馆可以作为第三空间存在。根据这一功能来进行图书馆服务模式创新以及导读工作的优化，能进一步提高图书馆应用价值。

（二）构建图书馆第三空间服务模式

1.第三空间服务内涵

高校图书馆作为第三空间时，可从以下方面来进行这一空间服务内涵的解读。首先，从物理层面来看，除了家庭和工作场所外图书馆则是进行文化活动的重要空间，是在保留传统知识文化服务的基础上进一步开展出休闲活动、自主学习等多项活动的场所资源，将其作为高校教育建设中的重要建设内容，可为学生生活学习提供良好空间环境。其次，从精神这一角度来看，现代图书馆在发展建设中主要融入了大量的高新技术，除了传统的文化服务空间，又增加了虚拟的网络环境空间，能提供相应的信息服务。在虚拟空间和实体空间有效结合的基础上，可促使图书馆成为同时具备多方协作，以及信息共享等多种特点的文化空间，能为学生全面发展提供资源支持。

2. 第三空间服务模式特点

在对作为第三空间的高校图号馆相应的服务特点进行分析时，可发现主要体现在以下方面，以符合图书馆服务自由、平等以及公正性特点。一是高校图书馆主要需要经历从馆藏空间转变为以读者需求为目标的功能空间，同时需要从文献服务逐渐转换成人性的服务，要求高校图书馆能加大对空间环境良好建设的重视，以便为学生提供较好的学习交流空间，增加他们的社交和学习活动机会。通过上述做法，能实现图书馆启迪智慧以及帮助学生树立正确思想的功能。二是现代图书馆具有的时效性服务特点，由于读者需求的多样化发展，同样要求图书馆服务能不受时间和空间的限制，保证各项服务随时开展，以便满足用户超乎实体的阅读需求，在借助媒体技术以及信息技术的作用下，能促使图书馆提供知识服务以及信息服务。大学生读者进入图书馆内部信息系统后，则他们的相关需求便会被图书管理人员所掌握，图书馆管理人员在对信息进行收集后，将采取对应的服务措施，以期为用户提供随时的知识服务以及全方位的服务设施。三是作为第三空间的高校图书馆具有全民信息共享以及调动学生创新意识的服务功能，从图书馆根本功能角度来看，它主要是信息共享空间，在集合了多年的传统文化以及古人智慧的基础上，使得图书馆自身具有较强的学术特征，在图书馆营造的阅读环境下能帮助学生高效地进行知识交流，并且能保证交流双方产生思想上的碰撞，为各类思想的实现以及理论知识的转换提供帮助，进一步加快社会进步。

（三）构建图书馆第三空间的有效措施

在进行图书馆第三文化空间服务模式构建时，要求严格按照科学的设计理念，采取开放的以及先进的技术手段，以信息获取途径多样化为目的，确保能为用户提供优质的阅读服务。

1. 物理空间对应的环境建设

为了实现图书馆作为第三空间的良好构建，需要从物理环境这一角度出发来进行环境建设。传统图书馆大部分是基于它的文献资源共用功能来进行功能区域的划分。传统图书馆主要包括读者自修、书刊阅览以及书籍借阅等功能空间，这样的空间布局主要凸显出充分利用文献资源的设计理念。但是现在图书馆更加需要展现图书馆的第三空间特征，在建筑格局布置上需要遵循自由、平等以及多元的设计原则和价值取向，确保图书馆服务能够满足现代化社会需求。在实际功能设计时，要主要考虑以下几方面：首先，在建筑格局设计上，需要确保设计合理化，在高校图书馆原有的开放度大以及空间布局较宽敞的服务格局设置基础上，还应该增加相对独立的创意空间，在这些空间中，除了提供文化服务外，还需要设置与空间功能对应的独特服务设施。例如，图书馆内的休息区域或者茶吧等空间，可促使图书馆能作为应用价值显著的第三空间，来满足学生开展人际沟通或者学习活动等需求。其次，要保证功能设计体现出多元化的特点，在原有的自主学习以及图书借鉴的空间设计基础上，还可以增设协助学习和自我展现等功能，真正实现图书馆功能朝着多样化倾向发展，突出其在人们生活工作中的重要应用价值，发挥它的社会效益。最后，要保证图书馆功能空间中的基础设施满足个性化设计的要求，主要指的是空间设计要从读者交流及各项活动开展等实际需求出发，为其提供操作性强以及使用便捷的相关设施。例如，大多数高校图书馆为了方便学生自主借阅文献资料，将采取设置自助借还设施的做法，使得学生能通过相关操作来完成图书借阅，另外还可在相应的功能空间设置自助打印以及自行存放包裹等服务设施。此外，为了体现图书馆数字化特征，还需要在图书馆基础设施配置时，重点关注音响、投影仪等电子设备的合理安装，以便丰富图书馆空间功能，满足用户多元化阅读需求。

2. 公正的多元化服务

除了针对物理空间进行相应设计外，还需要开展多元化服务设计。考虑到图书馆可看作是影响社会进步及经济增长的主要建筑，同样是城市的文化交流场所，还是高校教育活动正常开展主要场所，为了将图书馆转变成除了教室和宿舍外的第三空间，需要确保图书馆功能体现出学术功能以及社区交流功能等，使其逐渐成为能完成多样化服务的主体。首先，图书馆应该能起到促进与学生沟通交流的作用，进而建立对应的服务空间，将图书馆看作是第三文化空间，这类图书馆与传统图书馆相对而言有明显的特性差异，最主要的区别便是现代化图书馆能帮助读者根据自身意愿进行图书馆空间设计，进而在此独立空间内实施各类自主活动规划。

例如，高校图书馆可在任意较独立的区域空间，鼓励读者发挥自身的创新思维，使得该空间围绕读者构思创建出富有个性化和艺术感的创意空间，从而吸引学生读者进入该空间开展相关活动，同时还可以鼓励学生积极组织不同类型的文化活动，主要包括艺术演出、音乐鉴赏、手工制作以及展览等。这些不同活动的组织能极大程度丰富图书馆空间功能。而图书馆相关工作人员则需要辅助用户顺利完成上述活动内容，同样是图书馆服务创新的主要体现之一。另外，还可以在图书馆内举办互相促进的教学活动，以及就业信息共享和招生招聘活动等，是创新图书馆服务项目的有效措施。其次，还需要根据学校实际发展状况来进行图书馆空间规划，使得图书馆提出的各类服务项目与学校教育发展方向相一致，例如，在图书馆功能空间开展相关的考试指导、就业指导以及教育培训等活动，通过上述活动的开展，能为学生提供有关社会发展的相关信息，帮助学生明确自身未来发展方向，使得他们在就业过程中能充分利用自身优势，获取相应的岗位。对于图书馆来讲，它的第三空间功能的体现，重点在于特色服务项目的供应，而结合学校实际需求增设不同功能空间，为学校各类创新活动开展提供有利的空间环境，能充分发挥图书馆在高校教育良好发展上积极的促进作用。由此可知，高效发展过程中需要充分认识图书馆建筑的重要意义，真正丰富创新图书馆功能空间，为高校自身建设提供基础条件。最后，高校图书馆还需要逐渐打造出体现艺术性以及人性化特点的文化空间，图书馆要想实现功能服务的创新，有必要加强与社会各方的协作。通过加强与文化馆、艺术馆等社会机构的合作，以便在多方协作下打造一个文化共同体，是提高图书馆社会效益的关键。例如，高校可以定期邀请专业艺术家在图书馆特定区域内开展艺术鉴赏活动，包括表演乐器和书法等，使得学生对图书馆功能有新的认知，吸引他们参与到图书馆服务创新中，并鼓励学生将自身个性化要求通过网络途径使得图书馆工作人员有所了解，进一步根据用户需求进行空间功能设计，从而打造出体现设计个性化以及全民参与的文化空间。

3. 开放式服务

在进行物理空间设计以及虚拟空间设计的基础上，还要求高校图书馆能充分借助现代化技术措施，尽可能为用户提供大众性、开放性而服务空间服务，加大对图书馆知识性服务不断强化的重视。首先，应该有针对性地构建互动性的信息共享区，高校图书馆主要是在利用实体空间功能的前提下，进一步采用信息化技术，实现图书馆内部技术资源以及人力资源的充分结合，打造出一个虚拟的服务空间，能在网络媒介作用下，为读者科研交流提供信息支持。在信息共享空间内，读者能在实体空间中借助计算机设备以及网络资源等，与专业人员进行学术交流，达到知识进一步加深的目的。其次，需要做到各类资源的整合，从而为读者提供全方位服务，资源整合包括功能空间的整合，指的是将实体空间以及虚拟空间能够提供的服务结合起来，在保留原有实体空间服务功能的前提下，发挥虚拟空间知识导读的服务功能，是促进图书馆服务功能多样化发展的有效途径。同时还需要做到图书馆内部机构的整合，实现各岗位职能的有机结合，以免各岗位职能实施过程中出现混乱的现象，在对各岗位职能有明确划分条件下，进一步创建有效的工作流程，为各项服务工作的有序开展提供依据。除了上述资源整合措施外，还需要注重文献信息资源的有效整合。通过将图书馆资源借助网络载体实现广范围传播，能达到资源共享的目的。另外，在创新图书馆服务方面，应充分注重服务功能全面整合，在明确图书馆文化服务、信息服务以及导读服务之外，还要加大与各大期刊文献网站的合作，拓展图书馆内部文件资源，为图书馆发展规模的扩大提供基础条件。

第三节 基于物联网技术进行服务创新

（一）目前高校图书馆开展服务工作存在的不足

1. 管理人员服务观念落后

现阶段，大部分高校图书馆在发展服务方式方面，还会受到传统服务理念的影响，使得图书馆管理人员还不能做到利用计算机设施来展开相关工作，并且由于各岗位工作内容较固定，管理人员无法在实际开展工作过程中运用创新思维，容易造成服务模式过于单一。除了创新意识欠缺外，管理人员的服务理念还比较落后，在对高质量服务的追求上有所不足，不能借助新的服务理念来高效完成图书管理任务。产生上述现象的原因为大部分管理人员对图书馆管理工作的认识还不明确，他们一般将图书管理工作认为是简单地完成日常图书借阅工作，除此之外的图书推荐、图书资源整理等多项工作内容也并没有得到充分重视。由于管理人员在进行图书管理时，责任感较薄弱，并且没有针对自身综合素质提高做出合理规划，导致管理队伍综合能力不能满足数字化图书馆建设要求，不利于文献资源利用率的提高以及图书馆整体业务实施水平的提高。

2. 管理人员综合素养存在不足

目前还有部分高校在图书馆服务及管理工作上给予的重视程度不够，由于上述原因将造成招聘的管理人员在综合素养以及专业技能等方面存在一定不足，使得他们不能适应数字化图书馆的相关工作业务执行方式。对于图书馆新引进的管理人才来讲，虽然满足高校图书馆对管理人员文化程度的要求，但是由于他们没有接触过图书馆管理相关业务，不能利用科学技术来高效开展管理工作。当管理人员缺乏信息技术运用能力后，将使得图书管理工作只能通过简单的纸质资料收集与整理来完成，不仅降低了管理效率，还提高了实际管理工作中的失误率，并且在图书管理上管理人员只能执行简单的图书扫描、摆放整理等操作，不利于服务模式的创新及服务质量的提升。总的来讲，信息化技术在图书馆运营过程中有重要应用价值，要求图书馆注重对员工信息技术运用能力及思想理念的培训和教育，使得他们具备较好的综合素养，进一步打造复合型管理人才队伍。

3. 数字化图书馆带来的影响

数字化图书馆是未来高校图书馆建设主要方向。在网络技术辅助下，为图书馆数字化程度的提高提供了技术支撑，并且图书馆类型得到了多样化发展。数字化文献资源的形式更加多元化，为用户阅读资源的获取提供了多种途径。根据相关研究调查可发现，现阶段图书馆在信息资源收集以及建设上的经费投入较大，可丰富图书馆文献资源，发挥文献资源不断完善对图书馆创新服务发展的推动作用。在图书馆不断发展实践过程中，在数字化资源上的投入将逐渐增多，主要与时代发展总趋势有关。但是需要注意的是，在打造数字化图书馆阶段，还存在着一定的不足，主要体现在数字资源库维护难度较大，网络环境安全度较低等，尤其是网络资源的获取没有严格的限制，在增加数字化资源时容易导致资源内容相似度较高，不便于师生快速查找需要的信息内容，是数字化图书馆建设过程中要注重的问题。另外，在数据安全维护工作上，考虑到大部分数据资源在传送过程中容易遭到破坏，因此，在数据库建立的同时要利用安全防护技术，从而降低数据资源损失，为用户提供有效的文献数据。

（二）基于网络技术进行服务创新的有效措施

1. 创新管理人员观念

为了保证高校图书馆的数字化建设过程顺利开展，要充分发挥图书馆工作人员的作用，高校应及时针对图书馆工作人员进行服务理念调整，引导管理人员加强自身学习，不断提升自身综合素养以及服务能力，以便为读者提供针对性服务，保证服务项目合理开展。同时，要加大对服务模式及策略创新发展的重视，有意识地丰富读者文献资源获取途径，是提高读者满意度的重要途径，例如，大多数学校选择定期开展图书馆工作人员培训活动，采取专业化教育指导，针对图书馆服务实施途径以及管理技巧等进行讲解培训。要求管理人员能将理论知识结合在实践中，并结合图书馆实际管理情况总结经验，并将创新意识应用到服务模式发展中。除了综合管理技能的培训外，高校还会加强对管理职工思想建设上的培训指导，强调职工的责任意识，促使他们具备奉献及敬业精神。在各项服务项目开展前，能做到坚持以用户需求为核心的原则，确保服务工作的合理开展，同时，图书馆建设离不开综合服务水平较高的人才队伍的支持作用。因此，高校要针对管理人员的业务能力进行培训，首先要加强对工作人员新型服务理念的指导，促使员工认识到原有的服务行为已经不能符合现代用户的信息需求。目前读者更加倾向于便捷的阅读服务，能借助客户终端来获取服务信息，并借助数字化资源取得学术成果。其次，在确保管理人员具有较强信息化意识的前提下，还要提高他们的现代化技术应用水平，通过培训活动使得他们能熟练应用各项网络管理手段，使得图书馆能为广大师生的学习交流等提供良好空间环境。

2. 重视图书馆建设的数字化程度

高校图书馆相关服务质量的提升，离不开数字化资源建设的作用，需要通过大力拓展数字资源来为师生各项科研工作的进行与效果的实现提供保障，使得师生在及时获得各类有效信息资源的前提下，高效开展相关活动。要想充分发挥数字资源有效作用，在实际建设过程中，要求高校图书馆结合师生文献资源需求以及阅读特点等，有目的性地创新构建数字资源网站，在其中添加各类馆藏文献资料，确保数字资源的全面性，能促使读者各类阅读需求在数字资源的帮助下得以满足，有利于实现高校图书馆创新服务效果，对高校教育整体体系的完善构建有积极作用。一方面，图书馆要有意识地加大对信息内容的收集，达到信息内容广泛性以及多元化的目的，在信息资源导入数据资源网站时，还需要严格控制信息资源质量，进而保证文献资源科学性以及有效性，在此基础上树立于图书馆自身形象，使得图书馆资源建设能体现高校图书馆自身特征，在原有纸质文献资源与数字化资源结合利用下，提升图书馆运营价值。另外，还可将纸质资源向数字化资源转变，以提高陈源传播效率，用户可通过简单的下载操作来获取和利用文献资源。高校图书馆对应的文献信息资源库要求能做到各类书籍资源储存在独立的数据库中，如图书馆建立的全文数据库以及特色文献数据库等，能为用户资源获取提供便捷途径，并能引导师生掌握最新的馆藏资源，保证资源的有效使用。另一方面，图书馆应做到各类资源信息的科学设计，对不同信息资源进行分类处理，能简化用户文献检索操作，是提高文献资源查阅效率的有效做法，同时是图书馆服务创新的重要举措。并且在检索界面设置上，要坚持界面简洁和重点内容突出的设计原则，以便满足检索操作简便的要求。除了上述做法之外，还要严格控制高校图书馆信息资源网站的经费投入以及管理工作，要求适当采取可靠的安全防护措施，实现加强对网上数据的保护。通过利用相关的数据保护技术，为文献资源的传输创造绿色的网络空间环境，达到数据库内信息资源有效且安全的目的，从而发挥数据库的资源储存作用，为用户阅读资源的获取提供帮助，进一步实现图书馆服务方式的创新。总的来讲，图书馆在促进科研工作以及学习交流等活动正常进行中起到不可忽视的作用，要想最大限度发挥图书馆运营效益，要求图书馆优先做好服务管理工作，在保留原有服务项目的基础上，加大信息化技术的融入。通过创建数字化的图书馆，来获得新型服务模式与策略，为学生读者提供多样化阅读服务，推动高校教育良好发展。

第四节　构建高校图书馆服务创新系统

（一）构建高校图书馆服务创新体系的重要意义

在对高校图书馆创新服务的重要性进行研究探讨时，可发现主要体现在以下方面：一是高校图书馆进行服务创新是适应时代发展趋势的必然选择。在国民经济不断发展的背景下，高校图书馆面对的市场竞争力有所增加，并且高校招生数量不断增多，这些因素将为图书馆服务模式发展带来一定影响。要求图书馆服务能体现出较高的创新力度，从而满足时代发展及高校教育建设要求，采用创新措施的条件广，确保高校学生学习活动开展过程中能获取其需要的阅读服务。同时，国内高校图书馆要做到与时代发展趋势相一致，是保证服务创新获取良好成效的基础条件，要求图书馆能针对不同用户群体，制定相应的创新服务方案及措施等，进一步提高阅读服务有效性。相关研究表明，高校图书馆在阅读服务上创新实力的高低与高校整体发展质量有紧密联系。从某种意义上来讲，图书馆服务模式的创新发展是一项整体性工程，需要在各方共同努力下，来推进图书馆阅读服务的跨越式发展。二是高校图书馆通过服务创新能为自身建设提供保障。研究证明，图书馆阅读服务创新实力在一定程度上反映着高校整体创新能力，是确保图书馆服务发展效果的重要保障。所以对于高校来说，有必要将创新图书馆阅读服务作为常规工作之一，进而在优化内部管理制度，以及合理配置图书馆内部资源的基础上，为服务模式改革创造有利条件，促使服务模式能与图书馆实际发展相吻合。

（二）高校图书馆现代化建设

现代化图书馆建设主要是凭借信息化技术以及相关先进设备等，来打造良好的阅读环境，为知识服务的提供创造基础条件。在信息技术作用下，可帮助图书馆打造各类自动化服务系统，能有效减少人力资源的使用，极大程度提高图书馆服务效率及质量，保证读者能通过合理选择服务系统来获取全方位的信息资源，进而实现图书馆运用价值的充分体现。高校图书馆学习建设过程中，需要实时掌握外界因素，确保图书馆发展方式的选择与外部环境总体发展趋势相一致，以便为图书馆整体建设水平的提高加以保障，同时图书馆建设还是不断修正调整内部结构的过程。为了达到理想的图书馆建设效果，有必要充分借鉴先进的管理知识理论，不仅做到管理理念上的革新，还要充分利用高新技术。在满足上述条件基础上来获取有效的图书馆发展方案，从而为图书馆服务创新及导读活动高效开展营造良好环境。

1. 树立现代化建设理念

高校图书馆管理系统的创新发展还需要接触先进的管理思想，确保图书馆管理层以及相关工作人员具备一定的管理及服务意识，能在意识驱动下加大服务力度。通过将信息技术引进图书馆建设中，使得图书馆内部知识储存途径以及资料载体等发生了一定改变。作为图书馆来讲，主要经历了以馆藏为主，到以读者需求为核心的发展历程，在原有发展模式的基础上，又再次向数字化图书馆发展，是未来高校图书馆主要发展趋势之一。要想充分发挥图书馆在高校教育中的基础设施功能，需要充分认识图书馆设施在师生学习能力发展以及科研成果获取中的重要作用，图书馆管理人员可看作是文化知识的传播者，由于其工作性质，促使管理人员具备其特有的精神价值，管理人员在开展日常服务活动中的，服务行为以及管理理念等对高校图书馆发展程度有重要作用，要求他们能树立以用户需求为主的服务理念，最大限度地提高读者服务需求，是提升图书馆文献资源利用程度的有效措施。并且图书馆建设效果不断提升的关键同样在于图书馆员作用的发挥，现阶段读者阅读服务已经逐渐朝着信息服务类服务形式靠拢。在这一背景下，阅读服务方式也逐渐朝着更高层次发展，主要是将网络资源来传递至用户终端，使得用户能随时应用知识信息。通过建立综合素养较高的管理人才队伍，不仅能为图书馆服务改进奠定人力资源基础，还能为图书馆服务模式的创新提供保障。

2. 设计现代化建设方案

高校图书馆知识服务模式的多元化创新发展离不开科学技术的支持作用，高新技术已经成为现代化管理体系中的核心构成部分。例如，利用计算机为中心的服务体系能有效提高服务质量，减少由于人为操作失误而降低服务质量的现象。同时，数字化管理系统代替传统服务模式能有效降低人力劳动强度，对整个社会进步有促进作用，尤其在信息共享以及知识检索方面有着明显作用。资源储存技术的创新及应用，使得图书馆内部文献资源数量呈现大幅度增长趋势，极大程度丰富了图书馆馆藏资源。考虑到信息资源对图书馆服务体系建设的重要意义，因此，需要加大对信息资源建设的重视程度，并将其作为提升图书馆内部竞争实力的有效路径。例如，目前部分高校主要加大与各大期刊网站合作，打造高校自身的特色数据库，促使数据库中有阅读价值较高的文献资源，同时在纸质资源与网络资源共同作用下，能结合两种资源传播方式的优势，确保用户信息资源获取的及时性和有效性。

3，加强对管理人员的培训

在图书馆管理人员培训方面，开展培训活动过程中应坚持管理人员在图书馆服务活动开展中的主体地位，在进行现代化图书馆建设过程中，需要充分认识到管理人员业务能力、知识掌握程度将直接影响图书馆发展效果，这也是高校图书馆进行服务创新以及阅读指导服务优化发展的主要考虑内容。为了达到较好的人才培训成效，要求高校图书馆注重技能培训的层次性以及培训内容的适用性，确定培训内容与高校图书馆各项服务工作的开展能充分结合，而考虑到用户个性化阅读服务需求，则要求高校图书馆需根据用户实际需求设置特殊岗位职能，以便为现代化服务模式的有效建立奠定基础。目前，图书馆对馆员进行服务技能培训时，不仅应注重专业知识的讲解，还需要培养他们的服务意识，以鼓励管理人员能将创新思维应用在管理实践中，为图书馆管理模式良好发展奠定基础。

（三）高校图书馆管理服务系统建设策略

数字化程度提高是高校图书馆服务系统创新发展的重要途径，高校图书馆在进行信息化建设过程中应坚持科学设计以及明确定位的建设原则，在满足国家发展大需求的基础上，使得图书馆构建规划符合高校教育发展特征。

1. 数字化资源的收集与整合

在网络信息资源采集与整合方面，要求高校图书馆尽快建立资源数据库，为各类服务信息的储存提供有效途径，以便在信息资源良好传递下提升图书馆内在竞争力。一般情况下，电子资源分类处理需要结合学科特点以及科研活动来进行，使得馆藏文献资源实现数字化资源的转变，并在多元化检索途径的作用下，丰富网络资源以及建立完善的知识信息系统，能在开放性网络环境下，确保各网站的协调作用，使得信息传播途径的多样化发展。在互利平等的条件下，在做到大量普遍文献资源有效共享的同时，发展高效特色数据库，并在其中储存价值较高的馆藏资源。同时还需要有针对性地引进优质数字化资源，而为高校师生知识信息获取提供充足的信息资源，在获取充足知识信息资源后，还需要逐步编制馆藏检索目录，不仅能提高服务质量，还可以在一定程度上减少图书馆运营经费的投入。

2. 注重数字化信息服务

从数字化信息服务角度出发，高校图书馆相关网站以为用户提供具备实质性的网上知识信息服务为运营目的，借助网络环境下，能实现图书馆与用户进行交互作用的这一功能。做到根据用户需求来适当的信息服务，可为用户提供大量数字化资源，不仅能保证资源的充足供应，还可凸显数字化资源的个性化特征，做到个性化知识服务与一站式服务的充分结合。其中一站式信息服务指的是借助简单的操作方式，实现知识信息收集储存的同时进行，并做到管理与提供的一体化，能确保图书馆服务的全面开展。要想实现为用户提供一站式服务的目的，就应要求高校图书馆有效设立相关管理机构，加大有关部门之间的关联性，在各部门协作配合下，取得数字资源良好运用效果。而个性化服务主要是随着时代发展以及读者阅读需求变化而逐渐发展得到的，这类服务特点在于突破了时空对阅读服务的限制，能促使管理人员根据用户需求来设置个性化服务的提供方式及内容等。要想确保个性化服务取得理想效果，高校图书馆应借助智能软件来向用户传递最新文献信息，使得读者在对图书馆文献资源有所了解的基础上，吸引他们能自觉为图书馆提供相关的阅读需求信息，使得图书馆能进一步设计个人网页来帮助读者学习活动顺利开展。

3. 全面提高图书馆管理人员综合素质

作为新时代背景下的图书馆服务人员，要求其能认识到图书馆阅读服务体系指导模式等已经产生了显著变化，为了适应现代图书馆建设需求，需要管理人员自觉提升自身管理技能以及综合业务能力。在管理人员综合能力培养上，要求相关工作人员主要从知识运用能力、计算机能力以及学科知识等方面着手，真正实现自身管理技能的提升。多元化服务模式的实现与应用，能为图书馆阅读服务创新提供人力资源支撑，同时需要管理人员自觉参与到图书馆建设中，严格按照相关服务活动开展规范要求，做到自身服务意识的强化，尽可能为用户打造一个良好的阅读环境。

4. 尽快转变服务观念

在健全图书馆服务体系时，要求首先做到图书馆阅读服务观念的及时转变，因为服务观念的缺失极大程度上阻碍了国内高校图书馆服务系统的创新发展，不利于服务体系的完善，进而造成图书馆服务水平较低。由此可知，服务观念的尽快转变对图书馆整体服务系统的良好建设有重要意义，高校图书馆在具体进行服务创新时，需要借助先进服务观念的引导作用，通过加大服务观念转变力度，达到图书馆阅读服务满足时代发展趋势的目的。需要图书馆管理层以及相关工作人员能在借鉴其他地区先进管理经验的前提下，结合自身服务体系构建需求，进一步实现自身服务创新系统的不断完善，并在服务系统辅助作用下，帮助图书馆逐渐寻找出一条持续化以及合理化的发展道路。除此之外，在创新高校图书馆阅读服务系统时，应在完成服务理念转变的条件下，进一步加大人才队伍的建设力度，通过采用现代化服务手段，在实际管理工作开展中充分借助计算机设备运用价值，以便确保服务工作的高效和精准开展，确保人力资源教育培训工作能满足图书馆服务质量提高要求。而在科研方面，需要注重和加大研发力度，在发展新技术以及新设备的基础上，为服务体系完善发展提供有利条件。

5. 重视文献资源

馆藏资源规模将直接反映高校图书馆竞争实力，对其发展潜力有直接影响。因此，在创新服务系统时，有必要加大对文献资源引进及整合的重视，并在实践过程中逐渐形成具有高校特色的文献数据库。信息化管理成果与高校图书馆未来建设效果有紧密联系，国内高校图书馆应注重馆藏资源量的增加，并在此基础上逐步扩展图书馆馆藏规模，为自身服务实力的提高奠定基础。进而在馆藏资源的作用下，实现图书馆服务创新的目的。首先，要求能做到文献资源的有效整合，高校图书馆内部各类知识资源的主要核心便是文献资源，同时这也是图书馆为读者提供阅读服务的主要资源，将直接决定高校图书馆馆藏文献数量，以及类型的齐全程度。只有在确保文献资源充足的条件下，才能为阅读服务的开展提供基础条件。尤其在读者对阅读渴望的需求持续增加的背景下，图书馆内部文献资源建设程度将直接决定用户对图书馆的依赖程度和满意度，即图书馆需要通过增加文献资源来树立图书馆品牌形象。从这一角度来讲，要求高校图书馆明确文献有效整合的重要意义，并且对其进行分类处理，以及在增加检索途径的基础上提高资源利用率。其次，文献资源要逐渐朝着规模扩大化方向发展，逐渐形成图书馆特色品牌形象，要求高校图书馆需要注重文献资源的合理使用，禁止出现资源浪费的现象，尽可能做到在文献资源合理供应的条件下加大文献资源建设力度。除了文献资源利用率提高外，还应加大对优质文献资源的引进，为数字化服务系统的建设创造有利条件。高校图书馆有必要重视图书馆内部管理服务系统的研发运行，做到系统设计中充分体现自身文献资源优势和特色，突出管理服务系统的应用价值，是提升图书资源使用程度的重要途径。

第五节　优化创新高校图书馆知识服务

（一）相关理论基础

1. 知识定义及类型

知识这一词汇的汉语语义指的是文化或者学术，随着时间推移，知识有了更丰富的含义，并且人们开始进行知识的分类处理。对知识的分类而言，从某种角度来讲，是在对其内在含义有所掌握的基础上，对知识进行细化研究，相关理论成果将知识分为以下三类：来自生产过程的知识，来自社会实践过程的知识，以及来自实验研究的知识。另外，也可以将知识分为显性知识以及隐性知识两种，并且从知识产生过程而言，可将其看作是一个流动的过程，在实际掌握知识过程中，需要经过知识产生、转移以及运用等阶段。

2. 知识服务定义及目标

知识服务指的是一种新的运用理念，是随着网络技术发展而逐渐产生的，重点在于对大量网络信息进行有效处理。在对相关信息进行收集及分类整合后，将其提供给相应的网络用户，以便为其提供支持服务。这类服务内容是在新时代背景下形成的一种新型服务观念，通常将其理解为基础传统服务模式的创新与延伸，互联网信息在进行精练处理后能得到价值较高的知识信息。从该角度上看，可以将知识作为信息经验的成果，能为用户提供有效信息资源。现代化图书馆需要为用户提供知识服务，主要与图书馆服务体系建设特点以及未来发展趋势有关，需要将知识服务理念运用到图书馆内部服务体系构建中，从而实现对信息资源的深入挖掘以及利用。知识服务是以读者阅读需求为基础，有针对性地进行继续信息挖掘和管理等，可满足用户独特的阅读需求。这类服务内容相对来讲具有较强的针对性，为了实现高校图书馆知识服务体系良好构建的目的，有必要加大对信息技术合理运用的重视，为知识服务模式建立奠定基础。

3. 一站式服务定义及运用

一站式服务的实质指的是系统的、完整的服务项目，这种服务不仅能为用户提供单方面知识的供应，还能围绕知识主题提供一系列有关的知识服务，采用这种服务模式，有助于为读者在获取知识的整个流程中，向其提供全方位信息资源，简化了用户知识信息获取步骤。一站式服务能根据图书馆实际发展状况，帮助图书馆解决服务需求供应问题，是图书馆服务模式发展的一个主要发展趋势。对于图书馆这类机构而言，采用一站式服务理念，能做到在任意服务站都能解决用户的一切阅读需求，或者在计算机设备作用下为用户提供相关服务。通过发展一站式服务模式，不仅能简化用户文献检索操作，还能确保图书馆馆藏在线资源的充分使用，从而发挥图书馆的运营价值。

（二）高校图书馆知识服务现状分析

1. 现有的信息服务内容

高校图书馆目前为用户提供的信息服务内容主要包括以下几种：一是传统的信息服务。这类服务内容是高校图书馆普遍具有的，主要包括书籍推荐、文献资源传递、情报检索以及文献检索等服务。在这些服务项目中，文献检索以及书籍推荐在整个服务体系中占有较大比重，这主要与图书馆本身的知识职能以及信息传递职能有关，需要通过上述服务活动的组织来达到充分发挥图书馆功能的目的。其中情报检索服务提供比例还较低，这一问题说明国内图书馆目前的知识服务层次还不分明，有必要重视专业知识信息服务质量的提高。二是虚拟信息服务。这类服务主要是在虚拟空间内为用户提供相关服务内容，通常包括电话咨询、电子邮件、合作咨询等。图书馆需要发挥它的教育功能，通常在图书馆内开展新生培训以及网络培训等活动，以便帮助用户提高其知识运用能力。国内图书馆在虚拟信息服务提供上的起步相对较晚，但是在不断发展过程中已经取得了一定成果，主要体现在各大高校图书馆现阶段已经建立了其自身的服务网站，读者可通过咨询台等途径，向图书馆表达自身阅读需求，从而方便管理人员将为读者提供更个性化的知识服务。由于网络环境的开放性，能做到对读者需求的实时掌握，目前较为常见的信息收集渠道为电子邮件等，这种沟通方式能显著提高图书馆咨询服务水平，是应用价值较高的一种服务模式，并且具有较大发展空间。三是个性化服务。相关服务内容包括专题讲座、个人定制、网络培训等，传统的图书馆阅读服务方式主要是由图书馆单方面向读者推送优质图书资源。这种做法容易导致读者在阅读选择技能方面体现出一定不足。随着社会进步以及读者阅读水平的提高，还需要充分尊重读者在服务提供上的主导作用，发挥他们能动性来确保服务质量和有效性。为了提高读者阅读技能，图书馆可对其进行专业培训。通过开展信息检索等培训讲座，能帮助读者掌握一定的自主知识服务技能，并能利用多种知识信息获取途径来利用图书馆馆藏资源。现阶段我国个性服务主要包括委托到书以及预约到书等，还需要在此基础上促使知识服务模式朝着高层次发展。四是学科信息服务。在提供该类学务项目时，需要确保学科文献资源的有效供应，通过为用户提供电子资源链接，从而促进高校图书馆知识服务的良好发展。

2. 知识服务要求的转变

高校图书馆提供的知识服务对图书馆整体服务体系建设有重要作用，部分图书馆在这一服务模式建立上已经加大了重视，并且主要从知识管理方式及方案制定等方面着手，确保知识服务能满足图书馆建设要求。然而目前图书馆应用的知识服务模式还存在不足，主要体现在服务层次较低以及管理人员综合素质有待提高等。由于缺少相应的激励机制，将导致图书馆馆员在实施服务行为过程中欠缺主动性，如果服务人员这一知识供应主体的服务观念薄弱，将严重阻碍服务质量提高，无法保证读者阅读需求及时得到相应的知识服务。为了解决这一问题，还需要图书馆在服务技术以及服务层次等方面加以重视，能通过在服务活动开展过程中应用大量高新技术，来为高校图书馆知识服务质量的提高提供基础条件。

（三）建立知识服务体系的有效措施

1. 校内服务模式

为了形成完善的图书馆知识服务体系，要求图书馆管理者从校内服务模式建立这一角度出发，尽快得到满足图书馆发展需求的创新服务模式。在实际建设时，应首先做到对高校师生阅读知识需求信息的全面收集及整理，以便为知识服务模式构建奠定基础。高校图书馆对应的一站式校内知识服务模式主要包括两大构成要素，当图书馆服务项目开展过程中运用校内服务系统时，则师生需要登录图书馆阅读服务系统，而系统后台将对账号信息进行验证，以便促使系统能根据账户信息来明确用户阅读特点，进一步为其提供特色服务。上述系统运行过程的顺利进行是充分发挥一站式服务模式运用价值的关键，同样是校内服务模式建立时要重点考虑的内容。另外，除了发挥系统平台的信息收集与分析功能外，在服务模式作用下，还需要馆员能对读者阅读需求加以细致分析，做到根据信息内容来确定知识服务要求。为了保障系统功能的正常发挥，要在其中设置知识信息抽取等功能模块，能起到结合用户具体需求来从数据库中提取相关知识资源的作用，是加大知识资源供应准确性及其运用价值的基础条件。同时，还需要设计知识服务反馈模块，在服务反馈信息及时传递给图书馆服务人员的情况下，能确保高校图书馆向读者提供多种形式的知识服务信息。例如，现有的校内服务系统便是通过合理设计及运用多种功能模块的基础上，使得服务系统能满足阅读服务供应需求，在设置知识抽取以及服务信息反馈等多种模块的前提下，能为各项阅读服务行为的开展奠定基础。另外，还需要构建知识库模块，能做到结合用户个性化阅读需求，对这些需求信息进行分类处理，进而将各类信息储存在数据库中，逐渐建立起多个独立的知识信息数据库，能为一站式服务的开展提供信息支持。

在对校内服务模式运行特点进行分析时，可发现在该服务形式能在用户执行登录账户这一简单操作的情况下，便能对大量数据库信息进行处理并提取出与用户需求相对应的知识信息。另外，服务系统运行过程中能做到将用户阅读需求信息储存在相对独立的数据库内，并且逐渐形成用户独有的知识库，方便之后阅读服务的准确和高效供应。最后，校内服务统一系统的建立，可减轻图书馆运营经费投入的压力，能确保一站式服务模式全方位运作。

2. 知识服务模式优化措施

在对图书馆一站式阅读服务模式不断优化的对策进行分析时，笔者主要提出以下发展策略：一是强化区域间合作。国内图书馆在一站式服务形式运用上还有所不足，需要加大各大高校图书馆间的协作，进一步促进各种先进思想及管理理念的交流。尤其在虚拟空间有效创建下，能实现各高校图书馆之间的信息共享，可避免高校在知识服务体系上的重复建立，进而促使国内高校图书馆知识服务体系的全面性，是为读者提供优质阅读服务的有效路径。二是应加大在技术培训上的经费投入。高新技术的使用，可推动文献资源运用途径朝着多元化趋势发展，帮助用户在掌握充足知识信息的条件下开展自主学习。对于一站式服务模式而言，为高校图书馆服务项目开展途径的创新提供了有力支撑，已经成为各高校图书馆重点建设内容之一，在提高知识服务提供效率及质量等方面有实际意义，要求图书馆管理者能恰当选择服务模式建设方式，为高校图书馆数字化程度的提高奠定基础。具体来说，确保阅读服务能随时提供给用户是图书馆服务创新发展的主要目的，而网络环境的构建能有效实现该目的，可突破资源使用过程中的时间与地点的限制，进而提高信息资源传播效率及运用价值。三是加大对一站式服务体系的宣传，使得高校师生能自觉利用这类服务模式提供的知识服务供给途径，从而体现出一站式服务模式的重要应用意义。首先，在建立一站式服务模式过程中，图书馆应有意识增加一站式服务体系包含的用户群，鼓励师生能为一站式服务模式建立提出有效建议，在全体师生共同努力下，保证服务体系建设的全面性，能为用户多元化阅读需求提供对应的信息资源。其次，为了推进图书馆一站式信息服务系统的完善创建，还应重视媒体在图书馆服务高效供应上的有利作用，如借助各推广网站以及平面媒体的宣传作用，促使高校师生能意识到图书馆服务方式的转变，进而为图书馆后续建设提供基础条件。

第六节　完善高校图书馆服务制度体系

（一）信息化时代下图书馆服务内涵及特点

1. 图书馆服务内涵

高校图书馆在时间推移下被赋予了一定的发展潜力和文化传播使命，同时图书馆服务内涵在不断地改变和丰富。现代图书馆服务项目主要以读者需求为重点，发挥图书馆相关管理人员的主体作用。在整合文献资源和技术资源的条件下，为师生提供一站式以及全方位的新型服务方式和机制，从而在完善的机制帮助下，促使服务行为的规范化。另外，高校图书馆提供的学科服务主要是针对读者需求，尽可能与读者阅读行为相符合，以便保证服务的有效性。尤其在网络技术运用下，学科服务更多是将用户引进到虚拟空间中，引导用户利用网络环境中的文献资源，进一步实现图书馆全部资源的充分利用。上述措施的有效实行，有利于创建出一个既符合读者阅读需求，又能为学术研究提供信息服务的活动空间。在信息服务环境内，可为师生提供权威的、个性的服务内容，保证信息资源的合理运用，在提升高校图书馆信息整合能力的基础上，进一步促进高校师生信息能力及学习能力的加强，确保高校教育体系建设在充足的信息数据资源作用下良好开展。学科服务是图书馆全体服务项目中的关键内容之一，是随着高校图书馆改革深入的同时产生的，旨在为各类学科需求提供有效服务，尤其在高校图书馆整体服务质量提升上起到重要作用，是创新图书馆服务需要加大重视的问题。

2. 图书馆服务特点

在对高校图书馆服务特点进行分析时，可主要从以下方面展开讨论：一是服务的主动性特征。现代高校图书馆建设要求图书馆自身在开展服务工作时能发挥主观能动性，通过积极与读者进行良性沟通，在交流过程中收集读者阅读需求的相关信息，为服务活动的开展及方式的选择提供参考依据，是实现现代化服务有目的性及有效性的重要途径。需要注意的是，在服务供应上避免出现被动等待读者寻求帮助的情况，这不利于高效服务体系的健全，而主动式服务模式的建立与运行，可确保管理人员积极收集服务信息，是提高图书馆综合服务水平的保障。二是图书馆服务的动态特点。图书馆服务项目指的是紧密结合读者阅读需要来组织的交互性服务活动，重点在于充分掌握读者不断变化的阅读需求，确保图书馆服务工作能随着用户需求而体现出动态发展的特点，确保服务创新方向的科学选择。动态式服务效果实现的关键在于，对不同层面的动态资源进行合理整合，保证不同类型的文献资源能应用在对应的服务项目上，并且将图书馆服务深入读者信息问题处理的全部过程中。不能完全按照原有的信息资源或者服务系统来刻板地提供服务项目，还需要结合实际情况，切实掌握用户信息变化规律，凸显个性化服务的特点。高校图书馆相关服务活动的开展要符合用户具体需求，图书馆服务主要面对的对象包括在校学生和全体教职工等。服务对象的多样化，决定了服务内容需要体现出层次性以及立体式，在整合不同类型服务对象与服务需求的前提下，为其提供专业性服务。

（二）高校图书馆服务制度体系建设现状

1. 服务制度建设体系调查分析

设立相应的服务制度体系是确保图书馆个性化服务项目实现有效运行的重要保障，同时是创新图书馆服务的有效途径，应按照图书馆服务项目展开的顺序合理建立。在进行服务制度创建时，可主要针对服务发生阶段、服务发生中以及服务效果检测阶段等建立服务制度体系。这些阶段对应的制度分别是服务规范制度、馆员服务制度、服务效果评价制度。通过上述三类制度的建立，能保证服务行为实施的有效性，并能在服务结果及时反馈的情况下，促进图书馆服务水平的提升。在对高校图书馆服务制度建立效果进行调查分析时，需要针对以上各个层面来开展调查活动，在设计调查问卷时，需要综合设计开放性问题以及固定问题。通过调查问题的合理设置，保证评价结果能充分展现高校服务建设程度。

总的来说，图书馆服务制度的建立主要针对高校院系以及图书馆的不同层面来共同创建的，是规范图书馆服务创新模式以及发展方向的统一制度，有利于实现管理人员资源以及信息数据资源的有效结合。制度建设应用意义在于合理规范服务开展方式，对服务行为及方法的制定有指导作用。当然，也要求管理人员在实行服务工作时能按照制度要求，在充分结合用户具体需求的情况下，合理运用服务资源来达到优质服务有效提供的目的，这也是促使各类服务活动高效进行的重要保障。部分高校图书馆在制度建设上，强调了服务经费制度、管理人才引进制度、服务项目调解制度以及管理人员培训制度等多项内容的合理设定，可帮助管理人员掌握服务工作实施方向，并能监督管理人员以提高服务水平为主要目的来执行服务行为，以便为图书馆服务质量评价提供有效指标，在调动管理人员自我发展积极性以及培养他们的创新意识等方面有着实际意义。

2.服务制度建设现状分析

在对图书馆服务制度建设现状加以分析时，笔者主要针对多所高校的图书馆服务体系建设情况，从不同角度着手进行调查，并且在对服务管理制度、服务评价制度以及管理人员服务制度等进行实际调查后，能得到表5-1结果。

表5-1　高校图书馆服务制度建设情况调查

制度类型	高校列举
服务管理制度	清华大学；北京大学；中国人民大学；大连理工大学；武汉大学；南京大学
馆员服务制度	清华大学；北京大学；南开大学；吉林大学；西北工业大学；东南大学；西安交通大学
服务评价制度	北京大学；华中科技大学；武汉大学；东北大学；国防科技大学

根据调查结果，可发现高校图书馆相应服务体系的建设属于较为系统的工程，需要在全面考虑学校院系以及图书馆等不同层次的基础上，获得完善的管理制度。这就需要发挥图书馆领头作用，发挥其在制度建立上的主体作用，同时要求高校及院系能对图书馆相关工作开展加以辅助。尤其在建立发挥关联性作用的制度时，要发挥学校不同层面在制度建设上的支持与保障作用，为服务制度的建立创造适宜环境，是建设高效服务管理制度的内在要求。

（三）目前图书馆服务制度建设存在的不足

1.高校缺少针对性制度

在对图书馆服务制度建设存在的问题进行分析时，发现还存在学校缺少统筹制度，以及各院系在对接制度建立上有所欠缺等问题。在建立服务制度体系时，需要从高校以及各院系等多个层面着手，以便确保制度体系的完善与有效。大多数高校图书馆管理员工表示，由于受到多种因素的影响，图书馆服务价值无法完全展现，在高校教育以及科研发展等方面的助力还没有充分发挥。这种情况下，容易出现图书馆服务定位不准确的现象，导致图书馆服务质量有所下降。长此以往，将导致更高校对图书馆服务以及相关制度建设的重视程度不够，并且认为服务制度需要在图书馆内部实行，这就将造成服务制度在学校方面应用性较差，无法实现图书馆服务的全方位开展和有效调整。如果图书馆和各专业院系无法有效协作来提供阅读服务，将阻碍服务质量的提升。在实际调查中，可发现大部分管理人员都指出图书馆服务实力有限。如果缺少高校层面的支持，将导致阅读服务展开过程中面对较多困难，尤其是服务过程中可能出现与各院系之间管理工作混乱的现象。

2. 图书馆内部服务制度还有所不足

除了高校缺少统筹制度外，高校服务体系建设的不足还体现在图书馆内部服务制度没有建立完善。目前国内图书馆服务制度体系的建设还处于不断发展的状态，不完善的体系将容易导致管理机制存在缺陷。虽然部分高校图书馆加大对管理制度的建设，但是由于对图书馆服务内涵的掌握不足，无法保证服务制度建设与图书馆自身价值的发挥有效结合起来。其中最主要的问题在于，评价制度的欠缺，将对管理人员激励效果及服务质量的提高有不利影响。在开展服务过程中，要求从事阅读服务的人员具有较高的专业性，能针对用户需求进行信息服务，并将管理人员各项服务实施效果作为评价他们综合能力的重要指标。在健全的考核制度下，进一步发挥管理者在服务工作效果加强上的促进作用。

（四）完善图书馆服务制度体系的有效措施

从服务目的定位以及收集用户阅读需求信息等方面来说，只凭借图书馆自身来实施服务操作是不现实的，需要在图书馆内部政策及管理工作有效开展的条件下，密切与各方的联系，尽可能提高图书馆整体运营效益。为了有效协调图书馆及其他院系间关系，为有关服务项目顺利进行加以保障，需要学校统筹制度以及各院系对接制度的共同作用。

1. 高校层面

高校图书馆总体服务水平的提高，离不开服务制度体系的作用，在制度建立时需要从学校以及院系等多个层面展开讨论。首先，需要将图书馆服务引进高校工作的整体设计中，高校应从学校层次角度出发来合理定位图书馆服务性质，并将服务工作作为学校整体规划中的主要内容之一。通过借助学校统筹规划的作用，为图书馆服务良好发展给予有力支撑，促使图书馆服务能在经费投入以及人力资源的有效供应的条件下顺利发展。其次，还需要及时建立院系协调制度，在开展服务工作时，要明确图书馆相关工作人员在提供服务上的主体作用，同时发挥其他院系的辅助作用。高校应针对图书馆服务可能面对的困难，设立专门的服务机构去处理问题，进一步推进图书馆服务体系完善构建。最后，需要建立服务绩效考核制度。图书馆服务的主要目的在于为师生科研活动提供信息服务。对于图书管理人员来讲，除了需要提供阅读服务外，他们自身还会开展科研活动。尤其是兼职管理人员的教授，由于图书馆馆员的身份将占用他们的研究时间和精力，因此高校应该针对学科馆员在科研成果上做出的贡献，为他们提供相应的奖励，达到馆员绩效考核与他们参与的科研成果密切联系的目的。在这种激励制度作用下，能一定程度提高馆员开展工作的积极性。

2. 图书馆层面

从图书馆角度出发，合理的学科服务制度应该包括评价制度服务、工作规范制度以及官员培养制度等。首先，在服务工作规范制度建立上，需要高校图书馆按照有关政策和服务开展具体情况，设立与图书馆服务相对应的管理机构，逐渐建立起与高校图书馆建设实质有效结合的服务项目运行模式，同时服务工作机制的制定还要明确表示图书馆服务整体目标以及开展规划等，以便为管理人员服务项目的开展提供依据。其次，在管理人员绩效考核评价制度上，应充分发挥激励机制在调动官员服务热情方面的促进作用，能进一步提升服务效率和质量，加强馆员和读者间的良性沟通。而奖励制度的制定是基于适当的考核机制上实现的，在对管理服务效果进行综合评价时，通常采取定量分析以及定性分析两种方式，要求评价机制的建立能为图书馆服务体系构建奠定坚实基础，保证针对官员的奖惩措施体现出公平性。另外，在馆员培训制度建立上，需要充分认识馆员在图书馆服务项目开展过程中的重要作用，发挥他们在增强图书馆内部竞争实力的积极作用。有必要建立起一套满足高校特点以及图书馆建设实际的馆员培训制度。例如，高校图书馆在设置馆员培训目标时，将主要从专业的图书管理知识、信息收集与组织能力、推广阅读资源能力、信息技术操作水平等角度出发，合理展开相应的培训活动，进而帮助馆员弥补他们在馆内作业中存在的不足。最后，还需要强调图书馆服务队伍打造制度，图书馆服务是一个较为复杂和系统的过程，主要由馆员收集用户需求信息，之后发出服务指令，通过涉及的部门协作完成服务任务。因此，有必要加强对图书馆服务队伍建立的重视，是确保服务项目深入开展的关键。

第六章　高校智慧图书馆服务方式探究

第一节　大数据时代高校智慧图书馆服务

社会的不断发展进步，加速了大数据时代的到来，在这样的环境中，如何不断提升移动增强现实技术在高校指挥图书馆中的应用水平就成为一项极为重要的工作。本节深入分析了移动增强现实技术在高校智慧图书馆中的应用，并针对这一技术发展过程中存在的问题展开了详细的阐述，希望使高校智慧图书馆的服务方式、服务内容以及服务范围都能够得到优化。

20 世纪 90 年代，美国波音公司的首席科学家提出了移动增强现实技术这一理念，而我国将其理解为扩展实境。移动增强现实技术是虚拟现实技术进一步发展的结果，其实质就是将从计算机中得到的各种基础信息和现实世界对比，然后对移动增强现实技术进行强化和扩张。通过使用移动增强现实技术，可以使人们对现实环境有一个更好的认识。不仅如此，这一技术的发展对于高校智慧图书馆的建立和发展也有着十分积极的作用。作者分析了移动增强现实技术在高校智慧图书馆中的具体作用。

一、移动增强现实技术的概述

移动增强现实技术也叫作混合现实技术，它是将虚拟和现实进行联系的技术。移动增强现实技术是借助各种二进制信息构建的空间，这便使得人们可以同时处于现实和虚拟两个环境中，使用移动增强现实技术使得这两个世界能够实现很好的融合。我们所生活的现实世界是真实和客观存在的，但是虚拟世界的特征却是灵活性比较强的世界，因此所受到的局限也比较小。虚拟世界和现实世界是两个独立的个体，而如何借助移动增强现实技术实现这两个世界的融合，结合双方的优点就是人们研究的主要方向。结合现今计算机行业的发展，可以发现现今的静态图面一般都是借助多媒体来体现的，是由文字到有图解说的变化，同时也是虚拟世界更倾向于现实世界的体现。日常生活中，很多商场的外墙、会场的屏幕、展台等都会有电脑显示屏，且电脑和智能手机的不断发展，也意味着今后新技术的应用范围会不断扩大。

二、移动增强现实技术在高校智慧图书馆中的应用

国外图书馆对于移动增强现实技术的应用较为广泛。在移动终端平台快速发展的基础上，移动增强现实技术得到了商业化应用，使用移动增强现实技术可以实现现实世界和虚拟世界的融合。可是，现今我国移动增强现实技术的发展还处于起步阶段，因此在图书馆中的应用还不够广泛，国外的一些图书馆及机构做得相对较好。芬兰大学的图书馆在 2003 年就使用了定位功能，其应用方式就是将图书馆的方位通过地图的形式展现出来，用户便可以方便快捷地确定图书的位置。这些年来，在移动增强现实技术的前提下，智能图书馆开始发展起来，这种图书馆的发展是将 RFID 移动增强现实技术和移动增强现实技术、Wi-fi 移动增强现实技术结合起来达到定位追踪的目标，并且需要使用视频来确定图书的具体位置。美国的移动增强现实技术、North 移动增强现实技术、Carolina 移动增强现实技术、State 移动增强现实技术。高校的图书馆中存有很多移动增强现实技术的数据库，这样便能够使移动增强现实技术应用程序的移动性更强。

三、移动图书馆技术的具体应用

（1）现实系统总体结构性能更佳。移动增强现实技术的主要工作内容包括场景采集、跟踪注册、虚拟场景移动增强现实技术发生器、虚实合成、显示等系统，而人机交互界面等子系统则构成了典型的 AR 系统。这里我们所说的场景一般都是在获取到周边环境的摄录图像以及视频后对其进行处理所得到的。跟踪注册系统一般是用来观察用户头部及其视线的方向。虚拟图形绘制则是将显示场景中存在的虚拟图像予以图形化，然后再将之前获得的现实场景与虚拟图像进行定位，这便是虚拟合成系统的主要功能。整个移动增强现实技术的工作原理为：1）输入系统在对输入的图像进行处理后，得到一个实景空间；2）对于计算机处理得到的虚拟图像，使用几何一致的开放式形式将其加到之前的实景空间内，实现虚实结合，进而增强现实环境；3）融合后的景象需要使用显示系统向用户展现；4）用户需要借助交互设备完成效果和现实场景。实现精准的虚实结合并科学地进行注册和输出设备显示就成为一项十分重要的工作。

（2）促进移动图书馆实现的技术。

首先，不断深入移动增强现实技术的应用研究。

移动增强现实技术在实际应用的过程中，所使用的技术主要有标志识别技术、顶点提取技术、三维注册技术、相机融合技术四种技术。其中三维注册技术研究是借助标志性物体的二维图像和三维注册实现顶点提取以及标志识别的目标，三维注册则是结合二维图像的坐标重新建立。相机融合需要对几何图形进行融合后获得其黑白二值图，使用黑色边框包围更容易识别多边形的白色填充。使用相机融合技术能够很好地将虚拟物体叠加到图像中的人工标志上，以达到非常好的虚实相加效果。在识别出相机空间的三个顶点坐标后，

进行一定的旋转或者是位移后，便会因标识信息的差异而呈现出不同的形式。若系统有标志物且标志物的类型多样时，则不应将其局限在简单的基础模板上，还需要加入一些文字或者是图片，并且应该包括现实环境中的物体。在发展智慧图书馆时，必须不断深入这方面的研究，只有这样才能够不断提升图书馆的智能程度，使其能够更好地为人们服务。

其次，智慧图书馆的标识识别系统。为了使图书馆内的图片、图书等都能够第一时间被检索出来，必须不断提升标识识别系统的精确性。工作过程中应当把握好以下几点：

一是使用摄像机镜头进行视频图像的搜集工作时，需要对信息开展二值化处理，这样才能够将收集到的信息变成简化了的图像，并有效地缩减数据量，在进行彩色到黑白的转化工作时，必须对识别区域的轮廓进行突出处理。

二是将二值化后的图形实行分割，并在图像连接的位置进行标识，在对标识进行观察后便可以得到需要标识的具体位置。不仅如此，在对二值化连接区域进行提取时，一般需要使用连通区域法。这一工作法的具体原理就是将选中图像相邻两个位置的像素灰度值相同时，则确定其为连通的。在对面积进行确定时，连接好各个像素点坐标后便能够完成面积的计算。

三是在数据获取的环节，会有很强的不稳定性，且所提取出的视频图像一般都是长方形或者是正方形的，所以，为了保证解码步骤的效果，一定要确保所获得的是规则的正方形。

通过本节的分析可以知道，在智慧图书馆中使用移动增强现实技术可以很好地完成导读、定位服务、信息摄像服务等内容，可以很好地实现真实环境和各类资源的信息合成，这对于图书馆的发展有着很大的影响，因此其发展前景是一片大好的。但是，在对移动增强现实技术进行推广研究时，一定要注重提升应用的便捷性并注重服务的个性化，这样才能够促进智慧图书馆的普及，使其能够更好地为师生服务。

第二节　"双一流"背景下高校智慧图书馆服务

近年来，随着社会经济发展，人才战略价值越发突出，其培育工作得到了党中央高度重视，随即提出"双一流"建设决策，为高等教育发展指明了方向。应用型高校作为高等教育的重要组成，理应积极响应政策号召，为推进"双一流"建设做出多方面努力，在此过程中智慧图书馆发挥着不可替代的作用。本节基于对"双一流"战略及智慧图书馆等相关概念的释读，分析了"双一流"背景下应用型高校智慧图书馆服务发展现状，并就其服务创新进行了重点研究。

经济全球化视域下，尽快建成一批世界一流大学和一流学科，是当下高等教育发展的重点方向，对提升我国综合竞争实力有着非凡意义，为实现伟大复兴中国梦铺筑了道路。

"双一流"背景下，图书馆作为高等教育不可或缺的资源支撑，应当紧跟时代发展潮流，通过资源、技术、管理等多个方面的转型升级，打造智慧图书馆，实现服务创新，最大限度地释放自身价值。

一、相关概念释读

"双一流"建设为高校图书馆转型升级创造了新的契机，而智慧图书馆则为之发展指明了方向。思想是行为的先导，对"双一流"战略及智慧图书馆的概念认知，为"双一流"背景下高校智慧图书馆服务创新实践奠定了基础，其有关表述如下。

"双一流"战略。所谓"双一流"即是指一流大学和一流学科，其作为党中央及国务院联合提出的全新教育战略决策，对提升我国高等教育水平有着非凡的价值意义。早在我国提出"211"工程，"985 工程"之后，为了进一步突出学科的导向性，各类高校逐步加强了"特色重点学科项目"建设，并得到了国家的大力支持。事实上亦取得了显著成绩，与国际教育水平之间的差距不断缩小，为"双一流"建设打下了坚实基础。习近平总书记对此作出重要批示，要坚定不移地建设世界一流大学，明确了未来高等教育发展方向，应用型高校亦位列其中。为了进一步规范高等教育发展行为，国务院审批通过了《统筹推进世界一流大学和一流学科建设总体方案》，明确提出了"双一流"建设必须遵循四项基本原则，即坚持以一流为目标、以学科为基础、以绩效为杠杆、以改革为动力，同时着眼于"两个 100 年"战略目标，旨在提升我国高等教育发展水平，继而增强国家核心竞争力。在此过程中，图书馆作为高校教学、科研服务的重点单位，应积极参与"双一流"建设，并提供强大的智力支持。

智慧图书馆。最早由芬兰提出的"智慧图书馆"理念，是伴随着信息技术发展产生的，现已在全世界范围内得到推广，并引发了各类学者的热议，从不同维度作出了论述。智慧图书馆的实质是数字惠民，以信息技术手段为依托，强调科学发展，互联和便利是其最突出的特征。严栋（2010）等认为，智慧图书馆依托各种先进信息技术，构筑了一种智慧模式，转变了用户与图书馆之间的互通方式，最终达到智慧化服务的目的。综合来讲，学术界虽然对智慧图书馆尚未达成概念上的统一，但对其功能定位基本形成了共识，它较之前数字图书馆有着更高的硬件需求和技术要求，是更高级的综合性信息系统，强调"以人为本"为理念先导，实现物理空间与信息内容全面互联，为学生提供形式多样、效率高效、个性新奇的服务。由此看来，智慧图书馆不仅是教育技术的突破，更是服务理念及模式的创新，其作为一项系统化工程，需注重各个层面的智慧化建设，包括建筑、感知、管理、服务以及沟通等，如此才能更好地适应"双一流"发展要求。

二、"双一流"背景下应用型高校智慧图书馆服务发展现状

近年来，随着高等教育普及化、大众化，加之国家系列政策引导与支持，高校经历了一个快速的规模扩张过程，生源数量同步增长，对图书馆服务需求及要求越来越高，推动

了创新发展。客观维度上讲，"双一流"背景下，智慧服务理念不断深入，使高校图书馆中的创新实践得以相继开展，并取得了一定进展和突破，但是由于此项建设仍旧处于试点阶段，个中问题层出不穷。具体而言，一是很多高校图书馆服务效率偏低，没有完全发挥出智慧服务的优势。尽管高校已然建立了较为完备的图书馆管理体系，并且积累了大量有效服务经验，但是由于信息化水平有限，学生借阅服务方面仍旧需要管理人员的操作补充，增加了流程复杂性，导致工作效率普遍偏低。二是智慧图书馆框架结构下，阅读时间和空间成本的大幅压缩，使得服务群体持续扩张，很多高校开始面向社会开放，一定程度上增加了服务内容，对馆藏资源提出了更多要求，又由于服务压力倍增，导致管理人员面临着更加严峻的挑战。三是智慧图书馆的重要特征是感知性，然而高校封闭被动的服务方式，降低了资源利用率，客户服务体验不佳。

三、"双一流"背景下应用型高校智慧图书馆服务创新策略

在宏观"双一流"战略背景下，应用型高校智慧图书馆服务创新尤为必要，为高等教育水平提升铺筑了道路，其作为一项系统化工程，需从多个方面做出努力。作者基于上述分析，结合应用型高校实际情况，有针对性地提出以下几种有效践行策略，以供参考和借鉴。

1. 完善顶层设计

习近平总书记在中国共产党第十九次全国代表大会报告中作出指示，将"智慧社会"作为我国加快建设创新型国家的新发展理念和战略目标，这也意味着我国智慧社会建设迈入了新的阶段。在此过程中，应用型高校作为人才培育主阵地，肩负着不可推卸的责任，需紧跟时代发展潮流，基于我党系列政策战略导向，加速智慧图书馆服务创新，无限拉近与"双一流"目标之间的距离。有经验表明，科学的规划与完善的制度是稳步推进应用型高校智慧图书馆服务创新的保障和关键。具体而言，"双一流"背景下，应用型高校需重新定位智慧图书馆服务目标及任务，谋划全局，制定科学的总体战略规划，指引服务管理创新，最终为实现可持续发展铺筑道路。基于此，一方面，应用型高校应着重强调软硬件环境建设到组织管理结构的统筹协调，依托物联网技术支持，加强共建共享，促进图书馆机构与其他部门之间的沟通合作，并适度下放决策权，简化内部流程，通过建立开放的扁平化模式，激发服务主体创新能力；另一方面，建立科学的绩效考核制度和激励制度，综合审查图书馆工作人员服务思想、行为，树立榜样典范，给予适度的物质奖励和精神奖励，注重人本关怀渗透，激励其更多服务创新行为，进而在良好的文化氛围下，提升智慧图书馆整体服务水平。

2. 重视人才建设

知识经济时代，人才是推动社会创新发展的核心要素，为应用型高校智慧图书馆建设提供了必要的智力支持。尤其是网络信息环境下，人才已然成了应用型高校办馆的重要资

源和首要财富。从某种维度上讲，馆员作为应用型高校智慧图书馆服务工作的主体，扮演着多重角色，既是情报信息和各类知识的载体，又是信息库的建设者和管理者，同时还是高质量信息产品的生产者，发挥了连接信息资源与读者纽带的作用。"双一流"背景下，应用型高校智慧图书馆服务体系建设，必须依赖高素质的人才队伍，对其提出了更多、更高要求。新时期，合格的图书馆工作者不仅要具备丰富的工作经验和高度的责任意识，还需具备一定信息技术知识和科学文化素养。对此，一是应用型高校必须清醒地认识到人才战略地位，充分发挥自身优势，可通过招募志愿者等方式，吸引更多优秀人才参与智慧图书馆服务创新建设，不断丰富人才资源结构，同时为广大学生群体提供更加良好的锻炼环境；二是应用型高校需加强对既有图书馆管理人员的培训教育工作，及时更新他们的思想理念，端正其工作态度，树立高度的责任意识，基于智慧图书馆服务创新目标导向，不断丰富馆员知识涵养，分享有效实践经验，全方位提升其综合能力素质。

3. 导入先进科技

"双一流"背景下，应用型高校智慧图书馆应注重文献资源数字化、传播载体多样化以及服务手段多样化，这些功能性目标实现均需依托先进技术的强力支持。信息化时代，计算机、互联网等技术应用改变了人们的生产生活方式，并为之提供了便捷性服务体验，主导了新一期的教育变革潮流。尤其是随着"双一流"建设推进，应用型高校图书馆服务对象、内容及范围急速扩张，对先进科技的导入，有效提升其智慧化水平，使师生得到良好的服务体验。在具体的践行过程中，一是应用型高校需从硬件设备布置和软件系统优化两方面做出有效举动，合理优化数据资源，定期组织传感器和通信系统的完整性检测，及时了解建筑内温度、湿度、光线、噪声等动态变化情况，实现全程可无人化状态工作；二是为了更好地服务客户，实现一流学科建设目标，应用型高校智慧图书馆还需致力于学科知识共享平台建设，利用信息技术对其元数据层进行描述，依据用户使用规律及习惯，对馆藏资源进行学科化的加工和标识，并提供全文检索服务；三是为确保信息安全，应用型高校智慧图书馆还需设立健全的访问控制机制，定期或不定期更新后台运行网络服务，有效防止用户恶意下载使用等情况，树立学生正确的思想情感和三观认知。

4. 丰富馆藏资源

书籍是知识的海洋，更是推进应用型高校一流学科建设的重要资本。"双一流"建设背景下，应用型高校智慧图书馆体现在两个方面，即文献资源的数字化和虚拟资源智慧化，应基于既有馆藏资源，不断丰富其种类构成，便于师生更加广泛地应用。在具体的践行过程中，一所高校的图书馆资源毕竟有限，并且不会有特别充裕的资金支持，对此，应用型高校可考虑与其他院校联合，购置更多图书，同时共享共建数据库，将馆藏资源这个"蛋糕"做大，让广大师生群体享受到其便捷性、丰富性服务体验。在此基础上，应用型高校还需加强数字化、智慧化的资源建设，可依托 RFID 管理结构，将传统纸质文献资料经过扫描解码转化为数字信息，让更多学生或其他借阅者方便实时查阅，不用再担心文献被借走。同时，应用型高校智慧图书馆还需加强对 PC 或移动终端服务设计，实现远程订阅功能。

如此，在物联网架构下对图书馆收藏资源进行合理采编和规划，有效提升了服务管理水平，降低了相关工作人员压力，同时还进一步扩展了服务对象范围，有利于所处区域的文献保障和服务建设，馆藏资源利用率达到了更高层次。另外，应用型高校智慧图书馆还能够收集用户借阅信息，通过大数据分析和云计算技术对其喜好进行智能分析，有针对性地提供个性化阅读计划方案，提高资源服务的互动性。

5. 优化工作模式

在有限的课堂教学时间内，多数学生并不能有效完成各学科学习要求，还需课外自主学习弥足。同时，对于教师而言，为了紧跟时代潮流，有效支撑"双一流"建设，亦需终身学习不断深化自己的专业知识和职业素养。图书馆的功能价值得以体现，为师生学习提供了良好的氛围环境。因此，面向"双一流"建设，应用型高校智慧图书馆服务创新需进行全面升级，深度挖掘泛在化的知识，精准解析用户行为背后折射出的需求，进而为之提供高品质、高价值的服务。基于此，应用型高校可充分借鉴其他院校成功经验，依托交互式网络教学平台，构建虚拟学习社区，促进学生之间及师生间的自主交流，使之获得更加丰富的知识积累。同时，根据《国务院办公厅关于深化高等学校创新创业教育改革的实施意见》，高校的工作任务核心在于培育全面发展的高素质人才，倡导学生个性发展，某种维度上，这亦是"双一流"建设的终极价值追求。对此，应用型高校需积极响应国家政策号召，依托智慧图书馆，联合教务处、人事处、信息化处等各个相关部门，建立全校教师信息库，面向全体学生开放，为之提供随时随地的创新创业教育引导服务，丰富图书馆创新服务结构。同时还可以留学生服务为突破口，加强与国际一流教育的对接，汲取有效经验，加速自身国际化进程。

总而言之，"双一流"背景下应用型高校智慧图书馆服务创新十分重要和必要，其作为一项系统化实践工程，应注重完善顶层设计、加强人才建设、导入先进科技、丰富馆藏资源、优化工作模式，最终实现整个运行结构的转型升级，提高综合服务水平。

第三节 "互联网＋"背景下高校智慧图书馆服务

随着"互联网＋"的广泛运用和"智慧地球"概念的提出，我国图书馆界服务理念开始转型，逐步进入智慧化服务阶段。智慧图书馆强调"以人为本"，以数字化、网络化、智能化的信息技术为基础，以开放、互联、便利为主要特征，结合深层次的情境感知为读者提供更符合需求的智慧信息资源和人性化服务，从而实现精准服务。智慧图书馆的服务模式，已经是当今高校图书馆界研究、发展的重要对象。

当今各高校图书馆都在逐步加强图书馆信息化、自动化和网络化建设，馆舍配备计算机终端，兴建内部网络，建设图书馆自动化集成系统，引入联机公共目录查询系统（OPAC）等，提升了图书馆信息传递和信息服务能力。互联网的产生与发展，使得许多传统图书馆逐渐向数字图书馆变化，再随着互联网与物联网的飞速发展和融合，使得新一代基于物联网的图书馆——"智慧图书馆"诞生。

智慧图书馆是我们图书馆发展的新形态，是基于新的信息技术的、具有人工智能的一个知识服务系统，让读者随时、随地、随心享受到图书馆资源的便利性，享受阅读的快乐。我们可从三个角度来理解它的含义：从智能计算角度来看，智慧图书馆＝图书馆＋物联网＋云计算＋智能化设备，它通过物联网来实现智慧化的服务和管理；从数字图书馆服务的角度来看，智慧图书馆是指充分利用 ICT 技术，以运行进程阅览图书资料，预约座位等操作的数字图书馆；从感知的角度来看，智慧图书馆是感知智慧化和数字图书馆服务智慧化的综合。

一、智慧图书馆服务理念

1. 立体互联

智慧图书馆能够使用多种通信手段、多种通信网络、利用各种信息技术来实现图书馆、书籍、信息资源和读者之间的广泛互联，并将外界其他信息机构也联通起来，实现全方位的共享交流。

2. 全面感知

智慧图书馆是一个综合性的智能化系统，包含着先进的智能设施、信息技术和服务理念。

3. 建筑智能化

通过对图书馆的建筑和馆内的各种设备嵌入智能装置和程序，实现对图书馆整体的一个综合管理和集中智能化控制。通过系统智能化地进行消防工作和保卫工作，系统能监测图书馆内的空气质量，能自动通风和消毒，确保室内的空气环境和人员的健康，它还能对温度、湿度、照明度加以智慧调节，控制背景噪声，为读者提供一个相当舒适的环境。同时，智能化建筑使得图书馆自身、图书馆内各种机器设备在运行、保养、维护等方面更具优势，从而优化人力和物质资源的配置，达到降低成本、节能减排的目的。

4. 信息资源智能化

将馆藏资源存储在"云"上，不需要像传统图书馆那样由图书馆集成系统厂商提供。读者访问和使用图书馆的资源也不局限于计算机，可以使用其他智能化的移动设备。

5. 服务智慧化

通过物联网和互联网以及云计算，智慧图书馆能够把各项图书馆事务处理联系在一起，建立起一个智慧服务系统。通过感知技术还可以跟踪调查用户的阅读习惯，自动识别和感知用户的位置及其当前所从事的学习、研究和工作内容，使图书馆员能根据读者的个性特征和实际需求及时向读者推荐个性化服务，同时提供三维实景地图导航服务、语音导航服务、机器人导航服务等。

6. 智慧服务

出版社可以在书中植入芯片，这样图书馆的采编部门可以省去图书编辑工作，而流通部门只需要利用 RFID 技术，将扫描器一一扫过图书便可以轻松地完成入库工作。读者可通过图书馆检索系统查找所需图书，根据提供的图书相关信息到书架上进行查找，图书借助内嵌芯片给出响应，这样读者就能找到所需图书位置。读者通过自助借还书系统，只需要将自己的借阅证或者手机放到自助系统感应区上，系统就会自动完成借还操作，既方便了读者，也减少了工作人员的负担。

7. 协同与共享

智慧图书馆不是仅靠一家图书馆独立建成的，还需要与其他图书馆建立资源共享和协同合作。各高校图书馆可以通过互联网和物联网进行信息资源的全面共享，利用信息技术对各校图书馆进行协同管理。共享的信息资源能够随着数据库的更新而更新，某个智慧图书馆的信息资源有变化，其他智慧图书馆检索得到的信息结果也会变化。

二、高校智慧图书馆的服务模式

以人为本的个性化服务模式。图书馆嵌入式服务是一种协同互动的服务模式，借助物理嵌入和虚拟嵌入两种方式，将图书馆服务嵌入到需要信息服务的各个环节，从而提供泛在化的信息服务。

智慧图书馆可以将用户在虚拟环境下的信息行为和在图书馆实体环境下的信息行为相结合，将馆藏文献基本信息与用户档案信息相结合，构建能全面、真实反映用户个性特征和需求特征的用户模型，并通过智能移动设备和感知技术自动识别、感知用户的位置及其当前所从事的学习、研究和工作内容，主动地推送关联信息，提供真正全方位的个性化服务。

多时间与多空间结合的多元化服务模式。多时间、多空间的服务模式是智慧图书馆服务的时间延伸和空间拓展。我们知道传统图书馆的开放时间是有限的，但智慧图书馆凭借数字化、网络化和智能化的基础技术建设，能做到全天候地开发，不间断地为广大读者提供信息服务。智慧图书馆在互联网和物联网的支持下，借助云技术打破空间的约束与限制，利用云地两端搭建的现代远程服务平台，读者利用智能设备就能够在任何地方利用图书馆资源。

高度智能化的创新服务模式。智慧图书馆与以往的图书馆最大的不同就是，把智能技术融入图书馆的建设之中，智慧图书馆是拥有智能建筑与智能化管理系统的创新数字图书馆。所以智慧图书馆提供的服务也是具有高度智能化和创新意义的服务。

智能门禁系统。智能门禁系统主要的功能是图书馆入馆数据统计和图书防盗。馆员和读者都通过智能借阅卡刷卡入馆，系统自动识别将门打开并获取人员相关信息，数据立刻传递到图书馆的信息管理系统中。系统通过连接相关信息进行数据统计，可以得出各类人员的入馆次数和时间。并且系统还会通过整理读者借阅信息向读者的手机、邮箱等推送馆内相关服务。若有读者携带未办理借阅手续的书籍通过门禁系统，则会触发警报器。

智能导航服务。进入图书馆后，智慧图书馆为对图书馆布局不熟悉的读者提供三维实景地图导航服务。导航将图书馆按比例实景呈现，读者可通过触屏点击各个功能区进行查看。甚至可以提供无控制台的导览服务、语音导航服务、机器人导航服务等。

自助选座服务。读者通过自助选座设备，刷卡查看图书馆座位并选座，已选定的位置不能再被选择。学生离馆经过门禁刷卡时，系统会自动释放该座位。系统还提供"暂时离座"功能，为需要临时离开的读者保留座位，超时后再释放座位。运用自动座位选择系统，可以在图书馆高峰期避免读者之间产生矛盾，解决了以往的不文明占座行为，提高了图书馆座位的使用率，方便了读者。

书刊的智能管理。对图书馆所有纸质书刊进行技术改造，在芯片中安装一个发光管和声音芯片，通过仪器感应可以发出声光响应。这样读者可以利用图书检索仪器去书架上查找所需图书，而且图书管理人员只要通过在图书检索器中输入要检查数据信息，然后沿着书架依次扫描，就能根据发出的声光响应来发现错误的排架和查询书籍。这样图书馆错架乱架整理工作的效率会大大提高，降低了以往找书整架所消耗的大量精力和时间。

总之，数字图书馆是典藏观的终结，智慧图书馆是"数据生命"的开始；图书馆应在"业务""用户""技术"中寻求智慧图书馆的发展；智慧图书馆是人工智能的广泛应用，只有用技术服务于人，以人为本，才能很好地发展我们的智慧图书馆。

第四节　高校智慧图书馆服务模式构建路径

新时代高校读者迫切需求能够提供个性化、移动化和智能化的智慧图书馆。本节首先对高校智慧图书馆及其智慧服务的内涵进行了总结，然后从智慧借阅服务、智慧个性化服务和智慧移动信息服务等三个方面构建了高校智慧图书馆的服务模式，最后介绍了吉安职业技术学院图书馆的智慧化服务实践。

当前高校图书馆面临的现实问题是在智慧时代背景下如何实现由传统借阅向智慧服务转，由低效手工到灵活智能转变。面对这些现实问题，高校图书馆的服务模式需要变革，新时代要求高校图书馆为读者提供智慧化服务。

一、高校智慧图书馆及其智慧服务

高校智慧图书馆的含义："智慧图书馆"是基于物联网技术的发展而提出的，结合国内外学者的观点，我们认为高校智慧图书馆是适应信息技术发展和高校师生信息需求变化的重大转型，是在高校图书馆功能拓展和服务升级基础上，拟定的一套集高校图书馆馆舍、文献资源、软硬件系统及智慧馆员于一体的崭新信息服务模式。

高校智慧图书馆的智慧服务：高校图书馆的服务是在不断提升的，传统的服务有文献服务、信息服务和知识服务，而如今智慧服务成了高校智慧图书馆的核心服务。智慧服务是指将读者在虚拟环境和实体环境下的信息行为相结合，将馆藏文献基本信息与读者信息相结合，构建能全面、真实反映读者个性特征和需求特征的读者模型，并自动识别和感知读者的位置及其当前所从事的学习、研究、工作内容，主动地为其推送关联信息并提供真正的、全方位的、立体的、适合的个性化服务。

二、高校智慧图书馆服务模式构建思路

新时代，随着大数据、云计算和人工智能技术的迅猛发展，高校图书馆纷纷提出建设智慧图书馆，本节构建了高校智慧图书馆的三种服务模式。

构建基于 RFID 技术的智慧借阅服务模式：基于 RFID 技术建设的 RFID 智慧图书馆平台可以提供智慧借阅服务。一是手机借书服务，读者通过扫一扫功能扫描馆藏条形码，完成所需图书的借阅；二是图书转借服务，借书人扫描持书人的图书转借二维码，在得到持书人的同意后会将书转借至自己名下，在线上实现图书转借手续；三是图书续借服务，当读者借阅的图书即将到期但是还没有阅读完毕时，可以选择图书续借；四是图书预约服务，当某一种书目下的图书全部处于外借状态，读者可预约该本图书；五是帮我找书服务，当读者在书架上找不到"在馆"图书时，可提交找书申请，图书馆员找到图书后通过智慧图书馆平台告知读者。

构建基于大数据技术的智慧个性化服务模式：基于大数据技术的智慧个性化服务模式是基于高校智慧图书馆平台的，首先感知读者行为数据，然后基于大数据平台分析数据，最后基于分析结果向读者提供智慧化服务。读者访问物理图书馆时，通过馆内射频无线传感器感知读者在馆内的一些行为数据，比如读者在某个阅览室的停留时间、读者的活动区域等，通过对这些数据统计分析，可以知道读者感兴趣的图书和区域，利用数据可以利用如图书馆微信公众平台向读者推送感兴趣的图书或其他文献资源。此外，读者访问虚拟图书馆时，通过智慧平台统一的服务门户感知读者的身份、登录地点、登录时间、浏览的页面、借阅记录等形成大量的读者行为数据，对数据进行大数据挖掘和分析得出读者的阅读兴趣点、阅读习惯等，建立个性化的读者数据共享平台，为读者提供个性化服务。

构建基于自适应网页的智慧移动服务模式：基于自适应网页的智慧移动服务需要智慧图书馆系统服务门户在 PC 端和移动端的数据和应用一致、服务流程和操作也一致。通过建设形式多样的移动端应用平台为读者提供移动信息服务，比如根据读者使用习惯建设微信图书馆、图书馆 App 等。移动端应用应提供以下服务：提供读者查询借阅信息、读者在线续借、预约图书等服务；提供一站式检索服务；提供学科服务，读者可以进行教学与科研等专题资料查看、提问与回复；提供智能推荐服务，根据读者的阅读情况，为读者推荐感兴趣的内容。

三、高校智慧图书馆服务实践

RFID 图书智能借阅服务：高校图书馆应用 RFID 系统在管理上实现自助借还、智慧导航、智能盘点等功能。2016 年 5 月，吉安职业技术学院图书馆建设了 RFID 图书智能管理系统，馆藏纸质图书全部贴上 RFID 芯片，馆内启用了自助借还机，实现了读者自助借还图书和智能查询等服务，自助借极大地提高了读者的借阅效率。我馆还建设了 RFID 图书定位系统，馆内所有的书架粘贴了 RFID 层标和架标，对所有书架上的图书与层标和架标进行关联实现图书定位，读者通过 RFID 图书定位系统可以检索呈现图书在书架的三维图位置，进而快速地找到所要的图书。

移动信息服务：为了方便我校读者不受时空限制地获取图书馆的信息资源，我馆2016 年 10 月正式开通了移动图书馆服务，包含图书、学术期刊、报纸、学术视频等资源，读者可以在线或者下载访问这些资源。此外，移动图书馆还实现了与我馆的 OPAC 系统无缝对接，实现对馆藏纸本资源的检索。读者也可以扫图书馆的电子图书借阅机的图书二维码，把想看的书下载到移动图书馆的书架上阅读。移动图书馆还提供消息推送服务，发送各种新闻、讲座及培训通知、图书到期信息给读者，有利于读者和图书馆的互动交流，体现了智慧图书馆服务的互联互通性。

新时代高校读者更加迫切需要图书馆提供更加快速、便捷和智慧化的服务，所以高校图书馆应该在已有智慧图书馆的理论基础上，积极探索建设符合自身要求和需求的智慧图书馆，不断创新智慧图书馆的服务模式。

第五节　四维度模型的高校智慧图书馆服务

智慧图书馆是高校图书馆未来发展的趋势。对智慧图书馆服务四维度模型进行研究，有利于丰富其服务创新理论；构建高校智慧图书馆服务创新的四维度模型，有利于揭示其服务创新内在规律。研究结果表明，高校智慧图书馆服务创新包含概念创新、界面创新、组织创新和技术创新等四个维度，高校智慧图书馆服务创新应该重视这四个维度的协同创新。

一、研究问题及现状

随着信息技术的飞速发展，以大数据、云计算、物联网技术、人工智能（AI）及区块链等为代表的先进技术对图书馆产生了深远的影响，其影响带给图书馆的绝不仅仅是技术上的革新，还体现在服务维度的扩展。在这样的大背景下，高校图书馆信息资源、用户信息行为、服务环境都在发生广泛而深刻的变革，必将从物理图书馆和数字图书馆走向智慧图书馆，从知识管理转向智慧管理，从知识服务提升到智慧服务。目前，学术界针对智慧图书馆服务的研究基本分为三个方面：第一，对于智慧图书馆服务内涵和价值的阐述，张延贤等认为图书馆智慧服务是图书馆对读者工作的自主选择，可以分为智能性服务、知识性服务和理念性服务，而刘秋让等认为智慧图书馆作为一个开放的体系概念，其自我价值与社会价值相互促进，完美结合；第二，对于智慧图书馆服务模式及策略的探讨，尹克勤等建立了以读者为中心，以物联网、无线传感、云计算为服务手段的服务模式，满足读者一站式检索，知识深度挖掘方面的信息需求；第三，对智慧图书馆个性化服务进行探讨，包括智慧图书馆门户网站建设、全面感知的服务研究、开放获取环境下的服务转型、嵌入式知识对服务影响的探析等。那么，高校图书馆如何发展成为智慧图书馆？以一种什么样的模型更容易实现智慧图书馆？

笔者认为，实现智慧图书馆的关键是创新，服务是高校图书馆立身之本，实质上是对图书馆进行服务创新。学者们对"服务创新"的关注和研究始于 20 世纪 80 年代。加德雷指出，服务创新就是寻求一个解决问题的方案、方法和措施，是一个运作过程，并不是一个事物产品，而是将很多不同能力的人力、技术、组织集中起来寻求针对顾客和组织的解决方案。随着研究的深入，服务创新的研究领域逐渐扩张，比尔德贝克等学者在 1998 年提出服务创新的"四维度模型"，其内容包括新服务概念（维度一）、新的顾客界面（维度二）、新的服务传递系统（维度三）、技术（维度四）。该模型全面地阐述了服务创新的具体维度及维度之间的关系，任何一项服务创新都可以看作模型中四个维度的某种特定组合，全面涵盖服务创新涉及的各种要素。

服务创新四维度模型为服务创新提供完整的概念性框架，任何一项企业服务创新都可以看作模型中四个维度的某种特定组合，实现创新的战略规划。学者们运用该模型根据实际情况选择适合自己的创新模式，基于服务的视角全面揭示旅游、医疗、文化、房地产、学术图书馆等领域的服务创新模式，深化了相关领域服务创新模式探讨，丰富了行业内服务创新的理论体系，为实现相关领域服务创新理论与实践提供了依据及指导。有研究表明，利用服务创新四维度模型有利于构建学术图书馆基本的服务创新理论模型，揭示服务创新内在规律。高校智慧图书馆与学术图书馆有相似之处，具有多维性、系统性、联动性，且智慧图书馆服务有其独特性，应用四维度模型研究智慧图书馆服务创新有利于丰富服务创新理论，揭示服务创新内在规律，更好地实现服务创新的联动性及智慧图书馆的针对性。

二、构建高校智慧图书馆的服务创新四维度模型

高校智慧图书馆服务创新四维度模型以学生、教师等服务对象为中心，以图书馆为主体，以传感器、可穿戴设备、终端等硬件及大数据、云计算等算法为手段，将图书馆的线上资源和线下资源进行整合，从中挖掘服务创新点，最终实现图书馆和服务对象的有效交流互动、服务质量的提高。该模型应当应符合以下要求：首先，深挖各维度的本质特征，

以本质特征决定模型在不同情境适用过程中的细微区别,将四个维度有机结合成一个有效的服务产品。其次,建立起智慧图书馆的新服务概念、新顾客界面、新服务传递系统和支撑技术四者之间的有效关联。选择能发挥最佳效果的服务传递系统(服务渠道),将图书馆和服务对象有效连接,注重技术对其他三个维度的支撑作用,使模型各维度的交互方式可以更好地为服务创新这一最终目标服务。最后,将四个维度构成一个完整的系统,并均衡四个维度各自的内容,避免由于某一维度在模型系统中权重过重,或者部分维度缺失导致最终服务产品偏离目标。

综上,构建服务创新四维度模型的总体架构。在模型中,高校图书馆在支撑技术支持下,开发出"新服务概念",通过新的服务传递系统(服务渠道)及新的用户界面传递给服务对象,这个传递过程伴随着服务价值的流动;服务对象对新服务产品的体验感受和对服务的需求向智慧图书馆传递,用于不断改善服务产品。

三、高校智慧图书馆服务创新及四维度模型的完善

维度一:1.新服务概念。高校图书馆是提供服务产品的主体,是进行服务创新、创造服务价值的主体。这种创新并不是生产实体产品,而是由服务对象所驱动提出解决问题的方案或者概念,保证创新服务产品比竞争者提供的产品具有更强的竞争力,对服务对象有更强的吸引力,保障服务创新结果的有效性。新服务概念包含理念创新和概念创新两个方面。

1. 理念创新

以人为本的个性化服务。智慧图书馆将"以人为本"作为其发展的核心理念,引入智能技术,构建立体化的服务环境、扩大服务范围、优化服务手段和服务方式,提供人性化、精准化的服务,用户在不知不觉中使用并依赖图书馆。个性化服务是坚持以人为本,通过对不同服务对象的行为分析,为其独特的需求提供精准多样的服务。在这种理念下,智慧图书馆实现了从"人找书"到"书找人",减少了"服务噪声"的干扰,避免了图书馆服务资源的浪费。同时,虚拟现实、增强现实、体感技术等新技术也在不断涌现,充实了图书馆的服务内容,为后期开发更加个性化的服务产品提供技术支撑。这种理念有别于传统图书馆,智慧图书馆的服务从"千人一面"向"千人千面"发展,不同的服务对象可以定制符合自己实际要求的服务。

2. 一站式服务

高校智慧图书馆一站式服务是以用户需求为中心,将图书馆的服务和资源集成、整合,在一个实体空间内满足用户多种需求使其享受到多元、快捷、高效的图书馆服务。实现一站式服务要做到以下方面:第一,所有软件实现充分互联,用户在任何一个模块登录后,都可以无缝进入其所拥有的软件模块,不需要重复登录。第二,统一数据中心,所有应用子系统、各模块之间高度集成,网页可以和学校其他系统进行集成,实现互联互通、信息

共享、安全畅通的高校智慧图书馆服务平台。第三，提供一站式大数据解决方案，并综合各业务系统数据，结合大数据算法，对数据进行统计、分析、输出，使之对用户和管理者的工作、学习提供支撑作用，帮助用户快速搭建大数据分析平台，敏捷制作专属分析报告，并为用户提供灵活的交互式分析操作，在业务协作过程中快速释放数据价值，实现高校智慧图书馆的"一站式"服务。

3. 概念创新

高校智慧图书馆的智慧服务首先体现在智慧的行为，智慧的行为是智慧图书馆的基本特征，体现为全面感知和自我管理。全面感知是利用温湿度传感器、光线感应器、红外传感器等设备和 RFID、NFC 等信息技术对图书馆设施设备、图书馆内外用户的不同状态予以感知。例如，采用温湿度传感器和光线感应器可以感知馆内环境的变化，自动调节温度湿度和光照强度；GPS、RFID、NFC 等技术结合使用，可以准确感知用户位置和移动轨迹、馆藏资源使用频率，汇总形成数据库，为图书馆工作人员决策提供数据支持。自我管理指的是在图书馆实现全面感知的基础上，通过图书馆管理系统分析，实现对图书馆设施设备、资源、人员的有效自动管理，避免了不必要的人为控制与干涉。例如，结合当天室外气温、自然光照强度等数据，将馆内温湿度、光照强度自动调节到人体最为舒适的状态。此外，对馆藏资源使用频率、用户行为数据分析后，可以实现图书等实体资源自动盘点、自动定位、合理排布，电子资源的自动筛选优化、相关度分析、资源推荐等，减少了人工成本，降低了差错率。

利用信息和通信技术（ICT），在时间和空间维度上向外扩展，构造无线泛在的使用环境。第一，将图书馆内部各类设施设备、馆藏资源、馆员这些形式相异、内容不同的系统通过物联网关联，与服务进行整合，使资源从分散、异构向集约、统一转化，为与图书馆外部系统的连接提供统一接口。第二，服务对象通过图书馆提供的接口能够在任何时间、任何地点以任意方式获取到所需的资源、信息和服务，使图书馆的服务效率和资源使用率最大化，真正做到用户在哪里，图书馆就在哪里。

馆员的智慧对图书馆实现智慧服务有着举足轻重的作用，馆员及其智慧是智慧图书馆开展智慧服务及其智慧管理的核心。高校图书馆在不同发展阶段的业务内容和工作重点是不同的。智慧时代业务架构、业务内容、业务流程等都需要重新建设，业务体系必须重新调整和分配，对馆员的业务能力和素质的要求也相应提高。图书馆员不仅要有规范化的服务技能，还要有智慧服务的能力。所以，在人力资源建设上不仅要有高水平的技术人才，还要有专业的学科馆员，以及全面服务能力的复合型人才。

维度二：

1. 新用户界面

原模型新顾客界面指服务提供者与顾客之间交互界面创新。肖斯塔克提出服务交互概念，包括服务人员与顾客的交互、顾客与设备和其他有形物的交互，还包括顾客之间的交互。高校智慧图书馆的服务交互是馆员与用户的接触面，用户与图书馆物品（包括实体与电子的资源、设施设备等）的接触面，用户与用户之间的接触面。服务对象指的是享受智慧图书馆服务的主体。对于高校智慧图书馆来说，服务对象除了本校的学生、教师以及图书馆员工，根据服务深度和广度的差异，还有合作企业的科研人员、校友以及馆际交流的外馆用户等。图书馆应以需求为导向，着重搜集现有服务对象和潜在服务对象的需求信息，做好用户界面设计，将服务推荐给用户，并做好与用户的交流与合作方式的设计。

2. 学生需求的界面设计

学生对智慧图书馆的需求包括两方面：一是学习引起的需求，要求创新服务可以更好地满足学生智慧学习、移动学习的需求。图书馆管理系统根据学生用户个人信息和阅读行为数据挖掘结果，及时更新馆藏资源、门户网站、移动客户端内容信息，提供学习资料的阅读链接或馆藏地址，做到内容更新与教学进度相适应。学生可在图书馆管理系统中完成作业、互动学习，设计游戏学习、增强现实环境体验等新型学习模式，如上海交通大学图书馆的智慧泛在课堂、天津工业大学图书馆的自主学习智慧学习中心等；二是社交实践引起的需求，要求图书馆提供包含场地、硬件和技术的空间。这个空间应当有舒适的环境、专业工具和馆员，能够激发学生的激情和创新力，满足有相同目标和爱好的用户群的特定需求。如智慧共享空间集合了图像、视频、音频编辑器和演示软件，可以满足学生中摄影摄像爱好者的需求；创客空间配备了 3D 打印机等设备，可以满足学生动手实践的需求。这些图书馆服务为高校学生自主学习、协助学习、自由交流以及创新创业提供了专业的信息知识和平台。

3. 教师需求的界面设计

高校教师的需求包括两方面，一是教学引起的需求，要求图书馆打通教务、教学、课程之间的"经脉"，简化教学与管理工作。图书馆管理系统可与教务系统、课程系统融合，获取教学大纲、课程进度、教学重难点、学生接受程度、考试成绩等信息，提供教学方法建议、学生学习薄弱环节等教学辅助信息。教师能够在图书馆系统中一站式完成教参信息设置、作业与参考书布置、课程安排等工作，如移动信息服务门户，通过在线课程、在线交流、公开课等实现移动教学。二是科研引起的需求。利用大数据技术在网络上抓取热点问题、整理相关资料，如智慧办公区间，采用智能优化算法消除噪声干扰，提高数据有效性，减少查找最新文献及数据耗费的精力。为科研团队创建电子档案，记录成员基本资料、研究方向、项目进度等提供相关的文献资料、学术会议交流活动以及科技查新报告等材料。

4. 馆员需求的界面设计

学者对馆员的研究多集中于核心能力的建设上，馆员是智慧图书馆不可忽视的服务对象之一，是内部服务的重要参与者。馆员需求分为两方面：一是工作引起的需求。图书馆员需要智慧图书馆能够为馆员日常工作服务。例如，基于超高频 RFID 技术和物联网技术的智能仓储管理可以感知图书位置，实现图书的追踪，也为馆内智慧导航、图书整理排架、智能书架、安全门禁等功能的实现提供可能，提高工作效率。二是个人发展引起的需求。基于软硬件技术、组织管理等手段的自助应用服务，将高层次人才从简单劳动岗位中解放出来，转移到学科服务等更高层次知识密集型劳动中，为图书馆员的个人发展提供相应的平台。

5. 其他需求的界面设计

随着智慧图书馆服务深度和广度的提高，合作企业也会成为智慧图书馆的服务对象。例如，智能知识服务体系，智慧图书馆在进行 RFID、NFC 等设施设备的更新和升级时，需要向厂家提供以往的馆藏资源数据、读者行为部分数据、图书馆建筑数据等资料，以便厂家提供有针对性的、适应智慧图书馆发展需求的解决方案。此外，还有智能咨询服务，合作企业也可接入智慧图书馆数据库，查询馆藏资源，充实企业智库，以解决企业遇到的专业难题，加深企业与智慧图书馆之间的交流互动。

维度三：新服务传递系统。服务传递系统就是生产和传递服务产品的组织。核心是强调现有的组织机构以及现有员工的能力必须适应新服务的需要，通过组织结构重组和人力资源开发促使创新顺利进行。该维度主要是采用合理有效组织结构把新的服务产品推销给用户。高校图书馆每年花费大量的资金购买资源，策划服务，但是服务对象往往不知情、不会用，主要原因是图书馆和服务对象之间缺乏有效沟通和交流。服务传递系统是指将服务产品从图书馆传递给服务对象的途径与方法，是实现两者交流的主要载体，其能否正常运行成为模型成败的关键。

在高校智慧图书馆服务创新四维度模型中，新服务传递系统由服务推广渠道和服务享受渠道两部分构成。第一，服务推广渠道着重解决服务对象"不知情"的问题，除了采用图书馆员宣传、海报宣传、网页公告等传统形式推广新服务，还可将服务游戏化、比赛化，引导服务对象自觉关注研究新服务。第二，服务享受渠道着重解决服务对象"不会用"的问题，分为正向渠道和逆向渠道两种。正向渠道即主动将服务推送给服务对象，充分利用人力资源、计算机技术，O2O（线上线下）服务逐渐成为图书馆服务传递的主要渠道。例如，挖掘在服务系统中储存的服务对象的阅读习惯、好友群、反馈评价等信息，综合运用人工神经网络、推荐算法、情景建模等技术，预测服务对象未来的阅读行为，通过泛在网络向终端推送所需的资料或服务，根据反馈实时调整服务策略和推送内容；逆向渠道指的是服务对象主动向智慧图书馆申请服务，如在门户网站上嵌入公开课模块，为学生提供在线课程服务等。

维度四：技术。技术贯穿于新服务开发的全过程，为高校智慧图书馆、新顾客界面、新服务传递系统（服务渠道）提供支持，可分为三层。第一层是信息与通信技术、大数据技术、云计算技术、深度学习、机器学习等构成服务系统的底层技术，如一卡通的办理、自助借还、电子阅览、读者导读、网上预约、上网，等等。第二层是网站设计、软件开发等面向服务对象的应用层技术，如无线 RFID、图书电磁防盗、自助借还书机等。第三层是数字门户信息管理（包括电子图书、电子期刊、专题库）服务层技术，包括人工神经网络、行为科学、客户关系管理等直接作用于服务对象的技术，如远程访问、参考咨询、资源检索与利用、资源发布、数字管理，等等。在应用支撑技术时，应充分挖掘技术潜力，从而规避自身局限。虚拟现实和增强现实技术作为一项新兴技术，仅用来引导新用户识别图书馆布局显然用途过于单一，应在不同场景中尝试运用这种技术，充分发挥功能优势。此外，在面对百度学术、文库等这些"竞争对手"时，虚拟现实和增强现实技术也是图书馆独有的重要优势，能够吸引到对这方面感兴趣的服务对象。

本节基于服务创新四维度模型，构建高校智慧图书馆服务创新四维度模型：涵盖理念创新和概念创新的新服务概念，满足各对象需求的多功能、多层次的新顾客界面，重视智慧技术推广与服务对象主动申请智慧服务的新服务传递系统，图书馆服务系统涉及的信息、通信、物联网及面向界面设计与开发的新技术等技术四个维度。此研究构建了高校智慧图书馆服务创新理论模型，有利于服务创新理论与高校智慧图书馆理论之间的有机融合，促进智慧图书馆的研究与发展。由于模型有待时间的验证，读者对创新改善后的服务满意度和忠诚度还缺乏足够的数据支持。因此，对模型应用效果的跟进以及根据用户反馈做出相应的修改将会是下一步研究的重点。

第六节　以师生为中心的高校智慧图书馆服务

本节从如何建立以师生为中心的高校智慧图书馆展开分析，并以此为依据，提出创新个性化服务、提供专业化服务、提供人性化服务的有效措施，旨在基于信息化背景下，高校在进行智慧图书馆建设的过程中，将师生作为基本导向，有效提升服务质量。

目前，我国的信息技术飞速发展，高校图书馆的服务内容也从原有的提供信息与文献转变为提供智慧服务，逐渐成为图书馆的发展趋势。基于此背景下，相关的管理人员要对如何合理地利用大数据技术与新兴媒体展开探究，要注意将师生作为中心，逐渐提供个性化的服务。与传统的图书馆服务不同，智慧图书馆服务将海量的信息资源作为基础内容，并将现代化的设备与技术作为载体，形成图书馆管理员、师生及资源统一的管理体系。利用先进的信息技术，对师生的需求进行掌控，并提供更加优质的服务。

一、将师生作为中心，创新个性化服务

第一，高校在建立智慧图书馆的过程中，要将物联网作为基础内容，并利用云计算技术，结合智慧化的服务设备，逐步增强图书馆服务系统的准确性。在实际的建立过程中，要将师生的智慧提升作为中心内容，还要根据师生的心理认知水平、实际需求，创新个性化的服务模式，在一定程度上加强师生之间、管理员、资源之间的联系。下面以传统的资源检索为例，建立智慧图书馆并不仅仅局限于为师生提供文献与信息，而是能够对检索信息进行解读与分析，帮助师生形成重要的参考报告，并从终端进行导出。第二，建立高校智慧图书馆，能够将服务融入科研工作与学习工作中，还能够通过师生的原始搜索数据，

对师生的资源需求与兴趣点有判断，帮助师生建立个性化的电子档案，并根据检索信息收集整理与分析，储存相关的信息内容，在一定程度上保证信息推送的及时性与准确性，为师生提供更加全面的服务。第三，建立智慧图书馆能够减少管理人员的工作压力，通过为师生开放自助借还服务，使师生在学习的过程中不会受到时间与空间的限制，还能够有效激发学生的学习积极性。第四，智慧图书馆的管理人员在为师生提供服务的过程中，应当突破场地的局限，逐步开拓出多样化的管理平台，转变传统的管理与推送，师生被动接受的模式，而是要求师生提出自身需求，并参与到资源建设的过程中，进而创建出高校智慧图书馆。

二、以师生为中心，提供专业化服务

高校在实际的发展过程中，应当遵循教育部发布的规定，高校图书馆的专业馆员不能低于 50%，开展智慧化服务的基础就是建立高素质的管理队伍。基于新时代背景下，智慧图书馆不论是在问题咨询还是个性化服务方面，都需要大量的智慧型馆员，只有智慧图书馆的管理人员具有较强的信息技术，才能够满足基本的服务需求。基于此，相关的管理人员就要从丰富自身的知识储备入手，不断更新自身的知识结构，有效提升服务水平，紧跟时代的发展脚步。高校在对馆员进行使用与安排的过程中，要适当地分类，根据其是否具备较强的专业知识进行岗位分配。针对智慧素养较高的管理人员，要将其安排在智慧服务系统部门中，并在实际的管理过程中，定期开展技能培训工作；对于智慧素养较低的管理人员，要安排其参加专业性较强的培训工作，不断提升其智慧服务意识。在进行高校图书馆的建设过程中，要进行适当的交流与沟通，不断为师生提供高质量的服务，还要对师生的阅读进行隐私保护，在图书馆内定期开展信息安全素养课程，逐步树立良好的信息安全防范意识。

三、以师生为中心，提供人性化服务

尽管高校在建智慧图书馆的建设过程中将技术作为基础内容，但是相关的管理人员务必要意识到人才是最具体的服务对象。因此，在开展人性化服务的过程中，要注重环境的布置，从藏书设置入手，根据师生的喜爱程度、新书与旧书、重点学科参考书等特点进行摆放。针对新书可以设立专门的展示区，方便师生进行翻阅。在每一层都应当设置桌椅，使师生能够就近阅读，能够对学习知识进行讨论。另外，高校图书馆可以增加音乐文化室、休闲环境及绿色环境等，使师生能够在阅读的过程中得到良好的休息。高校智慧图书馆不仅要为师生提供资源与技术的支持，还要注重将精神品质与智慧结合。基于大数据背景下，进一步体现出协同、创新、和谐的服务理念。在提高图书馆管理效率的基础上，促进师生的知识水平得到显著的提升，为社会发展输送更多的人才。

综上所述，随着智慧图书馆的出现，对于图书馆管理人员的服务意识与水平都提出了更高的要求。随着信息技术的不断进步与发展，师生对于知识生产、知识创新与知识转化的要求逐渐提升。高校图书馆的管理人员要结合时代的发展脚步，不断创新智慧服务新理念，逐渐形成个性化的管理模式，为学生提供更加优质的服务，促进师生的健康长远发展。

第七节　教育现代化背景下高校图书馆智慧服务

教育现代化离不开教育科研的大力支持，高校图书馆作为知识供给和科研工作的重要组成部分，为适应教育现代化要求，要以智慧服务建设为契机，推动高校图书馆的服务转型与全面创新。旨在研究教育现代化背景下的高校图书馆智慧服务的内涵及意义，结合高校图书馆智慧服务存在的问题，探究高校图书馆智慧服务的路径。

2019 年 2 月，中共中央、国务院印发了《中国教育现代化 2035》，提出要加快教育信息化、智慧化建设，通过创新教育服务业态，推进教育治理方式变革，构建数字教育资源共建共享机制，为教育管理提供科学决策和精准建议。高校图书馆作为知识供给、师生教学科研工作的重要载体，在人工智能、大数据技术广泛应用以及教育现代化推进背景下，图书馆服务要从被动的图书信息查询向满足师生深层次的知识需求转型。为适应这一全新要求，高校图书馆要以智慧服务为目标，加快智能化建设，将知识推荐、知识挖掘和智慧检索等多元服务内容作为提升图书馆服务质量的突破点，通过构建功能完备、服务精准、运行有效的服务体系，为教育现代化背景下高校人才培养、科学研究提供支撑，推动高校图书馆转型发展与服务创新。

一、高校图书馆智慧服务内涵及意义

在教育现代化背景的引领、推动下，高校要从"规模扩张"转向"内涵发展"。图书馆作为教学科研服务的主要力量，要注重发挥智慧技术优势，以数字化、智能化为基础，提升自身服务能力，实现图书资源的共建共享。

高校图书馆智慧服务的内涵。随着高校图书馆智能技术应用的不断成熟，尤其是数字化、智能化建设不断加速，高校图书馆管理效率更高，智慧服务从技术概念成为现实可能。图书馆将智能技术应用于图书馆管理与服务中，通过提升图书馆的知识服务能力，为读者营造智能化的阅读环境，满足读者多样化的阅读需要。在信息化环境下，以图书馆丰富的资源为基础，充分发挥云计算、物联网等智能技术、智能设备的优势，培养和提高图书馆工作人员的专业素养和智慧思维，为读者提供智慧化、创新性服务。

高校图书馆智慧服务的意义。首先，高校图书馆智慧服务实现了实体服务与虚拟服务的全面融合。通过将 VR 技术和 AR 技术、可穿戴技术等多种智能技术综合应用到图书馆管理之中，构建高校图书馆仿真系统，为读者提供视觉、听觉等多种阅读体验。在读者需求方面,通过利用线下物流配送、主题活动,实现读者线上阅读需求与线下互动需要的智慧融合。其次,高校图书馆智慧服务突破了地域、时间的限制,打造了智能泛在的智慧阅读服务,实现图书资源与阅读服务的全面融合。借助 Beacon、RFID 等技术,高校图书馆迎合了读者新的阅读习惯和信息获取方式。最后,高校图书馆利用人工智能技术的数据分析、挖掘优势,精准分析读者的阅读偏好和潜在需求,为读者提供个性化、智慧化的阅读推荐和咨询参考。在物联网技术、RFID 技术助力下,图书馆资源全面融合,从单一的图书供给服务向多功能、多类型服务转型。

二、教育现代化背景下高校图书馆智慧服务存在的问题

在教育现代化背景下,高校图书馆智慧服务还存在一些不足,具体表现在:

馆员队伍的现代化素质尚待提高。在教育现代化背景下,高校图书馆要从传统的资源型服务平台转化为智慧型服务平台。但一部分图书馆对智慧服务定位缺乏精准认知,缺乏从资源整合、服务创新的视角综合认知高校图书馆的职能定位。一些图书馆馆员的职业素养、学习意识、对智慧服务价值的认识不足,尚未掌握扎实的大数据、人工智能技术,难以精准有效地识别读者的多元化阅读需要,将读者需求与智慧服务供给有效融合,缺少支撑引领创新发展的能力,没有达到教育现代化发展的要求。高校图书馆智慧服务建设多处于“表层”状态,缺乏真正意义上的“智慧”理念和服务思维。难以利用智慧技术实现图书馆管理的根本提升。

现代化的服务体系有待完善。在人工智能技术与图书馆建设深度融合的背景下,高校图书馆的经营范围与业务内容更加广泛,但由于部分图书馆信息化体系建设过于复杂,制约了图书馆知识服务与读者资源检索的效率与质量。由于尚未形成统一、完善的技术与服务标准,高校图书馆智慧服务建设无法实现学校之间、行业之间的有效协同与知识共享。在个性化服务方面,高校图书馆局限于个人信息、图书借阅历史和检索等浅层次层面,对读者的个性化阅读偏好缺乏应有关注,多数高校图书馆智慧服务仅停留在静态、大众化层面,无法有效满足读者动态、个性化的阅读需要,影响了高校良性互动的网络化、数字化、个性化、终身化的教育体系的形成。

图书馆现代化设施尚待提升。在教育现代化背景下,师生阅读需求更加多元、立体,高校图书馆开展智慧服务,要为读者提供资源共享、共建的阅读环境,切实提升和培养师生的创新能力、协作意识和实践思维。当前高校图书馆受资金、技术因素制约,智慧化设备及平台普及度不足,影响了智慧服务的内容与活动范围。高校图书馆智慧服务建设缺乏对资源要素的充分整合,尚未构建智能化、深层次的智慧服务体系。在阅读咨询服务方面,仅有少数高校将智能机器人应用到读者咨询服务活动,多数高校图书馆面临咨询服务资源缺失、咨询时效性差等现实问题。

三、教育现代化背景下高校图书馆智慧服务的路径

在教育现代化背景下，高校图书馆要突破发展常规、转变服务理念，充分发挥信息化、智能化和数字化等技术优势，提高服务效能，在支撑教学科研、提升学生能力等方面发挥积极作用。

创新服务理念，对高校图书馆职能再定位。教育现代化首先是教育观念的现代化，高校图书馆要与时俱进，对智慧服务职能重新定位。通过创新管理机制，更新技术设备，提高高校图书馆服务供给质量。第一，要以读者阅读需要为基础，注重引进先进技术和设备。对馆藏资源、读者和馆员进行智慧化管理，创新智慧服务理念，优化图书馆智慧服务体系。

具体来看，高校图书馆要从理念创新、读者需求、智能服务和技术应用等方面出发，重塑高校图书馆智慧服务模式，创新图书馆服务形态。其次，在教育现代化背景下，图书馆要从传统的图书馆藏机构向信息服务平台转型，以创新知识供给和服务方式为基础，增强图书馆智慧服务能力。最后，要结合时代形势，及时更新服务形态，弥补自身不足。通过建设数字图书馆和个人图书馆，满足读者智慧阅读的个性化、数字化需求。同时，要利用社交媒体的传播、分享和沟通优势，为读者提供经验交流、新书推荐和读者预约等多样化功能，转变图书馆的服务心态，为教育现代化发展创造条件。

读者至上，对高校图书馆服务内容再优化。在教育现代化环境下，终身学习、终身教育、面向未来持续创新已成为师生的普遍诉求，为真正有效发挥图书馆智慧服务的作用，需要优化服务内容，从传统的被动服务向新的主动服务转变，有效诠释读者至上思维。首先，图书馆工作人员要充分掌握大数据、人工智能等先进技术，为读者提供高质量、精品质的服务。积极采用数字技术、智能技术开发全新阅读服务项目，满足教育现代化的实际需要。其次，要注重发挥技术优势，对图书馆馆藏资源进行搜集、分析和整理，形成新的智慧型产品和增值服务，深化服务标准，拓展新的服务领域。最后，要运用数据挖掘技术对读者的阅读习惯进行汇总、收集，构建阅读服务模型，分析读者个性化、多元化阅读需要，有效匹配图书馆资源，培养既全面发展又有个性特长的，具有国际竞争能力的应用型、复合型、创造型人才，提升智慧服务的质量。

集中资源要素，对高校图书馆服务方式再完善。现代化首先是人的现代化，人的现代化必须靠教育的现代化来实现。高校图书馆要为师生构建资源高度整合、力量协同发展的智慧服务体系。首先，要对师生通过参与智慧服务所形成的学习、科研成果进行再加工，并融入现有知识体系，从而形成不断积累、互动型知识服务模式。其次，图书馆要注重强化与其他高校、数字阅读企业和出版机构之间的协作力度，形成资源共建、知识共享的服务体系。高校图书馆要充分利用智慧云服务平台优势，为师生提供平等获取知识信息服务，使高校图书馆资源实现互联共建、互通共享，提升智慧服务水平。最后，成立高校图书馆联盟，通过形成统一数据标准，实现图书馆资源共享，提升协同服务能力。高校图书馆要

构建通用性服务模式和普适性服务规范，充分发挥高校图书馆在人才教育、学科建设等各方面的积极作用。

突出技术优势，对高校图书馆服务力量再充实。教育现代化是社会现代化的组成部分，图书馆要不断完善硬件和软件智慧技术，提升现代化水平，建设学术情报中心和阅读基地，为读者提供高质量、便捷性的服务体验。第一，要以优化读者阅读服务体验为基础，构建智慧服务新形态。通过二维码技术、蓝牙扫描技术，为读者提供智慧化的搜索服务。利用媒体融合技术，为读者提供文字、音频和视频等多种阅读形式，加深读者的理解与认识。要注重为读者构建高效、立体的阅读分享平台，延伸读者阅读理解、思考。第二，要发挥技术优势，优化读者阅读流程，构建智慧服务新模式。要将"互联网+""智慧服务"和教育现代化等多种理念融入高校图书馆智慧服务体系，优化图书借阅流程，实现读者线上、线下阅读的全面融合。第三，要及时更新智能技术，将其作为图书馆智慧服务建设的核心动力。通过使用VR、AR等穿戴设备和智能机器人，优化读者体验。同时，利用智能技术对读者的阅读行为信息进行数据收集与分析，构建读者行为模型，为图书馆智慧服务构建科学依据。

教育现代化，离不开现代先进的教育思想和科学技术。图书馆的建设从来不是孤立的，图书馆智慧化服务建设不仅事关图书馆的发展，也是教育现代化的主要内容。高校图书馆在百花齐放的思想环境和日新月异的技术进步中，只有更新认识、主动适应、积极探索，才能在高校发展中赢得更为广阔的空间。高校图书馆要紧紧围绕学科发展需求，积极提供专业化、智慧化、个性化的服务，促进图书馆服务与教育教学深度融合，更为精准地对接教学需求，为教育现代化发挥应有的作用。

第八节　基于学科服务的高校智慧图书馆创建

在智能技术不断发展的今天，人类社会已经步入智慧时代，高校图书馆也需要将智慧图书馆创建作为发展目标。阐述了高校智慧图书馆的发展现状与优势，就如何从学科服务出发创建高校智慧图书馆提出策略，包括整合信息资源、优化平台结构、加大挖掘力度、重视安全维护等。

图书馆是高校知识资源最为密集的区域，承担着非常重要的职能，学科服务是其中最为主要的职能之一。当前，我国高等教育正处于"双一流"建设的关键期，强化图书馆在学科服务中的作用与价值是"双一流"建设的必然要求。然而，从图书馆学科服务的现状来看，情形并不容乐观。在学科建设不断深入的今天，学科服务的内涵与外延发生了巨大的变化，用户需求呈现出专业化、个性化、综合化的特点，传统的服务方式以及服务内容已经难以满足学科发展的需要。因此，必须深入开展高校智慧图书馆的建设，将学科服务作为智慧图书馆学科建设的重点。

一、基于学科服务的高校智慧图书馆创建策略

整合信息资源。图书馆是高校文献资源的存储地，文献资源则是图书馆最为宝贵的财富。因此，在高校智慧图书馆的创建中，以文献为中心的信息资源整合就成为最为基本的工作。高校要做好各类信息资源的智慧化处理工作，将数量丰富且在持续增长的文献资源加工成可单独识别的个体，并借助智能芯片来实施反馈个体资源的信息。精细化是信息资源整理的基本要求，也是强化智慧图书馆在学科服务中作用的客观需要。高校需要突破以往以"库"为单位的粗放式的文献陈列模式，以"篇"为单位对各类文献资源进行整理归类，借助多样化的资源组织形式来满足不同层次乃至不同类型的学科服务需求。学校内部学术资源的整理是信息资源整理的重点。学校内部学术资源包括论文、专利等，以吉林化工学院为例，2018年全院共发表论文278篇，其中发表在中文核心期刊114篇，被SCI收录89篇，被El COMPENDEX期刊收录66篇、被CSSCl收录3篇。学校内部学术资源不仅是学校科研能力的载体，也是学科服务的重要资源，必须做好系统整理与科学著录工作。

优化平台结构。高校智慧图书馆本质上一个信息平台，平台结构是否具有科学性、合理性直接决定了智慧图书馆的服务能力。因此，在基于学科服务的高校智慧图书馆创建中，必须将平台结构的优化作为重点内容。其中功能模块的设计是平台结构优化的重点。从国内一流高校如南京大学等的建设经验来看，智慧图书馆的功能模块要包含学科门户、参考资源、学术交流、个性服务、信息素养培训以及后台管理等内容。就以学科门户为例，这是从学科服务的角度出发创建智慧图书馆的主要表现，需要具有资源导航以及一站式检索2个子模块，资源导航以学科分类体系为基准，借助资源的二次加工与重组，实现资源间的互联互通。而一站式检索则以检索系统的建设与完善为重点，检索方式以关键词检索为主，随着平台结构的逐渐优化，检索方式将从关键词检索语义检索发展，提高平台学科服务的效率。

加大挖掘力度。智慧图书馆的资源本身是不会服务学科发展的，需要经由使用者的发掘与应用才能真正实现智慧图书馆创建的价值，而资源的发掘力度则是影响资源价值的主要因素。对学科服务而言，资源发掘可以从服务教学、服务科研以及服务学科建设三个角度开展。服务教学以课程图书馆的建设为中心，涵盖课程指定教材、资料讲义、相关论文、拓展文献等内容，服务科研以研究专题图书馆为中心，借助主题词分类将特定科研项目的文献资源整合起来，至于学科建设，则以虚拟专业分馆为内容。当前，高校外部环境发生了巨大的变化，高校与社会之间的互动日益密切，一方面从社会中获取了大量有助于高校发展的资源；另一方面也强化了高校服务社会的力量。高校智慧图书馆在以学科服务为目标的同时，也要拓展学科服务的内容，使学科服务与社会服务，比如城市服务有机地衔接起来。比如当前吉林省涌现了一大批新兴的战略产业，比如先进装备制造、卫星及航天信息、人工智能及机器人等，吉林化工学院在材料、航天航空、机电等学科具有突出的优势。

因此，必须加大信息资源的发掘力度，推动学科服务向城市服务延伸。

重视安全维护。智慧图书馆的创建一方面为高校图书馆增强各项服务能力，尤其是学科服务能力提供了有力的保障；另一方面也增加了图书馆的维护难度，尤其是安全维护难度。因为高校智慧图书馆以网络信息技术为载体，而网络信息安全有很大的不可控性。对此，高校要重视智慧图书馆的安全维护工作。比如加强入侵检测，防火墙是保障网络信息安全的重要工具，其对获取到的信息会进行分析和判断，将不安全信息排除在外，能够有效应对一般黑客的攻击。但对高等级黑客而言，由于其对防火墙自身的漏洞较为熟悉，可以跳过防火墙的安全防护对目标发动攻击。因此，可以借助入侵检测系统来予以防范。入侵检测系统具有强大的记录与监控能力，能够在第一时间发现系统运行中的问题，比如未授权操作，从而起到安全预警的作用。又如安装杀毒软件，系统中信息资源较多，高校可以购买一些杀毒性能更强的杀毒软件。为了提升杀毒软件的处理能力以及安全防范效果，高校需要定期更新杀毒软件。

与传统图书馆相比，智慧图书馆无论在形态上，抑或在性能上均发生了翻天覆地的变化，服务能力得到了极大的强化。因此，高校需要将智慧图书馆的建设作为当前图书馆发展中的重点。高校承担着教育与科研的双重任务，而学科建设则是履行教育、科研双重任务的重点内容。高校对智慧图书馆的创建要围绕学科建设开展，将学科服务作为智慧图书馆创建的主要目标，从资源整合等角度采取有效的措施。

第七章 智慧时代高校图书馆服务创新的模式

第一节 高校图书馆知识服务模式

一、图书馆学科知识服务概述

（一）图书馆知识服务与学科馆员制度

目前，各领域对知识服务的研究仍处于初级阶段，对知识服务概念的界定众说不一。所提出的概念在以下三个方面基本达成共识：第一，知识服务要以信息和知识的获取、组织、整合、重组为基础；第二，要以解决具体而实际的问题为目标；第三，追求知识服务对问题解答的价值效益。不同领域的知识服务的适用范畴不同，知识服务概念的界定要与相关领域的服务主体和客体的范畴相适应。

学科馆员制度是高校图书馆根据馆员的专业知识背景和实际能力，指定馆员与对口院系建立密切联系，主动为对口院系开展全方位信息服务的一种服务模式。这种服务模式有助于图书馆更好地融入学校的教学和科研活动中，加速信息资源的传递与交流，促进学校教学科研活动的开展，有针对性地为教师和学生利用图书馆提供帮助，解除他们在利用文献资源过程中的疑虑和困难，为其项目研究提供深层次服务。

（二）高校图书馆学科知识服务

高校图书馆学科知识服务是指将知识服务与学科馆员制度结合起来，按照学科专业领域组织人力和资源，提供专业化知识服务的一种服务方式。根据知识服务的定义，我们可以将高校图书馆学科知识服务的含义界定为以学科馆员的专业知识和图书情报知识为基础，针对用户在知识获取、知识选择、知识吸收、知识利用、知识创新的过程中的需求，对相关学科专业知识进行搜寻、组织、分析、重组，为教师和学生提供所需专业知识的服务。

高校图书馆富有竞争力的服务必须与学校的学科建设密切相关。相同学科研究领域的科研与教学人员，其科研环境、知识结构、心理特征、研究习惯、行为方式等都是相似的，对于学科知识与服务的共同需求是相对集中的。因此，"学科化"的知识服务模式能够发挥高校图书馆的优势。构建一个完善的、有效的高校图书馆学科知识服务模式是高校图书馆知识服务的重点，也是提升高校图书馆学科知识服务能力所亟待解决的问题。

二、高校图书馆学科知识服务系统的构成

高校图书馆学科知识服务系统由学科知识服务用户、学科馆员、信息资源库、学科知识库和学科知识服务平台等构成。

（一）学科知识服务用户

知识服务用户也可称为知识受众，是指通过知识媒介接受知识、获取知识的人或组织。高校图书馆的学科知识用户主要是指高校的教师和学生。

在学科知识服务系统中，知识服务用户不仅是知识的接受者和知识产品的消费者，还是知识服务的促进者和激励者，并可能成为未来知识的创造者和知识产品的提供者。

高校聚集了各学科领域的专家和学者，他们是知识创新的主力军，他们使高校成为知识创新最活跃的地带。学科知识用户的知识需求状况、利用水平、满意程度，乃至各种反馈意见、评价等都对高校图书馆学科知识服务系统的建立和持续发展起着重要作用。

（二）学科馆员

在整个学科知识服务过程中，学科馆员处于核心地位。学科馆员参与学科知识服务的各个环节，既要具有专业的学科知识背景，又要精通图书馆业务，通过学科化知识智能服务平台向用户提供集成的、全面的知识服务。他们在某种程度上是知识的消费者，在理解问题的基础上，通过对相关学科专业知识（显性知识）的搜集和利用，形成含有自己的经验及思维成果的新的知识产品。

学科馆员的角色从以往单纯地依托公共信息资源提供通用服务，转为全面介入资源建设、联合服务、用户培训、信息服务平台维护和参考咨询等整体工作流程，从单纯的知识提供者转变为信息资源的建设者、个性化和学科化服务的提供者以及学科特色知识库的建设者和推动者。学科馆员还将高校在特色学科方面的资源和服务有机地整合，形成馆院协调、灵活有序的工作模式，从而为教师和学生提供简便、高效、个性化、专业化的知识服务。

（三）信息资源库

信息资源库目前包括图书馆的馆藏资源库、各种信息检索系统以及网络资源等。信息资源库主要是以文献、事实、数据等人类显性知识为表现的海量信息，对其进行组织管理的过程可称为信息管理。信息资源库可以按照学科分类来组织和管理信息资源。图书馆在信息管理方面的理论与实践已经相对成熟。信息资源库中的显性知识是学科知识服务的素材和基础。随着对知识组织、知识挖掘、知识发现、知识揭示、智能技术等各方面研究的不断深入，传统的信息资源库将向着包含隐性知识在内的知识库的方向转化。

（四）学科知识库

学科知识库是学科知识服务系统中重要的组成部分，也是知识服务有别于信息服务的重要特征之一。

学科知识库中的知识包括学科馆员在解决知识服务用户提出的问题的过程中搜寻到的显性知识，也包括学科馆员运用自身的隐性知识以及利用从信息资源库中获取的显性知识所形成的，能够解决用户特定问题的新的知识产品或知识成果。这些知识被捕获、录入知识库，并经过加工、整理、评价、排序等程序构成知识库的主体，以便在合适的时机提供给新的用户或者进行进一步加工形成新的、更高层次的知识产品。

学科知识库与其他知识库的不同之处就在于其内容是严格按照学科分类进行组织的。高校还可根据自身的专业优势建立特色学科知识库。

（五）学科知识服务平台

学科知识服务平台是联系知识服务用户和学科馆员的媒介，是学科知识服务系统的外在表现形式，可以是两者得以联系的一个虚拟环境，也可以是一个服务系统的形式体现。学科知识服务用户通过知识服务平台享受服务，学科馆员通过这个平台向知识服务用户提供服务。学科知识服务系统的各个组成部分均在此平台上以醒目、有序、便捷的方式展现。此平台的建立、维护和发展需要依靠先进的信息技术，对服务过程的各环节进行有效的组织和管理。

学科知识服务智能化平台集成了学科知识门户、学科导航、RSS 定制与推送、网络资源揭示、知识挖掘、定题知识服务等资源和工具，是一个需求驱动的学科化、智能化服务平台，支持学科馆员的学科需求分析、学科化知识化信息选择与集成、个性化服务设计与管理等工作。该平台建立在学科知识库、特色资源数据、虚拟学科大类分馆平台之上，与个人数字图书馆、个性化信息环境相连接，能帮助学科馆员顺利深入科研一线，及时跟踪用户需求，并将与需求对应的个性化服务嵌入用户信息环境中，全面落实学科化、知识化、个性化、智能化的服务目标。

学科导航服务是对学科及相关学科知识进行归纳、组合、序化与优化，通过学科专业网站全方位地对学科资源进行集成与揭示，以便用户了解该学科领域的资源全貌。学科馆员依托成熟的校园网络和丰富的虚拟馆藏资源，为重点学科建立专业资源学术信息导航网站，使重点学科的专家学者能够通过专业导航网方便快捷地利用网上丰富的信息资源，掌握学科前沿动态。

网络资源揭示的主要方式是建立学科导航系统，利用搜索引擎在网络上全面搜索，通过选择、评估找到有价值的网站，将收集的相关网页下载、分类、标引，进行有效连接，并按照统一格式对网站进行客观的描述，给予公允的评价，形成便于浏览与检索的学科导航库。高校图书馆有责任承担对丰富的网络学术性资源整序的任务。

学科知识挖掘服务是面向内容的知识服务的一种主要形式。它是通过对资讯进行定性定量处理以挖掘隐含在其中的知识内容的一种服务。其特点主要是进行知识创新，发现未知的知识间的关联。这种深层次的学科知识服务更多地依赖人工智能技术的成熟与发展，支持这一过程的核心技术是特征提取、分类、聚类和关联规则发现、知识评价等。学科馆员在对用户需求分析的基础上，进行知识采集、知识过滤与挖掘、知识提供，通过用户满意度评估来评价整个知识服务过程。

定题知识服务主要指学科馆员针对用户的研究课题或学科重点知识需求，自动提供针对性极强的学科专业化定制服务。高校大多承担着国家或地方的科研项目，学科馆员要主动与承担科研项目的学科用户联系、沟通，深入了解课题立项的背景、项目要求与内容、经费及其他情况，设计定题服务方案，制定检索策略，建立定题服务数据库；通过推送服务不断为该学科科研项目提供动态、新颖的专题信息知识以及与课题相关的文献资源、该课题的最新研究成果、网络资源信息等，做到从学科课题立项到科研成果鉴定全过程的定题跟踪服务；通过定题知识服务提高知识服务对用户需求的支持力度。

RSS 是基于 XML 技术的因特网内容发布和集成技术。RSS 服务能直接将最新的信息即时主动推送到读者桌面，使读者不必直接访问网站就能得到更新的内容。读者定制 RSS后，只要通过 RSS 阅读器就可看到即时更新的内容。

学科知识服务智能化平台集成各种技术与资源，为用户提供全方位、个性化、智能化的学科知识服务。

三、高校图书馆学科知识服务模式构建

根据上述高校图书馆学科知识服务系统的构成要素、各要素的特点及相互关系，可以构建出高校图书馆学科知识服务模式（图 7-1）。

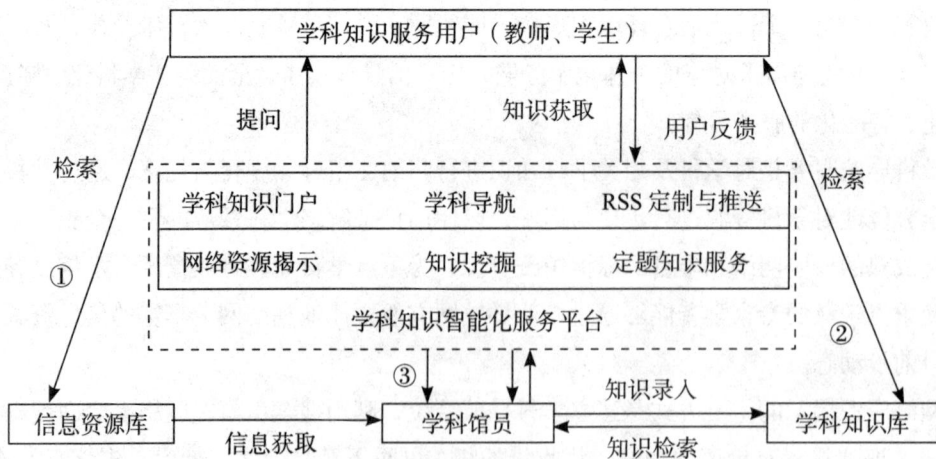

图 7-1　高校图书馆学科知识服务模式

高校图书馆学科知识服务与传统图书馆的参考咨询服务程序相似，但也有所不同，具体包括以下几个方面。

（一）知识服务用户的提问

知识服务用户可通过三种途径获取信息和知识，解答自己的问题：①学科知识服务用户即高校的师生可直接在信息资源库中检索自己所需的信息。②学科知识服务用户直接在学科知识库中检索自己所需的信息和知识。③学科知识服务用户与学科馆员交流，阐述自己的问题，并期望学科馆员提供解决该问题的知识或知识产品。如果用户采取第三种途径，其问题的解决过程就是一个完整的知识服务过程。

（二）学科馆员明确用户提问，确定用户需求

图书馆通过学科知识服务平台受理用户提问，根据问题的性质、所属的学科范畴，将用户推荐给相关学科的学科馆员，或将提问转交给相应的学科馆员。学科馆员通过与知识用户的交流明确用户的提问，分析用户的真实需求，或更深层次地挖掘用户的潜在需求。这种学科馆员与知识用户沟通、交流的方式弥补了计算机系统只能针对表达清晰的用户需求展开服务的不足。学科馆员可以对用户未能表达的、潜在的或表达不清的需求展开尝试性、探索性的服务，以引导知识用户明确认识并确切表达自身的需求。学科馆员与用户间的有效交流是制定知识服务策略和选择知识服务工具的基础和前提。

（三）学科馆员分析用户提问，制定服务策略并选择服务工具，提供知识服务

学科馆员在明确用户需求的基础上，对用户需求进行分析，确定服务策略并选择服务工具。学科馆员可依据具体问题来确定是利用自己或合作者的知识储备直接解决问题，还是从知识库中查询已有知识，或是选择合适的信息资源获取相关信息，经选择、分析、整理、升华之后，形成新的知识产品提供给用户。

高校图书馆在接受有关大型科研项目的检索提问时，需要成立专门的知识服务小组，小组中的学科馆员共同分析问题、制定服务策略、选取合适的服务工具，为科研项目提供信息、知识保障。

学科馆员根据用户层次、用户需求的不同，可提供以下几种知识服务：①密切联系对口学科和院系，面向学科领域、研究主题及个性化需求进行学科资源建设。②学科信息检索代理服务。③学术信息交流组织与管理服务。④学科知识服务用户信息素养及信息获取能力培养服务。

（四）知识服务用户的意见反馈

知识用户获得学科馆员提供的知识后，需要对知识服务进行意见反馈。如果满意，本次服务告一段落；如果不满意，学科馆员还需要重新进行询问、交流与服务。

用户意见反馈是对学科知识服务质量的评价指标之一。学科知识服务系统的建立、运行和日渐完善离不开服务对象的反馈，也离不开对服务结果的评论、分析以及在此基础上的调整、修饰和重构。

（五）学科知识库的管理

对于知识服务用户来说，得到了满意的答案就意味着知识服务的结束，但对于整个学科知识服务系统来说，还有一个重要的环节，就是对服务产生的知识记录加以积累、整序，按学科门类组织形成知识库。随着学科知识服务对象的增加、范围的扩大、学科的细化、内容的深化以及方法的变换，学科知识库中的内容也会不断增加、更新、完善和优化，这些工作就是对学科知识库的组织和管理。

对学科知识库的组织与管理不仅要重视各学科的显性知识、提问结果和最终形成的知识产品的记录，还要注重与检索结果密切相关的一些隐性知识的记录。

学科知识服务是高校图书馆较具优势的一种新型服务模式。它以学科为基础，采用先进的信息技术和网络技术，为高校图书馆用户提供深层次、知识化、专业化和个性化的集成服务，能够适应科技自主创新的要求，最大限度地满足高校师生的个性化信息与知识需求。因此，学科知识服务必将成为未来高校图书馆知识服务发展的主流。

第二节　高校图书馆移动服务模式

1962 年，著名的媒介理论家麦克卢汉提出"地球村"概念。在几十年后的今天，互联网真正建立了一个虚拟地球村。运用云技术，我们可以不再依赖特定的图式和编码系统实现全球化的资源共享。特别是伴随着互联网正式进入移动互联，3G、4G、WLAN 等移动网络的普及，Web2.0、社交网络与智能手机等一系列技术的进步共同掀起了信息资源的移动共享浪潮，So Lo Mo 在高校图书馆移动服务中的应用越来越广泛。

一、移动环境下高校图书馆用户信息需求

信息需求是个体遇到问题时的一种心理状态，是已经转化了的、具体的、可操作的请求。信息需求是信息行为产生的前提和基础，只有当其达到一定强度时，信息需求才会转化为信息动机以驱使其采取某种行为去实现自己的目标。信息服务就是针对用户的信息需求将开发好的、整理好的信息产品以方便的、准确的形式传递给用户的活动。

高校图书馆的信息服务已经从以图书馆系统为中心逐渐演变成以用户为中心的服务模式。诚然，高校图书馆的移动服务不仅包括虚拟平台上的服务，还涵盖物理空间上的服务，但是在移动互联网的时代背景下，高校图书馆移动服务的终极目的仍是移动信息服务。至此，高校图书馆开展个性化的移动服务的首要任务就是要了解其用户的信息需求。高校图书馆的用户主要由大学生和教师构成，因而其移动服务也要围绕这两个用户群开展。

（一）移动环境下大学生的信息需求

大学生通过移动网络对时效性信息的需求很强烈，如图书馆的通知与公告、借阅信息

提醒、自习室座位实时状态、招聘信息、就业资讯等。移动环境除了能够帮助大学生明确信息需求，方便、快捷地主动获取所需信息外，还有助于其对隐性的信息需求进行挖掘。移动网络使学生更乐于被动地接受信息，他们通过微博、微信等移动平台浏览推送信息，在此过程中隐性信息需求被转化为明确的信息需求。

（二）移动环境下高校教师的信息需求

在大学课堂上，高校教师不再单一地传授理论知识，而是将理论与实践相结合。与大学生群体更乐于被动地接收信息不同，传道授业解惑的高校教师的信息需求更偏向于主动获取，他们的信息需求主要包括对学科专业知识的需求、对实践技能的需求以及对时事信息的需求。

移动网络的发展与推广使高校教师的信息需求同样具有实时性与即时性。由于工作繁忙，教师更希望按需随时随地地获取信息，并且非常需要即时获取学科专业的最新动态与科研成果。为了使大学生的课堂更加和谐，高校教师也需要了解更多的时事要闻与新闻动态。

总之，高校图书馆通过移动服务能真正实现用户随时随地获取信息的愿望，用户通过高校图书馆的移动服务能尽情享受移动互联网所带来的全新阅读体验。

二、高校图书馆移动服务模式的嬗变

从 2000 年开始，移动服务就已成为国内外图书馆界研究的新主题之一。2003 年，北京理工大学图书馆率先在国内开展移动服务。随着网络技术，特别是移动网络的发展与革新，国内高校图书馆的移动服务模式与服务内容也在不断改进。2003—2005 年，我国高校图书馆相继开始利用以手机为终端的短信提醒与推送服务。2008 年开始，一些高校图书馆又推出 WAP 方式的手机网络服务。2010 年，清华大学图书馆等又开始推出基于 IOS 与 Android 平台的客户端应用，并开发出智能聊天机器人，方便读者查询馆藏图书、查询百度百科、图书馆知识问答，甚至可以用于娱乐消遣。2011 年，微信一经推出便因其新颖、快速、便捷的特点迅速成为中国智能手机用户主要的通信及社交工具，微信公众平台也成为高校图书馆移动服务的新模式。总之，伴随网络通信技术的发展，高校图书馆的移动服务模式也不断演变与更迭。

（一）高校图书馆短信服务模式

短信是高校图书馆最早利用移动技术为读者提供服务的方式。短信服务模式对网络接入环境要求不高，不需太高的移动终端的软硬件配置，成本非常低廉，因此成为当前高校图书馆使用最为广泛的服务模式。但是，"门槛"低也就意味着短信服务只能承载少量的信息，无法承担大数据的工作。因而，目前我国高校图书馆的短信服务主要包括查询个人借阅信息、预约和续借、查询图书馆 OPAC 以及通过短信接收图书馆主动发布的各类信息等。

（二）高校图书馆 WAP 网络服务模式

WAP 即无线应用协议，是一种全球性的开放协议。WAP 使移动 Internet 有了一个通行的标准，把目前 Internet 上 HTML 语言的信息转换成用 WML 描述的信息并显示在移动电话等手持设备上，因此 WAP 网络服务模式成为当今高校图书馆移动信息服务最主流的服务模式。借助 4G 的优势，高校图书馆能够充分展示馆藏资源与服务，并将 WAP 网站设计得更加友好与人性化。例如，通过 WAP 平台发布图书馆的各类公告、新闻动态、书刊推荐等，支持用户进行在线资源检索，为用户提供移动阅读等信息服务。

（三）高校图书馆客户端 App 服务模式

客户端 App 即客户端应用，就是可以在手机等移动终端上运行的软件。伴随 4G 的全面推广、Web2.0 的发展以及智能手机等移动终端的迅速发展，客户端 App 应用软件成为移动网络发展的重点。客户端 App 操作简单、内容丰富、功能强大，能够实现 WAP 方式不支持的功能，避免高校图书馆用户繁复的网址输入，因此客户端 App 成为当今最先进的一种高校图书馆移动信息服务模式。4G 等高速移动网络为高校图书馆客户端 App 的发展奠定了坚实的基础，能够推动客户端 App 向着更多类型、更多内容、更多功能等方向发展。但是，目前我国高校图书馆的客户端 App 服务模式还处在起步和摸索阶段，提供移动客户端 App 服务的高校图书馆还不多，可提供的客户端资源也不丰富。

（四）高校图书馆微信公众平台服务模式

虽然客户端 App 优点很多，但是其研发的工作量和投入经费都巨大，使许多经费有限的高校图书馆都望而却步。微信公众平台的出现成为高校图书馆开展移动信息服务的一个新选择。

微信是 App 软件的一种，但它不是图书馆自主研发的 App，而是腾讯公司自 2011 年推出的一种免费的即时手机通信软件。微信公众平台是在微信基础上推出的新功能模块，是一个开放的平台，个人和企业可以通过微信公众平台打造一个微信的公众号，进行群发文字、图片、语音、视频、图文消息五个类别的内容。高校图书馆可以通过平台提供的 API 接口技术，根据自身与用户需求进行二次开发，为用户提供更快、更全、更多的移动信息服务内容。例如，清华大学图书馆的微信公众号定期发送"清图在报"，通过指令式互动，支持查询图书馆的书展、讲座、馆藏、个人借阅情况和座位实况等信息。

通过微信公众平台，高校图书馆可以跟每一位用户进行实时的交流与沟通，并且能够根据用户的不同需求推送信息，如可以向大学生群体提供图书馆的通知、公告与培训信息，提供借阅信息提醒、自习座位实时状态、招聘信息等；对于教师群体，高校图书馆可以将学科服务整合在微信公众平台上，为教师实时提供学术与科研的相关信息。目前，微信公众平台提供的移动信息服务内容主要包括图书馆馆藏图书的查询、续借、推荐，读者讲座、培训、活动通知，定位服务，实时咨询与反馈，等等。

总之，微信公众平台服务模式扩大了高校图书馆移动信息服务的外延，弥补并消除了一些高校图书馆在资金投入方面的不足和技术支持方面的障碍，降低了高校图书馆提供移动信息服务的门槛。移动 4G 的普及使超大文本与视频传输成为可能，高校图书馆可以借助微信平台向用户推荐更多的移动内容并提供更丰富的移动视频服务。

（五）高校图书馆移动信息服务云平台模式

移动环境下，用户对信息资源内容与个性化服务水平的要求进一步增强，高校图书馆移动信息服务的基础就是资源建设，为了弥补单一馆藏的不足以及资源的重复浪费，构建安全、可靠、高效、统一的用户云平台至关重要。

因此，应从宏观上建立国家级的共享移动资源内容，通过汇集各高校图书馆订购的馆藏资源构建电子资源内容云，建立高校图书馆间的虚拟"地球村"，使各高校图书馆能够实现资源共享，共同使用移动数字云资源库。高校图书馆通过云内容按需为用户提供全天候的移动服务。当前，中国高等教育文献保障系统（CALIS）的 e 读平台已经初步具备了上述功能。

除此之外，美国国家标准与技术研究院（NIST）从用户云服务体验的角度将云服务划分为 IaaS、PaaS 和 SaaS 三种服务模式。高校图书馆可以依据本馆的用户类型、用户规模与用户需求重点突出某一种云服务模式或将几种云服务模式相融合构建本馆个性化的云服务模式平台。

总之，我国高校图书馆在移动服务上不断探索并取得了一定成绩，但真正推出移动服务的高校图书馆仍数量有限且社会覆盖率还有待提高。当前，国内高校图书馆的移动服务模式仍以短信服务为主流，而国外是以 WAP 网站访问为主流的服务模式。因此，我国的高校图书馆应根据本馆实际情况，开发符合不同用户信息需求的服务模式与创新服务内容。

三、高校图书馆移动服务创新

（一）移动借阅服务

手机阅读已成为多数大学生的阅读方式。手机阅读这种碎片化的阅读模式，作为移动阅读的重要组成部分已经超过了传统纸质阅读与电脑阅读，冲击着整个阅读市场。2011 年，美国已有 67.2% 的图书馆提供电子书外借服务，但在中国这类服务才刚刚起步。

移动网络与智能手机的普及为移动阅读带来了更多机会，高校图书馆用户无疑是移动阅读的重要人群，因此高校图书馆应该发挥自身阅读资源丰富的优势，建设本馆特色资源（学位论文、会议论文、专利文献等）保障体系，大力发展移动借阅服务以满足用户的移动阅读需求。

（二）视频教育服务

视频教育由来已久，但受限于软硬件，原来的视频教育都是通过电视或电脑来实现的。随着 4G 网络、家庭与公共场所 Wi-Fi 上网的普及，用户通过手机等移动终端在线看视频的网速限制已经得到初步解决；智能手机与移动设备的性能提升也为移动视频播放创造了条件；移动视频客户端的优化给用户带来了更好的视觉体验。当前的视频教育已经移植到手机等移动终端上，4G 网络可以保证视频更加清晰、内容更加丰富、传输更加及时，真正实现高校教育视频的实时发布。

与国内商业网站提供的教育类视频相比，高校图书馆在视频教育的来源与内容方面存在绝对优势。高校图书馆的视频教育主要包括三种：第一种是高校学科的专业课视频；第二种是高校图书馆自身用户的培训视频；第三种是高校图书馆的可视化参考咨询。通过4G 等移动互联网，高校图书馆可以随时随地根据用户需求提供各类视频教育资源，努力构建独特的移动视频教育服务平台，提升本馆的移动信息服务水平。

（三）移动付费服务

2013 年，阿里巴巴和腾讯两大公司的打车 App 之战硝烟四起，他们通过疯狂的补贴方式开启了国内移动支付的大门，可见移动付费市场的潜在威力。高校图书馆是公益事业，不会以营利为目的，但借助移动网络以及移动付费平台进行移动支付可以为用户利用高校图书馆的特定服务提供方便，免去需要用户亲自来图书馆缴费的麻烦，实现高校图书馆各项移动信息业务的实时交互。

（四）移动社交网络服务

社交网络服务（SNS）是为一群拥有相同兴趣的人创建的在线社区，现已成为移动互联网最普及的应用，是当前高校图书馆用户最主要的沟通与交流方式。随着数字出版的发展，科研成果的发布已不再局限于期刊发表，越来越多的学术成果开始通过开放获取平台和社交网络进行快速传播与评价，引发了科学计量学的新革命，即基于使用学术社交网络的学术影响力评价理论——Altmetrics 应运而生。可见，社交网络对大学生，尤其是高校教师而言，更有助于学术交流。为了满足用户的上述信息需求，高校图书馆的移动服务需要将各种 So Lo Mo 应用整合到自身服务中，如提供热门社交网络入口，开通微博、微信等社交网络服务。

（五）个性化推送服务

随着科学研究进入第四范式，即数据密集型科学范式，大数据时代已真正来临。高校图书馆拥有的大数据，首先是图书馆大量的结构化的馆藏数据资源，其次就是图书馆大量用户的非结构化数据。随着 4G 的逐步推广与普及，高校图书馆的数据会大量激增，因此需要图书馆具备处理大数据的能力。通过对大学生和教师大数据的分析与挖掘，高校图书馆可以准确推测用户的信息需求，做到真正意义上的个性化推送服务。虽然此项工作才刚刚起步，但是利用大数据分析并推广移动服务是高校图书馆今后的工作趋势。

图书馆的服务本质和社会使命可以用"5A"来概括，即任何用户在任何时间、任何地点均可以通过任何设备获取图书馆拥有的任何信息资源，这也是高校图书馆服务的根本。移动互联网技术与 So Lo Mo 的发展使高校图书馆 5A 级服务的梦想正稳步走进现实。当前，我国高校图书馆的移动服务已经开展了多年，由于各种移动终端、移动网络并存，我国高校图书馆的移动服务模式仍处于各种模式并存的状态，发展还比较缓慢，普及率也不高，但4G等移动互联网为高校图书馆的移动服务带来了新的契机。高校图书馆应紧扣国家大力发展移动互联网的时代脉搏，时刻保持技术敏感度与服务竞争力，开发符合本馆用户信息需求的移动服务模式与创新服务内容，并将理论付诸实践。

第三节　高校图书馆信息共享空间服务模式

随着计算机技术、多媒体技术、网络技术、现代通信技术的发展，人们的学习方式和接受信息的方式发生了重大变化，学习环境更多的是强调协作性和共享性。在这种环境的要求下，高校图书馆以"用户为中心"的信息服务模式，即基于用户的信息需求、以满足用户信息需求为目标的信息服务工作模式应运而生。20世纪90年代初，美国高校图书馆界为了满足高校这种研究和学习的需求，发展了一种新型服务模式——信息共享空间。最初的信息共享空间只是一个供学生写论文和编程的电脑学习室。经过多年的发展，现在信息共享空间已经发展成为一个可以为用户提供各种信息集成服务的场所，成为美国高校图书馆备受用户欢迎的主流服务模式，为构建我国高校图书馆的信息共享空间提供了理论和实践上的指导。

一、信息共享空间的模式、原则和目标

（一）信息共享空间的模式

尽管信息共享空间已经成为美国高校图书馆的主流服务模式，但对信息共享空间模式的研究，学者和专家各有自己的观点，其中代表性较强的有两层次模式和三层次模式。

1.Donald Beagle 的两层次模式

美国北卡罗来纳大学的 Donald Beagle 是两层次模式的主要倡导者，他在自身实践的基础上，于1999年提出了"Infonnatiori Commons"这一概念，认为信息共享空间是以数字化信息资源坏境为背景、为信息供需双方特别设计的一个协同工作空间，它可以使用户与馆员、用户与用户之间进行显性和隐性知识的交流，通过对组织、技术、资源和服务进行有效整合，实现用户的信息交流。他将信息共享空间划分为虚拟空间和物理空间。

虚拟空间（virtual space）主要是指数字资源的网络环境，使用户通过友好的图形用户界面（GUI），利用搜索引擎从各个工作站点获取数字信息服务。服务的内容不仅包括本馆的馆藏书目信息，还包括各种数字信息资源。

物理空间（Physical space）是指通过对馆内的工作场所及提供的各种服务进行组织，为虚拟的数字资源环境提供物理空间上的支持。

2.Bailey 和 Tierney 的三层次模式

Bailey 和 Tiemey 认为信息共享空间由宏观、微观和综合三个层次构成。宏观信息共享空间是指对全世界的信息，特别是网络信息资源建立起来的共享空间，这是一种广义的概念。

微观信息共享空间是指一个拥有计算机或数字技术，以及各种外围设备、软件支持和网络基础设施高度集中的场所。

综合信息共享空间能够集成各种数字信息资源，为研究、教学和学习提供相应的信息空间。

此外，Jim Duncan 和 Lany Woods 也提出了三层次的概念，将信息共享空间分为物理层、逻辑层和内容层三个层次，并分析了不同层次存在的应用壁垒。例如，对上网计算机的管理、为各种软件设置许可协议和序列号，以及对数据库的访问采用 IP 地址限制等均妨碍了信息的自由流动和共享。

尽管学者和专家提出的模式不尽相同，但基本的思想是一致的，即信息共享空间是为用户提供一站式服务和协作学习环境的场所，它整合了图书馆中各种软硬件资源、数字信息资源以及图书馆人员，为用户提供了一个可以进行信息检索，并能进行交流、学习和协作的空间。

（二）信息共享空间的基本原则

对于构建信息共享空间的基本原则，2005 年 3 月在上海召开的"第三届中美图书馆合作会议"上，美国图书馆专家将其归纳为四个方面：普遍性，即每一台计算机都有相同的检索界面；适应性，旨在满足所有用户的各种需求；灵活性，适应需求变化和技术变化的需要；群体性，有助于进行共同合作的场所。根据国外信息共享空间的理论和实践研究，笔者认为其基本原则主要由以下三方面构成。

1. 需求动态性

随着用户信息意识的增强，用户的需求呈现动态多元化发展趋势。首先，获取信息的途径多元化，用户除自己查找、借阅书籍外，更多的是依赖馆内的主动传递。其次，由于学科的交叉渗透及边缘学科的兴起，用户信息需求内容更加多元化、服务更加知识化。这就要求信息共享空间能够及时对用户的信息需求做出反应，采用先进的信息服务技术来满足用户的动态需求。

2. 服务集成性

信息共享空间是图书馆中研究、教学、学习和消遣的场所，应该为用户提供集参考咨询、多媒体服务、研究型服务和技术服务于一体的信息服务。用户通过集成服务机制"一站式"地获取所需信息，并以最小的代价在最短的时间内获得所需信息。

3. 知识共享性

信息共享空间能够满足用户的个性化信息需求，为用户提供能够协作和自由交换信息的共享平台，这在传统图书馆服务中是不存在的。在这样一个协同工作的空间中，用户可以通过直接与用户、工作人员、技术专家进行交流获取信息，也可以利用信息共享空间中配备的各种信息设备获取网络信息资源。它是用户获取知识、共享知识以及进行知识创新的重要场所。

（三）信息共享空间的目标

无论信息共享空间采取哪一种模式，它在高校图书馆中的应用要实现的目标有以下几种。第一，提供一站式、个性化服务，以满足用户的信息需求。允许用户自由选择并获取硬件设备、软件资源以及网络信息资源，充分利用图书馆资源。第二，用户可以从图书馆员、计算机专家以及多媒体工作者那里获得各种帮助和咨询服务，在信息共享空间工作人员的指导下进行学习和研究，充分体现了图书馆以"用户为中心"的服务思想。第三，强调集中式学习研究，为用户提供一个良好的学习、研究和交流的空间。第四，培养用户检索、评价和使用信息的能力，从而提高用户的信息素养。第五，作为协助用户学习和进行知识管理的工具，以提高用户进行知识创造的能力。

二、面向集成服务的信息共享空间的构建

（一）信息共享空间的战略规划

信息共享空间提供的信息服务模式应该是各部门之间以整体优化的方式来提供的服务功能。因此，在战略规划上要强调各部门之间在功能上的协作，减少组织管理层次，使组织机构体系逐步呈扁平的网状管理结构，以促进部门之间的沟通和协作，使高校图书馆的管理工作更加高效。

信息共享空间的信息服务充分考虑了用户的需求特点，以分布式多样化数字信息资源的整合为出发点，从而充分体现了高校图书馆的服务特征。

（二）信息共享空间的构建要素

1. 物理空间

对于信息共享空间，首要的工作就是为用户提供一个舒适的学习和交流的物理空间。空间的构建可以是多媒体的电子教室、供小组交流的讨论室、提高研究水平的咨询区、进行独立创作的单独研究室等。卡尔加里大学的图书馆中就设有一个大的教学区和10个大小不等的合作学习研究室，为教师的教学和学生的协作式学习提供了便利的条件。

由于每个人都有自己的学习方式和习惯，因此在构建物理空间时，要充分考虑到每个用户的需求。美国德克萨斯州立大学图书馆的 Koelker 根据用户的不同需求，通过区分个人与集体、有计算机环境和无计算机环境，对物理空间进行了划分。

2. 资源

信息共享空间是集信息资源、各种软硬件设施于一体的综合性服务模式。除提供传统

的馆藏资源（如印刷型图书、资料和工具书）外，信息共享空间必须具备丰富的电子资源（如电子期刊、电子图书）、专业数据库、多媒体文件以及网络等信息资源。

在硬件方面，信息共享空间不仅具有计算机、通信设备（有线连接和无线连接），还要提供复印机、打印机、扫描仪、摄像机、投影仪等外围设备。硬件设施还包括在物理空间中配置的各种舒适的桌椅、沙发等家具设施和宽敞的休息室。在软件方面，要求具备获取电子资源的软件，同时要提供各种办公软件和多媒体播放软件。

信息共享空间的工作人员必须不断地更新各种电子资源，根据用户实际需求增设各种软硬件设施，这样才能保证信息共享空间成为知识管理和提高用户信息素养的一个重要场所。

3. 服务

在数字化环境下，要求信息共享空间提供的服务是集传统的图书馆服务与数字信息服务于一体的集成服务。通过对信息技术、信息资源、服务功能、服务人员、服务机构等各种信息服务要素进行整合，实现整体功能的优化，使用户得到动态的、全方位的、多层次的、多元化的信息服务，用户只需要在信息服务台就能够获取一站式的信息服务。

服务功能主要包括文献借阅传递服务、信息检索服务、数字参考咨询服务、信息发布推送服务、知识导航服务、馆际互借服务、实时咨询服务和用户教育培训服务。具体到不同的服务，又可进行多元分化，如信息检索服务可以分为光盘检索、联机检索、数据库检索、OPAC 检索和智能代理检索；知识导航服务可以具体分为分类导航、学科导航、主题导航和资源类型导航；用户的教育培训可以分为检索培训、图书馆利用培训和信息素养培训。

同时，要加强与国内外公共、高校及科研院所图书馆的合作，在联合采购、联合编目、馆际互借、公共检索、资源导航、合作咨询、联合培训等方面充分共享资源，提升高校图书馆的综合服务能力。

4. 人员

信息共享空间在空间、资源和服务上的实现需要相应的信息共享空间工作人员的支持，因此人员也成为信息共享空间的构建要素。

信息共享空间人员的构成主要包括以下几个方面。

（1）参考咨询馆员，负责资源使用方面的参考咨询。

（2）信息技术专家，负责计算机软硬件和网络技术的支持。

（3）多媒体工作者，为教师开发多媒体教学软件，并能指导学生进行多媒体的制作。

（4）指导教师，利用各种资源进行教学和研究，并能对学生进行一对一的指导。

信息共享空间这一服务模式对人员素质的要求较高，不仅要求工作人员具有与自己的服务相关的技能和技术，还要具备很强的学习能力、领悟能力和实践能力，要能随着信息技术的发展和用户的需求，不断更新自己的知识结构，提高服务水平。因此，图书馆要对工作人员进行定期培训，不断提高他们的综合素质。

（三）信息共享空间的效果评价

在构建信息共享空间之后，最重要的步骤就是对这一服务进行评价，建立起以用户为中心的信息共享空间服务质量评价体系，保障信息共享空间的有效运行。评价内容应综合考虑信息共享空间的四个构建要素：物理空间、资源、服务和人员。

具体方式可以是向用户发放反馈表格、进行网上调查，或是两种方式结合，正确地了解、分析和评价用户对服务质量的感受和要求。根据评价结果，可以发现服务中存在的不足，不断改善服务设施，改进工作方法，提高服务质量，从而更好地满足用户的需求。

三、对我国高校图书馆构建信息共享空间的指导

Fister 指出，信息共享空间之所以能在高校获得如此大的关注并取得成功，主要有两个方面的原因：一是尽管学生拥有各种电子设备，但他们更倾向于在教室里学习和研究，而不是在嘈杂的集体宿舍；二是在查找信息时，他们更喜欢同参考咨询馆员进行面对面的交流。虽然这个概括略为简单了些，但是它正是强调了信息共享空间是应用户的需求而产生的，突出了其在高校图书馆的重要地位。

（一）我国高校图书馆构建信息共享空间具备的条件

高校图书馆的发展重点经历了"以资源为中心""以馆员为中心"和"以用户为中心"三个阶段，其每一阶段的发展都是为了向用户提供更好的信息服务。高校图书馆的不断发展和进步使其具备了构建信息共享空间的前提条件。

首先，在资源建设方面，无论传统的馆藏资源，还是网络信息资源，高校图书馆都进行了扩充建设，特别是网络信息资源的建设，为师生提供了参考咨询服务、国内外期刊数据库、光盘数据库等，打破了传统图书馆受地理空间的限制，使更多的网络信息资源实现了共享，带来了信息服务的网络化，更好地满足了高校师生对信息资源的需求。

其次，在馆员素质方面，高校图书馆为了满足学校的教学、科研以及社会对信息的需求，鼓励馆员用自己的知识、技术、能力为用户开展信息服务，并针对馆员培养制度提出了"学科馆员""信息导航员""知识型馆员"等相关概念。近些年来，清华大学图书馆、北京大学图书馆、武汉大学图书馆、西安交通大学图书馆等知名高校图书馆相继试行了这种以特定师生文献需求为中心的"学科馆员"制度，效果很好，深受师生欢迎。

最后，在面向用户服务方面，高校图书馆已经意识到，其所提供的信息服务应以用户需求为中心，以充分满足各种用户需求为目的，及时提供对个人有价值的、专用的信息，体现出个性化的服务模式。

（二）我国高校图书馆构建信息共享空间存在的问题

我国高校图书馆在不断的发展中，虽然具备了一些构建信息共享空间的软硬件条件，但是在图书馆理念与管理体制方面仍存在着问题。

在理念方面，图书馆没有充分意识到自身建设在高校整体发展中的重要性。国外的经验表明，高校图书馆并不只是提供各种信息的检索机构，还应该在学校的教学和科研创新活动中有所作为。这不仅是高校发展的需要，还是图书馆自身发展的需求，所以高校图书馆应抓住这个机遇，积极参与到全校师生的教学和科研活动中去，为他们提供能够进行知识创新的信息共享空间。

在管理体制方面，目前高校图书馆基本上仍然沿用传统的管理方式。在市场经济条件下，高校图书馆应引入竞争机制，在机构设置上科学划分各部门的权限，厘清行政与业务的关系，使行政为业务建设服务，调动各部门的积极性。

（三）我国高校图书馆构建信息共享空间的策略

我国高校图书馆构建信息共享空间的策略包括以下几个方面。

1. 融入信息共享空间的理念

信息共享空间为独立学习、团队讨论和集体研究提供信息和场所，通过激发用户的灵感达到知识创造的目的。在图书馆的建设与管理过程中，融入信息共享空间的理念，为广大用户提供信息共享空间已成为图书馆发展的潮流。

2. 制定信息共享空间的规划

信息共享空间规划对建立图书馆信息共享空间具有重要的指导意义。由于我国高校图书馆信息共享空间起步比较晚，与国外相比，缺乏理论指导，因此在制定规划时，高校图书馆应在结合自身具备的一些软硬件的基础上，根据自己的馆情和用户利用图书馆的行为特点，借鉴国外信息共享空间的实践，以制定出满足本馆用户需求的战略规划。

3. 构建合理的信息共享空间服务体系

应综合考虑信息共享空间的四个构建要素，即对物理空间、资源、服务以及人员的设置要进行合理的分配。针对不同的用户设置规模大小不同的物理空间，同时针对用户的需求提供多元化服务，真正实现虚拟空间和物理空间的结合。

在新的学习环境和技术条件下，用户对高校图书馆的服务内容和服务能力有了更高的要求，高校图书馆只有不断地开拓新的服务模式，才能更好地适应时代的发展。作为面向用户的信息服务模式，信息共享空间是对高校图书馆服务模式的一种创新，也为高校图书馆的发展提供了良机。在实际工作中，不同的图书馆可以根据自身的硬件设备、数字资源、服务及管理机制、人员素质和知识结构等，灵活地进行集成，最大限度地满足用户需求，推动信息共享空间的发展。

第四节　高校图书馆"重点读者"服务模式

个性化服务是指在数字信息环境下，图书馆利用网络和信息技术获取并分析用户的信息使用习惯、偏好、背景和要求，从而为用户提供充分满足其个体信息需要的一种集成性信息服务，包括时空、形式和内容三个个性化服务方面。

"重点读者"是指图书馆根据学校总体发展要求，依据高校教学、科研和生产的三大基本功能界定读者的范围、对象、结构和梯队，即这三方面的学科带头人、拔尖人才和专家学者。个性化服务"重点读者"就是及时跟踪和分析其对文献需求的内容和范围、数量和质量，利用丰富的信息资源优势，通过多种途径收集信息，并对这些信息进行判断分析和加工整理，然后及时传递给重点读者，建立以重点读者为对象的集文献信息咨询、检索、供应等多种服务形式于一体的文献信息主动服务模式。在服务工作中，从确定读者的主体地位着手，变静态为动态、变单向被动服务为双向交流主动参与服务，这是服务模式的一种创新。

一、个性化服务"重点读者"的缘起

图书馆要提高服务水平和自身学术价值，除了要做好日常的一般读者的信息服务外，还必须突出重点，优先开展"重点读者"的个性化服务工作。临沂大学图书馆选择了"重点学科、重点专业、重点实验室、重点课题、重点课程"领域的教学、科研和生产作为重点读者进行服务。这样做的原因有三个：一是这些"重点读者"对文献信息资料的需求在"广度、深度和难度"上远远超出了一般读者，其专业性、专题性、目的性和针对性强，图书馆的一般外借阅览服务不能完全满足他们的需要；二是"重点读者"都是本单位的专业能手和业务骨干，他们在学术方面起带头作用，在教学和科研中能迅速扩大学校的影响力和知名度，能带动学校的快速发展；三是有针对性地提供对口的信息检索、获取、分析、归纳等一条龙服务，可以节省"重点读者"查阅大量资料所花费的时间，提升教学、科研和生产效率，促使他们早出成果、多出成果、出好成果。

二、个性化服务"重点读者"的做法

（一）确立条件，选定对象

根据图书馆的具体情况，我们拟定了重点读者的条件：①承担学校重点学科、重点专业、重点实验室和精品课程建设的人员；②取得省部级科研成果并继续承担省部级以上重要科研课题的人员；③具有博士学位或取得硕士以上导师资格的人员；④有突出贡献的中青年专家和拔尖人才。图书馆主动到教务处、科研处、人事处调查了解重点学科及精品课程授课人、重点课题主持人、硕士以上导师等的有关情况后，向他们发放重点读者服务表，在征得本人同意并填表后，他们就成为"重点读者"服务对象。图书馆为其建立档案数据库，每人发放一张电子服务卡，对"重点读者"学科、专业、课题名称、研究方向、文献资料的需求情况，姓名、职称、单位、住址、联系电话、E-mail等进行登记，以方便进行服务。图书馆还随时挑选新的符合条件的重点读者，及时将那些年轻有为的读者纳入，同时剔除落伍者，实行"重点读者"动态管理。

（二）项目管理，定向服务

确立"重点读者"服务项目卡。首先，向建档的"重点读者"发放"绿色"借阅证，凡持有"绿色"借阅证者，图书馆所有服务部门都要为其开"绿灯"，允许他们自由出入馆内所有主、辅书库和阅览室等，可借阅所有纸质型和电子型文献，借书册数由原来每人10册增加到30册，借书期限由原来的3个月延长到6个月，并可根据需要继续顺延。其次，采编部门可依据自身工作规律对"重点读者"采取特殊的"时间差"服务，即编目人员根据自己的工作情况在分编与入库的"时间差"期间，向"重点读者"推荐和提供短期借阅新书。最后，与"重点读者"保持密切联系，随时掌握和了解他们在学科建设、课题立项和专业研究方面的进展情况，特别是阶段性的文献需求，可以根据实际需要，有选择、准确、及时地为他们提供定向服务，使有效信息不失时机地实现其"广、快、精、准、新"价值，促使"重点读者"顺利、保质保量地完成所承担的教学、科研和生产任务。

第八章 高校图书馆智慧化服务发展与创新模式构建

智慧图书馆以提供泛在智慧服务为主，是继数字图书馆、复合图书馆后图书馆发展的一个更高级的形态。它依托传感器、云计算等技术，实现图书流、人员流、物流和信息流的充分流动，保证书书、人人、书人的互通互联，以用户为中心，提供全方位的泛在智慧服务。作为信息资源管理中心的图书馆，有着充分的资源优势，在应用智慧化技术的基础上，实现图书馆的泛在智慧服务。本章围绕高校图书馆智慧化学科服务的发展与建设、高校智慧图书馆服务模式的构建与创新展开论述。

第一节 高校图书馆智慧化学科服务的发展与建设

信息化与数据资源环境的变化，使得各类科研要素（包括数据、文献、硬件设施、机构、人员等）日益走向信息化和数字化。一方面，数据海量涌现，可视化工具的出现使得数据的挖掘、模拟、仿真与试验成为现实，科研本身在悄悄地发生变化；另一方面，数字网络技术的发展，使得科研人员获取知识与数据的方式也发生了巨大的变化，各种公开网站、开放获取平台等方式使得研究者的自我驱动与自我组织能力不断增强，兴趣与问题驱动式学习促进了创造性地修正、回答与解决问题，进而构建新的知识体系。

面对大数据环境，高校的学科服务也要进一步改进、完善。它不仅需要有效组织数字知识资源环境、灵活组织各类信息资源体系，支持用户进行知识挖掘、计算、试验与评估，而且需要馆员对信息资源结构与规律的深度理解，熟练应用数据挖掘与分析工具，以专业的学科信息资源分析专家的身份协助学科服务对象，构建智慧化学科服务体系。

一、智慧化学科服务建设的必要性

学科服务的内容，最初主要是馆藏建设与发展、学科联络，最近则是强化与专业学习、科研、教学紧密相连的用户信息素养教育。近几年来，随着出版业数字化、信息服务网络化、学术交流虚拟化的发展越来越快，高校图书馆的学科服务面临的挑战和机遇也越来越多。

（一）有助于开拓图书馆新业务

大数据环境带来了网络数据技术的快速发展，给图书馆也带来了猛烈的冲击，促发图书馆的转型与变革。数字图书馆的建设、开放获取平台开始成为主流、移动用户数量的快速增加，使得高校图书馆的嵌入式服务模式不断深入推进，北京大学图书馆强调"融入教学、嵌入科研"，初景利教授提出八个方面的"嵌入"，包括目标嵌入、功能嵌入、流程嵌入、系统嵌入、时空嵌入、能力嵌入、情感嵌入和协同嵌入。

学科服务成为图书馆今后最为重要的发展方向，涉及参考咨询服务、专题信息服务、信息素养教育服务、教学支撑服务、知识发现情报分析服务、知识产权信息服务、知识资产管理服务、数字学术服务、科学数据服务和学科知识服务工具的利用，图书馆的服务已经不再以传统的书本资源借阅作为主业，开始从"图书资源中介"走向"教学科研合作伙伴"。借助资源导航、信息检索、数据利用与处理工具、大型数据库等方式，高校图书馆的服务内容从传统的文献信息服务转向数字知识服务，提供更多的情报分析与知识发现，强调数据素养教育与创新挖掘能力的提升，服务深度不断增强，重视个性化服务和基于科学研究的服务。

（二）有助于满足用户的潜在需求

图书馆服务的受众群体是用户，对用户需求的了解和把握是满足用户需求的重要前提。学科服务的创新建设，激励学科馆员深入院系基层和科研一线，通过不断的互动与合作，直接观察与引导用户需求。从学科服务角度而言，学科馆员只有深入用户的科研与教学过程，才能真正体现图书馆员的价值与作用，学科服务的效果才能与用户需求保持一致。

学科馆员参与科研项目的整个过程，可以了解科研工作者对与信息资源相关的特定研究需求，尤其是数据资源的获取。学科馆员可以利用自己的信息数据专长，通过协同合作，帮助科研工作者获得基金。在不断的合作过程中，可以根据科研需求，衍生出新的用户服务，满足用户的潜在需求。

（三）有助于加快图书馆转型

传统图书馆以文献服务和信息服务为基础，而在大数据环境下，知识的产生、存储与使用均发生了巨大的变化，科学研究的学科跨度越来越大，越来越多的知识以数字形式存在，高校图书馆提供的文献数据库已经不一定能够满足用户的需求；同时，用户获取科研知识的途径与方式越来越多样化，Google 搜索、百度搜索等各种各样的方式已人人皆知，并且可以对知识进行组织、分析、重组与推送。知识服务时代的到来，极大地推动了图书馆转型。

学科馆员进行学科服务，通过融入学生的学习环境、教师的教学环境和科研人员的科研环境，帮助他们解决学习、教学与科研中出现的问题，发现其中隐含的知识或模式，以实现服务的升级与更新。2003 年起，中国科学院国家科学图书馆实施"资源到所，服务到人"，2006 年实施"融入一线，嵌入过程"，建设专职学科馆员团队，深入科研一线，提供到所、到组、到人的信息服务、知识服务。2013 年，北京大学图书馆借助机构调整，建立学科资源建设与学科服务双轨制的学科馆员组织模式，由学科资源建设团队（学科采访馆员）和学科服务馆员团队组成；学科资源建设通过选择和购买文献资源支撑学校的教学、科研、学习和管理，学科化服务则以个性化、针对性强的服务满足读者的学习与科研需求。

目前很多的高校图书馆都开始注重学科服务创新，建设智慧化学科服务体系，但也仅仅说明知识服务取得了一定的进展，现实中仍存在很多问题需要解决。随着学科服务的创新越来越深入，当图书馆的各个层面、各个环节都具有了这种观念与意识并做出相应调整与改变，图书馆的资源越来越得到数字化和网络化的加工、开发与利用，图书馆的转型就实现了。

二、智慧化学科服务的内涵特征

随着大数据对社会各方面的影响不断深入，用户信息行为与科学研究环境出现很多新变化，实体图书馆作为文献信息媒介的作用不断弱化，图书馆不再是用户获取科研数据库的唯一途径。仅仅以沟通联络为特征的学科服务已经无法满足大数据环境下科研教学需求，智慧化学科服务由此产生。

有研究将学科服务在大数据时代的发展称为"嵌入式学科服务"或"泛在化学科服务"，本书认为，智慧化学科服务是大数据环境下高校图书馆的发展方向与重点，是图书馆服务面向网络时代和大数据环境的业务转型与升级，是智能化技术、图书馆业务与学科馆员智慧结合的产物，是图书馆服务发展的必然选择和发展趋势。它要求图书馆使用数字化、网络化、智能化的信息科学技术与手段，将图书信的信息资源进行互通互联，为读者用户提供更加高效和便捷的服务；要求图书馆建立专业化、个性化的服务链条，提供精准、到位的集成知识资源；要求学科馆员充分利用信息知识和工具，帮助用户挖掘、组织海量信息的潜在规律，嵌入科研过程提供知识增值服务。简而言之，智慧化学科服务就是"智能化技术＋学科馆员智慧＋图书馆业务与管理"的总和。

智慧化学科服务的主要特征如下：

（1）知识共享化。建立在智能化基础上的学科服务，使用互联网技术将图书馆相互分割与独立的资料文献进行加工整理，实现读者用户与数据平台的相互智能连接，实现知识信息共享。智慧化学科服务可为读者用户提供全方位和一体化服务，通过知识与管理共享平台，解决读者各种各样的问题，同时为读者查找数据资源节约更多的时间，提供更加便捷的优质服务。

（2）需求个性化。每个研究个体的研究领域都不尽相同，其对文献调查梳理和学科前沿、发展动态的需求有区别化的差异，这就要求学科馆员针对每一个用户对文献、资源数据的需求提供个性化、差异化的学科服务。科研教学用户的需求不是基于图书馆现有资源的存在，而是针对自身的特色化需求要求学科馆员提供个性化服务。

（3）服务精准化。面对浩如烟海的数据资源与信息，如何快速、准确地查找到文献资源和得到指导服务是衡量现代高校图书馆服务质量的重要标志。智慧化学科服务就是借助智能技术，建立更加灵敏的管理与反馈机制、更加智能的信息数据系统，以及更加完善的服务与科研跟踪体系，为科研与教学用户提供更加精准的服务。

（4）渠道多元化。智能化学科服务重视人性化和人文关怀，强调对用户提供的服务及其服务效果，秉持"用户在哪里、服务就在哪里"的工作态度，为科研教学用户提供了多元化服务渠道。他们可以到馆进行咨询、培训或提供需求，也可以在线或网络平台进行信息资源的获取与数据处理指导，学科馆员也可以深入教学与科研一线进行专门化与针对性服务，让图书馆用户能够在每一时刻享受到智慧化学科服务带来的便利性。

三、智慧化学科服务建设的主要内容

智慧化学科服务强调以人为本，强调从科研用户的需求出发，进行服务内容与服务方式的规划调整与设计，借助资源、工具、方法、专业知识等软硬件设施，提供高质量的信息化学科服务。本书的重点是针对科研与教学用户提供的学科内服务，主要包括基于资源搜索与使用的参考咨询服务、基于数据获取与处理的数据素养服务、基于文献信息与数据的学科支撑服务、基于数据挖掘与分析的决策支持服务、基于数据服务与反馈的个性化服务等。

（1）基于资源搜索与使用的参考咨询服务。大数据具有开放性、跨界连接性和易获得性，大数据挖掘和分析，可为图书馆参考咨询服务提供一定的参考和良好的预测依据。在大数据环境下，紧跟教学科研需要，借助大数据分析技术（包括机器自学习分析、数据挖掘、统计分析），有效了解科研教学用户的数据信息需求及存在的问题，及时解答相关问题并提供最优化的数据利用解决方案。

（2）基于数据获取与处理的数据素养服务。大数据时代使得数据不再仅仅是最终目的和结果，数据的价值主要在于它的使用，而非占有数据。为此，在大数据时代，学科馆员应努力为用户提供基于数据获取与处理的数据素养服务，帮助高校师生用户挖掘数据的潜在价值，提高数据的利用效率。数据素养服务主要体现在数据解读、数据管理、数据利用、数据评价等方面，强调对数据的操作和使用；另外，还包括数据的伦理道德修养、数据存取等。学科馆员要具有高效发现、评估与使用信息和数据的意识与能力。

（3）基于文献信息与数据的学科支撑服务。在大数据时代，随着数字图书馆的普及，高校图书馆借助学校网络、数据服务商等的网络技术优势和电子资源优势，开始向用户提供越来越多的资源与信息。但要想真正对学校的教学与科研机构提供定位准确的信息资源，必须创新服务内容与模式，充分利用现代信息技术和学科馆员的专业素质对图书馆的服务进行提升与拓展。大数据时代的智慧化学科支持服务就是高校图书馆根据学科教学与科研计划、安排，有组织地帮助教师、学生和科研人员改善与提升教学、学习、科研过程，旨在实现教学、科研目标及世界一流学科建设。

（4）基于数据挖掘与分析的决策支持服务。在大数据时代，科研数据成果的统计与整理，对学校的学科建设与发展起到至关重要的作用。进行学校的资源配置和发展方向决策时，需要大量信息分析和知识服务。高校图书馆的决策支持服务，是以管理部门的需求为目标驱动，以图书馆丰富的文献资源、数据资源基础，图书馆员利用专业的文献搜集技能和情报分析方法，对多渠道信息进行筛选归纳、数据统计、综合分析，形成系统的决策知识产品，供管理决策者在短时间内全面掌握信息。主要包括以科研数据收集和整理为主的基础数据服务、以事实查询为主的进阶检索服务、以综合研究报告为主的全面分析服务、以前沿性预测为主的深层挖掘服务。

（5）基于数据服务与反馈的个性化服务。个性化服务是大数据环境下学科服务的必然趋势，是满足科研工作者和师生多样化、专业化科研教学需求的高层次学科服务模式，能够帮助用户在有效的时间内得到精准的信息资源。其主要任务是构筑一套追踪用户需求、了解用户研究方向、推送数据资源服务的反应机制，打造图书馆资源与用户之间的沟通桥梁，随时随地解决用户咨询问题。主要内容包括个性化数据信息追踪推送服务、科技查新与论文收引检查服务、数据资源的跨库检索服务等。

第二节　高校图书馆智慧化信息服务模式构建

高校图书馆要想在互联网环境下扎牢根基获得发展，必须转变传统的信息服务模式，而且要不断地整合图书信息结构，优化信息系统，提高服务水平，这样才能满足新时代互联网背景下用户更多需求，确保高校图书馆在学校发展和社会教育科研领域发挥作用。

一、高校图书馆信息服务模式解读

（一）图书馆各发展阶段的信息服务

从历史的角度来看，图书馆领域属于传统的信息服务产业，主要通过信息服务发挥作用和实现其社会价值。信息服务作为图书馆重点业务，就是将各种信息进行加工，再通过资源整合、数据管理、学科检索等各种方式为用户提供服务。这是一种满足用户信息需要的组织活动。从高校图书馆的发展历史来看，各个阶段提供信息服务有着时代特点。表8-1列出了信息服务各发展阶段的特征。

表 8-1　高校图书馆各阶段典型信息服务

图书馆发展的各个阶段	典型信息服务
古代图书馆	仅限于文献保存收藏，不提供信息服务。
传统图书馆	图书外借、阅览；本地资源检索；简单参考咨询。
数字图书馆	数字资源检索；虚拟参考咨询。
复合图书馆	图书馆外借、阅览；跨库资源检索；虚实结合的参考咨询。

古代图书馆比较著名的有天一阁。像天一阁这样的古老图书馆都有着重藏轻用的特点，那时候图书是比较珍贵的，基本上不提供借书等信息服务。随着时代发展，有了传统图书馆的雏形，有图书外借、刊物浏览的功能，出现了基本典型的信息服务。当图书馆发展到自动化和集成化阶段，传统图书馆就能够提供本地资源信息检索的服务，而且馆里的工作人员能够对文献资源进行整合、加工，提供简单的资源检索和咨询服务，提高了资源检索功能和提供数字化虚拟参考咨询服务，减少了人力、物力的消耗，节约了成本，提高了效率。

网络和信息化时代的到来，给予数字图书馆前所未有的发展机遇和挑战。数字图书馆提供的参考咨询服务手段更加新颖，服务内容和服务对象都更为广泛，层次要求也更高。这就促使图书馆信息服务发展到复合图书馆阶段，这个阶段的信息服务模式有传统模式和数字化模式双重特点，复合图书馆按照传统模式给予用户最基础的外借图书阅览方式，同时信息服务模式也提供本地资源和数字资源整合检索，通过人工或网络数字化虚拟手段提供参考咨询服务。

（二）现阶段高校图书馆信息服务的特点

随着信息技术和网络技术的高速发展，用户对高校图书馆信息服务需求与传统相比发生了根本性的变化。当今时代的用户信息服务需求更为复杂，具有多元、多样、专业、集成和交互等特点和趋势。

（三）现阶段信息服务存在的不足

在网络环境影响下，广大用户的资源需求已经不再满足于外出借阅、本地检索、文字性资源等。现阶段高校信息服务与用户需求之间的不匹配、不适应主要体现在以下方面：

1. 缺乏跨库一站式检索

检索是图书馆利用网络等数字化手段提供服务的主要方式。随着高校互联网软硬件设施的不断完善，越来越多的用户愿意通过网络更高效便捷地进行信息检索，以满足信息知识需要。但是，目前高校进行检索的模式还不够完善，不足主要有：

（1）网络检索主要依靠的搜索引擎系统目前还不够完善，存在以下不足：①搜索效率不高，查准率和查全率低；②检索方式单一，不能实现多维多角度的检索，不能实现概念检索；③对多媒体内容的检索尚不成熟，主要检索对象仍然是文本文件；④自然语言理解能力差；⑤缺乏用户个性化，个性化搜索的自动程度不高。

（2）高校图书馆还不具备跨库检索、一站式检索相应的平台，不能实现多个资源的整合和检索。很多高校图书馆已经通过购买、自建等方式具有了一定的数字化信息资源，但是资源数据库的项目繁杂、类别众多，仅一所普通高校就拥有数据库、题目摘录、中文外文数据、电子期刊等多个资源。而且近年来，高校图书馆购买的数字资源数量不断攀升，据统计，一所综合类高校图书馆拥有数字资源库能够高达37.2个，另外还有纸质文献资料、光盘等多媒体资源库、书籍馆藏等，这种数字化资源在各高校都是相对独立的。用户需要通过不同高校查找不同资源，每个高校的网络查询界面、进入检索规则也不相同，用户需要一一熟悉，既费力又费时。

建立无缝对接的跨库检索平台，实质是优化整合现有信息，提高资源利用效率和一站式服务水平的一种方式。将类型、结构、环境、用法各异的数据库整理集中在一个统一的搜索引擎上，使馆藏的实体文书资源、虚拟数字资源和信息检索服务联系在一起。用户体验只需一次性检索，就能查到需要的纸质文章、多媒体、数字资源等多种形式的信息内容，更为方便、快捷。在减少检索用时的同时，也减轻了因资源系统多次被检索造成的占用、排队现象，大大提高了信息资源的利用效率和信息实时共享。

2. 缺乏集成个性化服务

目前高校图书馆个性化服务还不够完善，体现在以下几个方面：一是个性化资源往往限制在特定的信息服务系统内，因此实现个性化定制服务职能受到一定限制；二是个性化定制服务的需求供应机制是静态的；三是个性化定制服务的有关技术有专业、专用限制，不通用、不标准；四是个性化定制服务系统不互通，相对独立；五是个性化动能体现不充分，服务形式单调，缺乏主动性。

3. 缺乏复合化参考咨询

高校图书馆参考咨询服务还不够完善，目前与实际需求存在较大差距和不足，具体表现在以下几个方面：第一，高校参考咨询服务方式不能满足多元化需求，方式单一，不够灵活；第二，高校虚拟参考咨询服务时效性差，不能及时提供咨询和解答；第三，高校参考咨询服务偏重于普通大众需求，缺乏个性化服务；第四，在遇到专业、复杂的个性化咨询时，咨询服务的能力不高；第五，图书馆在信息服务提供上，目前运用虚拟服务工具较多，尤其是参考咨询方面，人工结合网络的复合性较差。

4. 缺乏交互式协作共建

目前高校图书馆缺乏交互式协作共建，主要体现在以下几个方面：第一，图书馆允许用户参与共建的环节很少；第二，缺少用户协作共建平台机制；第三，缺少智慧的知识提取手段。由于用户的专业背景与馆员不同，因此往往用户在贡献集体智慧时，提供的只有资源信息。必须由馆员对这些信息进行加工、处理，提升成为有价值的知识，这是个相当复杂和繁琐的过程。需要建立智慧的知识提取手段，可以对用户贡献出的信息（包括用户的喜好、使用习惯、用户收集的资源等）智能地进行挖掘、提取、加工，并建构成为新的知识。

二、高校图书馆智慧信息服务模式建立

随着互联网和信息技术的不断发展，越来越多的人选择通过互联网终端看信息，包括一些电子书籍，图书馆因此受到了很大的冲击。这基于人们对于互联网信息时代体验的便捷服务，现代图书馆通过引入互联网手段，创作了"图书馆2.0""智慧图书馆"等新型服

务体验。

（一）从 Web2.0 到图书馆 2.0

美国 O'Reilly 公司的戴尔·多尔蒂（Dale Dougherly）与 Media Live 公司的克雷格克林（Craig Cline）在 2014 年的自由讨论会议上提出 Web2.0 这一具有互联网因素的专有名词，2014 年 10 月两家公司一起举办了全球第一次以 Web2.0 为核心的会议。Web2.0 主要内容是通过开放式的共享信息资源，采用便捷的程序进行整合控制，注重用户的服务体验，具有明显的社会性特点，为社会的经济文化发展和人们的生活带来很大的改变，Web2.0 也被人们广泛认可。

Web2.0 的功能特点是用户的信息可以自己保存，可以自己分享自己的信息，别的用户是无法获取的，信息受到安全的控制，一个交流平台在内存空间允许的情况下，可以供更多用户使用，它的使用也非常方便，可以很简单地发布信息。

Web2.0 提供的技术非常符合当前图书馆的转型需求，在当代的信息技术大环境下，Web2.0 的概念符合图书馆职业的发展，Web2.0 为图书馆提供的转型服务与人们需要的人文精神能够很好地融合在一起。

2005 年，西方网络图书馆建设领域出现了极具代表性的新名词 Library2.0（图书馆 2.0），Library2.0（图书馆 2.0），是网络图书馆对于 Web2.0 的一个分支。图书馆 2.0 是由图书馆员迈克尔·凯西提出来的，迈克尔·凯西在他的 Flicker 账户发布了一张建造一个努力推行图书馆 2.0 的图片，图书馆 2.0 因此而来，人们以一种大胆的方式探索图书馆 2.0 更好的文化精神服务体验。

图书馆 2.0 的内涵是由很多使用提倡者共同创造出来的，包括英国图书馆的自动化系统服务，美国图书馆协会的博客技术人员，还有很多致力于图书馆学的专业图书馆从业人员，等等，在所有人的共同建议改制下，图书馆 2.0 的内涵逐渐被确立，图书馆 2.0 也被广泛地认可和应用。

（二）从智慧地球到智慧图书馆

"智慧地球"是 2008 年 11 月纽约市外交关系委员会发表名为"智慧地球，下一代的领导议程"的演讲时首次被提出的。"智慧地球"给人类构想了一个全新的美妙世界，即让社会更智慧地进步，让人类更智慧地生存，让地球更智慧地运转。IBM 公司的"智慧地球"构想俨然成为美国国家战略的一部分，"智慧地球"概念瞬间在世界范围内引起轰动。

IBM 公司提出智慧地球这一名词，根本原因是 IBM 公司认为将来世界的运行方式都是以互联网科技为主，互联网科技将改变人们的生活，在全球信息化普及的状态下，人们使用的各种工具将相互关联、更加智能化。智慧地球是由物联网和互联网两大信息技术组合而成的，在社会发展和知识信息获取之间建立了有效的连接，使人们的生活更加智慧化，能够得到更好的服务。

智慧地球是人类在技术上高度集中互联网、传感器技术和智能信息化处理技术，整合基础物理设施和信息技术，智慧地球是数字地球的发展演变结果。数字地球的主要内容是利用现实虚拟技术、网络信息技术和地理信息技术等手段，把全球的社会、经济、医疗、交通、教育等方面的发展信息获取需求连在一起，为全球的信息化和数字地球创造一个框架模型。物联网的主要原理是采用射频识别（RFID）、红外感应器、全球定位系统、激光扫描器等信息传感设备，按照已经制定的协议，在一定空间范围内把物品信息与互联网相连接，进行信息整合，对物品实现智能化信息读取，包括识别、定位、跟踪、监控和管理等，把数字地球和物联网结合就可以创造出智慧地球。

智慧地球通过物联网的快速发展，对现代图书馆的发展事业也具有一定的影响，目前的数字图书馆就是根据物联网原理把图书馆建造成智慧图书馆。智慧图书馆主要是采用科技智能的方法，利用新一代的信息科技对用户的使用和图书的系统信息资源相互交换，提高信息获取的准确性和速度，进而实现人工智能化服务和管理的新型图书馆运营模式。由此可见，智慧图书馆是数字图书馆和物联网的结合体。

智慧图书馆创建的重点有两个方面：第一是注重用户实际的信息获取需求；第二是采用信息通信技术整合各种网络渠道和信息资源，解决实际内容和用户使用过程中遇到的问题，提高图书馆的服务能力。因此，智慧图书馆必须给用户提供安全的使用环境，用户在使用智慧图书馆过程中可以得到更好的信息获取服务和使用体验。

理想的"智慧图书馆"须具有异构性、开放性、移动性、协同性和融合性等特点。具体情况如下：

异构性：智慧图书馆采用多种接入方式、多种承载方式融合在一起，实现无缝接入；任何对象（用户或者设备等）无论何时何地都能通过合适的方式获得所需要的信息服务，随时随地地存取所需资源。

开放性：智慧图书馆所采用的技术对业务及用户体验是透明的，用户无须关心网络状态、采用何种技术来接入和承载。

移动性：智慧图书馆采用高带宽网络接入，包括基于铜缆、光纤的上下行对称宽带接入，基于 OFDM、802AX 的固定高速无线接入，以及基于 3G/4G 的移动高速数据接入。

协同性：数字化、多媒体化的信息服务将更多地出现在智慧图书馆的信息服务中，信息整合和服务协同是智慧图书馆信息服务的核心。

融合性：在智慧图书馆中，用户不是被动地接受服务，而是可以主动地创造服务，智慧图书馆信息服务系统作为基础构架，向其他行业提供信息通信服务，实现对信息的综合利用，提供用户的应用体验及资源与服务之间的应用效率。

目前国内外智慧图书馆的建设还处在探索尝试阶段，2010 年第六届全球数字图书馆国际学术研讨会的主要内容是对全球数字化图书馆暨数字智慧型图书馆的未来建设进行研究讨论。会议上，中国工程院常务副院长潘云鹤提出：现代数字图书馆技术有两个方面的改变，第一从数据库到数据海，随着数字化的书籍快速增多，目前已经达到了 1000 万本，信息展现形式的内容更加丰富，所以数据库相对而言内存较小，数据容量大。第二是数字图书馆转变为智慧图书馆，数字图书馆的信息通过大量的挖掘和分析，通过跨媒体等技术手段，知识的获取将会更方便，同时创建出了一个巨大的知识资源库。知识的丰富也就能够为人们研究、教育、学习提供资源，未来要建立更多的云服务，使数字图书馆更加智能方便。

（三）基于图书馆 2.0 的智慧信息服务模式

随着科技水平的快速推进，新兴技术在各行各业都得到广泛的应用。在图书馆领域，新生的图书馆信息服务模式对该行业的发展与人们的服务体验产生了巨大的影响。例如，"Web2.0"的发展为图书馆管理开创了"图书馆 2.0"服务模式，在服务上采用了新的服务理念，逐渐以用户体验为中心，实现图书馆真正的服务功能。在"图书馆 2.0"之后，随着人们精神需求上的增长，在信息技术领域又刮起了新的发展风潮，即"智慧地球"理念。在不断探索中，有关学者还对行业发展进行研究，发现可在"图书馆 2.0"的基础上，结合"智慧地球"理念，打造新的图书馆信息服务模式，将图书馆管理变得更加智慧化，充分利用科学技术手段，实现图书资源的流通与利用。

"智慧图书馆"的建设是需要依靠一定的智慧地球设施，如物联网、云计算，以及海量的数字资源等。目前，对图书馆实际发展情况进行分析可知，"智慧图书馆"并不能运用到普遍的图书馆管理手段中，大多数高校图书馆在硬件设施、资源数量或者是在资金投入等方面都存在一定的限制，各图书馆前进发展的道路还很曲折，需要不断努力。

三、高校图书馆智慧信息服务系统构建

智慧信息服务系统旨在突破实体发展存在的空间障碍，逐渐将本地资源与数字资源进行沟通与整合，并实现二者在社会上的共享，要逐步构建以用户需求为主的管理方式。

（一）高校图书馆智慧信息服务系统组成

图书馆智慧信息服务系统是经过长时间发展，由人们设计出来的更方便的服务方式，主要由数字资源为主构成服务系统收集在各阶段、各流程产生的数字信息，并通过一定手段进行加工，在各阶段之间传递、存储。人们常见的构成内容数字资源、智慧资源加工系统等，依靠数字资源进行传播，由智慧资源进行监管与整合的系统。智慧信息服务系统结构要素主要分为两种内容：一部分是数字信息资源；另一部分是智慧服务。数字信息资源作为基础信息，能够满足大部分用户的要求，而智慧信息服务系统在此基础上提出了革新，在满足基础服务的功能上，以用户体验为转移，提高使用感受。智慧信息服务系统能够构成多种内容，在众多系统中发挥着多重作用。

1. 智慧资源加工系统

智慧资源加工系统作为对图书馆进行更有效管理的新手段，促进了智慧信息服务系统的革新。其存在的目的是整合信息资源数字化的内容，将其更好地储存与管理。

智慧信息服务系统是对数字资源进行管理的系统，按照来源可将其分为以下两大类：

一种是包含原生数字形态的数字资源，例如人们在手机或电脑上经常使用的电子文档、刻录的光盘、国内外流行的动画、数码图片等；另一类的形式则较为传统，即印刷型文献在经过数字化加工方式后形成的数字资源内容。智慧资源加工系统具有以下操作形式及过程，会根据资源对象的不同，而采用不同的手段加工资源内容，将传统的印刷资料，通过科学技术手段变为数字资料进行储存与管理。

在智慧资源加工系统中，其数字化加工过程采用的是 C/S 结构进行构建的，并将多种内容化为一体，如数据加工、程序的运作与管理和网络表达等。在操作具体文件时，首先，找到印刷型文献资料，采取扫描的方式，将其内容进行数字化；其次，将扫描后的电子内容形成文档，采用 OCR 字符手段，对整个内容进行识别和校对；然后，再将经过校对后的电子文档，将其数据进行加工和数字化编目；最后，形成数字化存储形式进行保存。

2. 智慧资源存储系统

智慧资源存储系统与智慧资源加工系统形成了图书馆智慧信息服务系统，对底层数据存储系统进行分析可知，形成图书馆智慧信息服务系统的结构有两个：一方面是智慧资源存储系统，其作用是能够保证并为用户提供更好的体验，通过科学的方式提供技术支持与保障；另一方面，智慧资源加工系统是智慧信息存储系统建立的基础，只有将资源合理加工后才能进行存储与保存。

在对图书馆实际运作情况进行分析后可知，图书馆所具有的基础情况、各馆用户的需求与资金投入的不同，使得各馆运用方式及内容具有不同发展阶段。所以要综合分析多种信息条件后构建系统，从实际出发，在满足社会发展的基础上，寻找出能够促进该行业发展的定制化方案。

在图书馆建设方面，对于中小型的图书馆建设管理来说，具有的数字资源数量并不多，容量不足 10TB，在建设时期，不会一次性投入太多的资金与资源，因此采用 NAS 存储系统结构进行管理最为合适。该结构具有见效快，结构、发展过程易于管理的优点。当包含的数字资源与补充资金不断增多时，为了提高管理手段，可升级 SAN 架构的存储系统。对于数字资源高速增长，并有一定访问要求的大中型图书馆来说，一般情况下会采用 IPSAN 存储系统结构进行管理，该结构是在 SAN 存储系统上的升级，能够在一定程度上解决技术局限与应用网络局限。在面对数据存储容量过大、并发用户数多的情况时，可采用 NAS 与 SAN 系统二者融合的方式，让用户体会到更高性能、更有用的系统服务，减少使用成本。

3. 智慧资源搜集与整合系统

通过搜集智慧资源，整合资源信息，可以实现图书馆信息服务系统的智慧化服务，网络资源也能够进行整体融合。智慧资源搜集与整合系统是一种能够将分散无序的网络信息资源运用智能网络技术手段进行系统整合，并完成海量信息搜集任务的有效工具。

4. 智慧集成服务系统

集成系统智能智慧化是智慧信息服务系统重要的构成部分，能够有效整理、分析汇总各种信息，提高图书馆的信息管理质量。智慧集成服务系统以用户需求为核心，选择个性化界面，是一种新型的信息资源搜集和表现形式。这种智慧化系统能够将各种信息服务综合在一个网络平台上，建立一个统一、协同的不同地域的数字化信息资源检索方式。

5. 智慧个性化服务系统

图书馆智慧服务系统能够主动积极为用户提供个性化需求的内容。主要工作是建立智慧信息服务系统与服务对象的沟通基础，通过系统分析用户信息，在资源变化状态下掌握和预知用户的新动议目标，主动为用户提供不同的指定信息，提供有针对性的服务。其本质是达到"信息找用户，按照个性需求服务"的目标，具有较强的主动性、易用性、专业性、安全性和针对性等特点，能够提高图书馆信息服务水平，达到客户满意的效果。

6. 智慧参考咨询系统

智慧参考咨询系统主要运用计算机网络远程服务功能，由咨询工作人员通过互联网远程交互进行交流，发现信息情报方面的问题和梳理解决数字信息服务过程中遇到的困难。

（二）高校图书馆智慧信息服务系统构建模式

1. 图书馆智慧信息服务系统的构建目标

图书馆智慧信息服务系统围绕高效、智能、快捷的服务目标，建设数字信息资源服务系统。这种系统建设项目以稳固的资源保存为基础，技术服务为保障，重点也要关注建设服务规模和质量。若要达到理想的建设目标，需要两手抓：一方面抓有效的网络传输，构建网络平台检索规则；另一方面要适应人们的使用习惯和接受能力。合理配置信息服务系统中的每个关键要素，要找准网络系统技术与人工操作等方面的契合点，充分满足客户不断增长的知识需求和个性化需要。图书馆智慧信息服务系统的构建目标具体应满足以下要求：

（1）支持丰富多样的资源和功能形式，能容纳各种各样的信息资源体系和服务系统。

（2）支持分布的各个系统的自主建设与发展，能支持专门的甚至本地化的元数据格式和系统协议。

（3）保证整个智慧信息服务系统的低成本和进入该系统的低成本。

（4）保证在智慧信息服务系统中使用任何一个资源或服务系统的方便性和低成本。

（5）保证整个数字服务系统的可伸缩性，能容纳甚至动态组合任意数量和类型的信息资源或服务系统。

（6）数字信息资源的组织建设方面必须满足数字信息递增、关联、检索等各方面的要求。

2. 图书馆智慧信息服务系统体系结构建设

图书馆信息服务系统有三种较为典型的管理模式，分别是点状管理模式、线形管理模式、网状管理模式。

（1）点状管理模式，是将服务资源与设立服务的部门通过相应的岗位职责建立起一种单一对应的管理模式。由于所提供的服务是基于部门的，且各部门与资源服务之间有明确的职责分工，因此采用点状管理模式服务内容较为简单，缺乏灵活和复合的协调机制，不能适应用户网络化的信息服务需求。

（2）线性管理模式，是将图书馆的信息服务工作分为若干个环节，以线性的方式对其进行流程管理的一种管理模式。线性管理模式对每个环节的要求都很高，要确保任何一个环节都不能出错，否则将影响整个信息服务流程的顺利运行。

（3）网状管理模式，则是通过信息服务把系统、资源与用户三者联系起来，使图书馆形成一个相互制约、相互作用的格局。使得用户、图书馆员、图书与电子资源的供应商都能参与到图书馆的建设中来，利用集体智慧共同建设图书馆。

从以上分析可看出，点状管理模式是基于资源的管理模式，而线形管理模式则是基于业务的管理模式，网状管理模式则是基于用户与服务的管理模式。

图书馆智慧信息服务系统体系结构建设应采用网状的管理模式。如图 6-2-1 所示显示了用户与系统、资源之间通过服务建立的网状体系结构。该结构以服务为抓手，在系统、资源与用户之间建立起各种各样的服务，使得系统与资源、用户与资源之间进行交互。同时加强了用户与资源、用户与系统之间的了解，使用户可以协助图书馆员参与图书馆的建设，避免系统脱离用户实际需求而形成的盲目开发。

智慧信息服务系统可分为资源层和服务层，先由数字化加工系统将经过加工分析的数据信息传递给智慧存储系统，再由智慧资源收集和整合系统形成智慧服务系统的资源层。服务协作系统、集成系统、个性化服务系统、咨询系统都可以智慧化、智能化，形成服务层。如图 6-2-2 所示，系统与系统之间相互联络，资源层与服务层也互通连接。从技术应用的角度看，用户想要图书馆提供智慧信息服务，只需要对智慧服务系统的服务层进行访问和操作就可以了，当然，从资源层进行处理也可以实现用户需求。系统馆员可以对智慧信息服务系统不同分支、不同组成部分、不同层次地进行操作和统一管理。

3. 图书馆智慧信息服务系统构建模式分析

一个完善的图书馆的智慧信息服务系统需要包括智慧服务系统的各个要件、构造，资源层和服务层交互使用顺畅，各环节系统可由馆员单独进行操作，从而为用户提供数字化信息提取、整合、集成、虚拟化咨询等各种便捷服务。

健全和完善的智慧信息服务系统需要把握较高的整体性，注重将智慧信息服务所有环节、构成要素进行无缝对接和紧密联系。

智慧信息服务系统的资源层在上文已经提到。经过加工、系统搜集、整合、存储等各个环节，在资源层中，本地一些非电子数据，都要经过加工处理形成数字化资源，录入平台进行存储。然后智慧资源搜集和整合系统处理的网络资源连同各高校成批量购买的数字资源库形成本地数字资源，智能存储起来。

智慧化个性化服务系统、智慧信息服务集成系统以及咨询和协调配合系统共同组成智慧信息服务系统服务层。服务层在图书馆中主要以门户网站为界面直接面对用户，当用户有信息资源要求时，服务层的各个有关子系统就智能化接受了需求信号，通过智慧服务的资源层反馈给用户，完成一次完整的信息服务操作。

与此同时，智慧参考咨询系统与整合系统、资源收集系统一起为用户提供信息服务的时候，会自动记录下日志，使用时间、目录、预测其他需求等大数据。而且用户在使用中遇到系统无法自动解决时，可以让系统管理员通过智慧协作，向其他有资源的馆藏求助。通过帮助代查代检，将所需文献资料传递给用户。当遇到非数字化资源时，可以通过智慧信息服务系统将其转变为数字化方式，进行资料数据加工，通过整合、存储加以应用，方便图书馆资源循环使用，最大限度地实现资源共享。

第三节　高校智慧图书馆服务模式创新实践

智慧时代的到来对于国内高校图书馆的发展既是机遇又是挑战，如何在新信息环境下创新用户服务，是智慧图书馆的服务目标，是当今图书馆的重要课题。智慧图书馆的服务模式，是当今图书馆创新、转型和可持续发展的一种新的理念。

一、以引导自助服务为基础的创新模式

智慧图书馆的自助服务主要围绕"以用户为中心"的理念，以满足用户个性化信息需求的服务模式、体现用户的主体地位与个性需求、保护用户隐私、加强用户的自主意识、鼓励用户参与等为建设目标。智慧图书馆自助服务的建成将服务于高校图书馆的常规化、基础化建设。2012 年，湖南大学图书馆正式启动"读者服务系统"，此系统包含面谈式服务模式、

网络虚拟式服务模式、读者自助式服务模式三部分。其中，检索中的借书、咨询、查新、阅览、自习、平面图六大内容极大地便利了在校师生对图书馆馆藏以及服务信息的检索和查询。

引导自助模式以实现用户的自主化参与服务，提高图书馆服务智能化、高效化、便捷化性能，优化配置高校图书馆资源为宗旨，竭力打造一个以自助服务为导向的现代化高校图书馆，整个服务体系由自助检索系统、自助借还系统、自助文印系统、自助缴费系统、自助座位管理系统、研读空间自助预定管理系统、基于 FRID 的自动定位系统、网络自助服务、移动自助服务共同构成。

二、以整合共享服务为核心的创新模式

整合共建共享模式作为智慧图书馆的核心，对图书馆及信息服务平台众多特色文献资源和数字资源的连接和获取具有突出贡献。用户在使用图书馆时能够整合共享"一站式"

获取所需的信息资源和服务，主要依赖集群、协同两种模式。

集群服务模式分为基于平台的服务集群和基于空间的服务集群。它们的区别就在于前者是利用一个服务集成平台或系统，全权负责 Web 服务的一站式检索、资源获取、信息导航、个性化定制与推送、移动服务、空间服务、参考咨询、网上虚拟社区互动等，为用户提供简洁明了的图书馆资源和服务。而后者是将图书馆的资源、服务、设备集成在同一空间，让用户在图书馆空间内一站式地获取图书馆的信息资源和服务。此外，由于基于空间的服务集群无须跨部门获取，因此对于图书馆设备设施的使用更便捷。

三、以个性开放服务为重点的创新模式

智慧图书馆服务的最大特色在于针对不同用户的信息需求提供相对应的信息服务，强调服务与用户环境两者的匹配度，属于无障碍转入、沟通、交互的开放性服务。个性开放模式通过结合用户在虚拟环境与图书馆实体环境下的信息行为、馆藏文献信息与用户信息，建立能确切反映用户个性特征和需求特征的用户系统模型，让其自动识别和感知用户的当前位置，乃至用户所从事的工作学习、研究内容，从而实时、自动地为其推送与之相关的各种信息并提供全方位一站式的个性化服务。

互联网的智慧技术完善了高校图书馆的服务时间、空间及方式，极大地提高了高校图书馆的透明度、开放度，例如，用户接入图书馆服务不受地点、时间、方式方法的限制。高校图书馆采取个性开放的服务模式凸显了用户价值的崇高地位，其"用户参与交互"和"价值创造"的建设理念价值。

个性开放服务的主要模式是个性化知识服务和个性化的移动图书馆服务。前者包括整合集群的个性化知识发现平台、个性化学科服务、个性化定制与推送服务三部分，后者由基于位置和情境的移动信息服务、移动个人图书馆服务等共同构成。著名的 SOLOMO 移动图书馆就是借助移动终端设备，基于用户地理位置，结合社交网络（SNS）特点，为用户提供信息服务的一种移动服务。它的主要特征在于利用与用户情境信息的匹配来获取用户需求兴趣资源等聚类参数，并借助它为用户推送具有针对性的资源和服务，而并非直接满足用户的信息需求。当今社会，社交越发频繁，如果能够获取更多的用户情境信息，就可以进一步满足用户的个性化需求。此外，用户自发建立交流空间或鼓励用户参与空间内的相关活动，都可以实现图书馆虚拟空间和实体空间的立体互联和融合。

四、以公共智慧服务为导向的创新模式

公共智慧，是人类社会各类公共主体在探索发现问题、系统解释问题、妥善解决问题过程中所展现出来的能力和认知水平。公共智慧服务的核心理念是"转知成慧"。它将公共智慧服务看作是个体将客观的、外在的、他人的、情境的知识转化为自身的理性智慧、价值智慧、实践智慧的过程。图书馆公共智慧服务作为公共智慧服务的一种特殊类型，是

现代图书馆职业竭力追求的价值目标，是现代图书馆建设的核心宗旨，对于现代图书馆知识服务的发展具有重大意义。随着科学技术的不断发展，用建立智慧图书馆的方式提供公共智慧服务，已成为图书馆未来的发展方向。高校智慧图书馆中基于智能化信息技术的嵌入式、关联式、协同式、启发式等公共智慧服务，可以提高用户的智慧水平，凸显人类知识的可持续实践价值。

五、以图书馆可视化服务为支撑的创新模式

知识可视化领域研究主要表现在视觉表征改善知识创造和传递的过程中。科学计算可视化、数据可视化、信息可视化是知识可视化的前提和基础，知识可视化是可视化技术发展的新阶段。鉴于文献是知识的载体，馆藏是文献的集合，因此，怎样高效地对馆藏知识资源进行开发利用始终是图书馆发展的重中之重。而知识可视化针对的是人类知识，主要是为了促进群体知识的传播、利用以及创新，就这点来说知识可视化和图书馆是没有差别的。由此可见，可视化技术可以完全应用于图书馆建设中，甚至可以作为智慧图书馆的主要发展方向。

参考文献

[1] 汪珊珊. 后疫情时代公共图书馆智慧服务的创新策略研究 [J]. 教育与装备研究，2022，38(11)：71-74.

[2] 樊俊，杨灿明，崔薇. 智慧时代背景下高校智慧图书馆服务创新研究 [J]. 河南图书馆学刊，2022，42(03)：72-76.

[3] 王娇. 5G 时代智慧图书馆服务创新研究 [J]. 图书馆学刊，2022，44(01)：59-62.

[4] 庄鹭惠. 信息时代下医学高校图书馆读者服务的创新研究 [J]. 河南图书馆学刊，2021，41(10)：77-79.

[5] 郝芳. 智慧时代公共图书馆读者服务创新研究 [J]. 河南图书馆学刊，2021，41(09)：39-41.

[6] 唐俊. 智慧时代国内高校图书馆服务创新分析 [J]. 办公室业务，2021(17)：159-160.

[7] 聂兵. "互联网 +" 时代图书馆智慧服务创新研究 [J]. 中国科技信息，2021(17)：106-107.

[8] 周婷. 大数据时代智慧图书馆服务模式的创新探索 [J]. 电子元器件与信息技术，2021，5(08)：207-208.

[9] 周春辉，杨丽坤，张淑君. 大数据时代下的高校智慧图书馆服务创新研究 [J]. 造纸装备及材料，2021，50(02)：24-26.

[10] 刘建平，刘宇桐. "智能 +" 时代高校智慧图书馆用户服务体系创新研究 [J]. 情报科学，2020，38(11)：33-38.

[11] 宋晗帅. 智慧时代国内高校图书馆服务创新研究 [J]. 江苏科技信息，2020，37(28)：13-16.

[12] 杨晓玮. 智慧时代背景下高校图书馆服务创新研究 [J]. 文化创新比较研究，2020，4(17)：187-189.

[13] 张树，朱琳，李晓冉. 智慧图书馆建设与创新服务 [J]. 河南图书馆学刊，2019，39(09)：123-124.

[14] 隋爱萍. 智慧时代高校图书馆服务创新思考 [J]. 山西青年，2019(13)：201.

[15] 梁志聪. 泛网络时代我国公共图书馆智慧服务体系创新探索 [J]. 情报探索，2019(05)：85-90.

[16] 王思，赵秀敏. 智慧时代背景下图书馆服务创新策略探究 [J]. 智库时代，2019(10)：30-31.

[17] 刘晶 . 浅析智慧时代下高校图书馆之服务创新 [J]. 天津中德应用技术大学学报，2019(01)：62-65.

[18] 董园园 . 基于智慧时代的高校图书馆建设与服务创新 [J]. 齐鲁师范学院学报，2019，34(01)：99-103.

[19] 杨蓉蓉 . 智慧时代下高校图书馆的创新模式探究 [J]. 农业图书情报学刊，2018，30(12)：78-82.

[20] 王葆琴 . "互联网 +" 时代高校智慧图书馆信息服务策略研究 [J]. 无线互联科技，2018，15(18)：96-97.